北京教育科学研究院学术著作出版资助基金项目

PEDAGOGY

中小学教师队伍人力资本发展的阶段性（1978～2011）

周 惠 著

知识产权出版社
全国百佳图书出版单位

图书在版编目（CIP）数据

中小学教师队伍人力资本发展的阶段性：1978 - 2011 / 周惠著. —北京：知识产权出版社，2016.7

ISBN 978 - 7 - 5130 - 4307 - 6

Ⅰ. ①中… Ⅱ. ①周… Ⅲ. ①中小学—教师—人力资本—研究—中国 Ⅳ. ①G635.15

中国版本图书馆 CIP 数据核字（2016）第 152100 号

责任编辑：徐 浩　　**责任校对**：潘凤越

封面设计：SUN 工作室　　**责任出版**：卢运霞

中小学教师队伍人力资本发展的阶段性（1978～2011）

周 惠 著

出版发行：知识产权出版社 有限责任公司	**网 址**：http://www.ipph.cn
社 址：北京市海淀区西外太平庄 55 号	**邮 编**：100081
责编电话：010 - 82000860 转 8343	**责编邮箱**：xuhao@cnipr.com
发行电话：010 - 82000860 转 8101/8102	**发行传真**：010 - 82005070/82000893
印 刷：北京中献拓方科技发展有限公司	**经 销**：各大网上书店、新华书店及相关专业书店
开 本：720mm×960mm 1/16	**印 张**：17
版 次：2016 年 7 月第一版	**印 次**：2016 年 7 月第一次印刷
字 数：244 千字	**定 价**：56.00 元

ISBN 978 - 7 - 5130 - 4307 - 6

内容摘要

高质量教师是高质量教育的决定性因素。近年来，如何提高教师质量成为社会关注的议题。从人力资本的角度看，教师队伍质量就是教师的人力资本。在过去30余年，我国通过扩充队伍、提升学历等手段提升教师队伍的总体人力资本存量。但随着教育由外延式走向内涵式发展，中小学教师队伍质量提升的固有模式已经到了一个瓶颈期。如何突破这一瓶颈、实现中小学教师队伍质量的持续提升，是摆在政府、学校和社会面前的大难题。这不仅涉及教师队伍质量提升的方式，还涉及对相关制度障碍的清除——对后者的研究更具有特殊意义。许多经济学家在对中国经济发展、劳动力流动的一系列研究中已经提出，制度上的阻碍是影响现阶段生产率进一步提升的关键因素。

从经济学的视角来看，劳动力队伍的质量与人力资本水平息息相关。经济学家一般采用人力资本水平衡量劳动力质量，1962年阿罗就写出《干中学的经济学含义》。人力资本理论也一直强调，在职期间积累的专业化人力资本事实上是十分重要的人力资本积累手段。但在实际的教师工作中，什么样的在职经历能够带来更多的教师质量提升，我们并不清楚。基于此，本书将人力资本概念应用于学校场景，以混合研究的方法对学校生产过程中教师积累人力资本的途径、微观场景细节进行探讨，就具有了一定的现实意义。

与此同时，“阶段性”一直是宏观经济学和发展经济学研究的重要命题。通过关键指标的水平或结构性变动说明宏观经济或产业结构出现的特征，进而改变干预手段和工具。我国目前关于中等收入国家的分析以及后期国家的研究，都在从不同角度审视和描述我国宏观经济的当前特征。

教育发展中，关于阶段性的研究也是教育宏观研究的重点。不同阶段应当采取不同的政策干预手段和工具促进教育发展，而如何通过关键指标的水平或结构性变动揭示教育发展的不同阶段就成为重要议题。目前，经济学界基于教育发展的阶段性特征，从教育资源配置的角度着手，讨论不同发展阶段的教育资源配置及其对经济发展的影响；教育界对于当前阶段教育改革的重点也已基本达成共识，作为教育改革发展的主要保障措施，教师队伍建设被视为当前阶段教育改革的重点任务（唐景莉，2010）。但如何建设一支高水平的教师队伍事实上也涉及对阶段性的判断。从人力资本的角度来看，需要对不同阶段教师人力资本积累的途径进行回答。

而从人力资本的角度来看，自从舒尔茨和贝克尔提出人力资本理论后，一直缺乏对人力资本积累微观机制的进一步研究。近年来，随着创新对经济增长的作用越来越重要，人们越来越强调创新与终身学习。但这种强调多还停留在呼吁层面，很少有研究者对特定场景下人的终身学习作为新的人力资本积累方式进行探讨。在教育领域，近年来学界不断强调教师的创新能力，强调教师的专业化；教育部也于2011年颁布《小学教师专业标准》和《中学教师专业标准》，对中小学教师必备的知识结构、专业能力结构进行详细规定。但对于教师专业知识、能力在学校场景中的实现途径以及如何通过制度加以激励与支持，还并没有达成普遍共识。

在上述背景下，本书从人力资本框架出发，采用混合研究方法考察中小学教师队伍人力资本发展的阶段性问题，探索中小学教师队伍人力资本发展的阶段性及其特征，探索其蕴含的制度意义。

1. 教师队伍人力资本发展是否具有阶段性

阶段性一词一般用于衡量事物发展的进程。经济学中，经济学家以关键指标的水平或结构变化作为对国家经济发展水平的度量和判断指标。一般来说，阶段性主要由两种不同的力量导致，一是社会背景，一是事物自身的结构变化。在一系列对经济增长以及人力资本的研究中，有学者指出，不同的经济增长阶段，作为经济增长要素的劳动力本身也存在差异。但截至目前，相关的研究还集中于宏观的国家层面。如中国教育与人力资源报告课题组在《从人口大国迈向人力资源强国》研究中，依据经济发展特点对1820～2050年我国人力资本积累的阶段进行了划分（中国教育与人力资源报告课题组，2003）。但具体到行业内部人力资本积累的具体场景及其阶段性划分，还少有人研究。

为了验证阶段性的存在，本书从教师队伍的内部结构、外部经济的发展阶段这两种不同的引导力量验证中小学教师队伍人力资本发展的阶段性，并佐以美国教师队伍的建设经验进行理论探讨，得出以下三点结论。

（1）教师劳动力队伍内部结构特征的变动展示出阶段性变化。从宏观数据的分析可以看出，在教师队伍建设早期，其内部结构呈现出一种短缺、低质量以及年轻化的阶段性特征；经过30余年的队伍建设，其内部结构的阶段性特征转变为富余、高质量以及老龄化。内部结构阶段性特征的变动预示着教师队伍人力资本的积累途径也必须发生相应转变。

（2）人力资本的积累特征与其外部经济发展阶段密切相关。一系列对人力资本及其阶段性的研究指出，一国范围内人力资本的积累特征与经济增长的阶段有着密切联系；具体到中观视域下行业内部人力资本积累的阶段性，除了与经济增长的大阶段相关外，还与行业内部结构、生产力等多种特征相关。某个行业的人力资本积累阶段可能超前或落后于整个社会人力资本发展阶段。教师行业作为一个劳动力具有较高教育水平的行业，其人力资本发展尤其是东部发达地区教师队伍的发展超前于其他行业是十分可能的。中小学教师队伍人力资本积累可能已经先于总体步入下一个阶段——人力资本积累可能具有的特征是制度创新、终身教育驱动、学习型组织和科研创新等。

（3）结合美国教师队伍建设的经验来看，教师队伍建设具有明显的阶段性。遵循公立教育扩张——公立教育质量觉醒——公立教育改革时期的时间轴主线，教师队伍质量建设的重点也遵循重视任职资格——职前、入职两维度的质量保障——专业化或非专业化取向争论的路径变化。

2. 不同阶段人力资本的积累途径与特征有何不同

在验证中小学教师队伍人力资本积累存在阶段性的同时，本书对不同的内部结构和学校生产背景下教师队伍人力资本的积累途径及其特征进行了探讨。在借鉴欧洲人力资本指标体系的基础上，构建中小学教师队伍人力资本指标体系；对教师队伍人力资本禀赋、人力资本利用率以及人力资本生产率进行计量，以数据验证我国中小学教师队伍人力资本的积累途径已经历经了不同阶段，并且在不同阶段，其途径和特征各有不同。在计量的基础上，本书进一步采用质性研究的方法，以东部地区某学校为例，探讨新的人力资本积累途径在学校微观实践中的具体表现，为新型的教师人力资本积累途径的梳理提供信息基础。

结合已有的理论研究基础，计量研究的结果为我国中小学教师队伍人力资本发展阶段性的划分及其积累特征提供了信息基础。数据显示，我国教师队伍人力资本的发展具有阶段性，不同阶段人力资本积累途径不同。笔者将其划分为教育生产率的水平型提升阶段、教育生产率的垂直型提升阶段以及教育生产率垂直型提升的纵深阶段。

在教育生产率水平型提升阶段，教师队伍人力资本存量积累的主要途径是规模扩张，教育生产率的提升主要依靠以教师数量为表现的要素投入。在教育生产率垂直型提升阶段，教师人力资本积累的主要途径是教师学历的提升，教育生产率的提升主要依靠以教师人力资本为表现的投入。目前，我国中小学教师队伍通过规模与质量变动带来的人力资本水平变动已经趋于无限小，通过规模扩张、学历提升等方式增加教师队伍人力资本禀赋的空间已开始收缩；同时，中小学教师的工作形态已经发生转变，专业化教学工作不再是教师工作的主要内容。从质性研究部分东部发达地区教师通过校本科研提升教育生产率的实践来看，未来基于课程改革的一系列“干中学”是提升教师人力资本和教育生产率的关键。这些都意味着我国已步入教育生产率垂直型提升的纵深阶段，教师人力资本积累的主要途径是围绕着教学工作质量提高的“干中学”等创新工作形式。

3. 教师人力资本积累的阶段性对于学校的制度改革有什么意义

在对教师队伍人力资本积累的阶段性及其特征进行研究的基础上，本书进一步探讨了当前东部发达地区教师人力资本积累的阶段性对于学校改革的制度性意义。

探讨这一问题源于制度变迁的过程不会自动、完美地实现，教师队伍人力资本积累的新途径能否在不同地区、不同水平的学校具有普遍的推广意义，取决于课程改革与不同地区、不同水平学校原有制度的耦合程度。借鉴对东部地区学校的质性研究，本书对教师以科研形式进行课程改革的新型人力资本积累途径进行制度变迁探讨，对于改革的初始结构及其随时间变化被打破的方式、动力进行分析和讨论。

研究发现，学校是否做出课程改革的行动决策，绝不仅仅取决于国家课程改革的大背景推动，而是不同处境学校基于改革成本—收益的行为选择。

无论是改革的初始制度结构，还是改革的制度变迁过程，都向研究者展示出地方政府的政策支持以及评价方式的改革对于减少各个学校探索过程中交易成本的重要性。但地方政府的政策支持、评价方式的改革已经不再是技术手段的问题，而是涉及管理方式变革、利益调整等多个方面。因此，对这些问题的解决，还有待其他领域的研究作支撑。笔者认为，为打造一个“改革偏好”的制度环境，促进各学校的教育改革，需要做到以下两点：（1）地方教育部门应减少行政力量对学校教学过程的干扰，改善教育教学评价体系；（2）学校应将改革纳入教师评价和工资考核体系，着力创设一个对改革友好的组织环境。

目　　录

第一章　前　言

第一节　选题背景

近年来，随着社会经济发展水平的不断提升，人们对教育的重要性的认识也进一步深化。人们越来越不满足于“能受教育”这种简单的“量”的要求，进一步对教育的质量提出了要求。那么，如何提升教育的质量呢？

传统上，人们认为高水平的教师与高质量的教育之间有着显著的正相关关系。20 世纪 60 年代，社会学家科尔曼通过对学生成绩的分析却发现，较之非学校因素，学生的成绩与学校因素几乎没有联系。该结论引起了公众对政府不断加大教育投资的质疑，学者们则对科尔曼的测量方法及数据处理提出质疑。教育经济学学者改进了教育生产函数的相关研究，一些学者运用科尔曼报告的数据库进行重新分析。部分结果显示，学校因素的投入如教师的口头表达能力、教师指导的平均时间、教师的经验等与学生的成绩有着正相关关系。总体上说，高水平教师对提高教育质量的意义早已得到人们的广泛认同，而一系列的教师因素与学生成绩的不相关或相关不显著的研究都被认为是数据处理不够精准。因此，一系列对教育质量的要求就转化为对教师队伍质量的要求。在国际组织发表的众多报告中，提高教师队伍质量成为提高教育质量的主要途径。为了满足快速变化的现代社会对教育提出的一系列挑战，各国都将重点放在提高教师队伍的质量上。然而，对于什么是高质量的教师以及如何培育高质量的教师队伍，学界一直没有达成广泛共识，这就使得教学实践中一直缺乏相应的技术手段和制度安排。

按照人力资本理论的观点，个体所拥有的人力资本能够提高工作效率，同时，能够更好更快地学习新的工作技能和技术（Frank Corvers，1997）。学者们对人力资本的研究也正是从权衡劳动力质量的角度出发的。从这个意义上来说，一支拥有高水平人力资本的教师队伍就是一支高质量的教师队伍，而要实现教育质量的提高，关键就在于不断提高教师队伍的人力资本水平。

1978年，我国开始改革开放。在过去的30多年，改革为中国带来了巨大的收益。经济上的成就有目共睹，社会发展也日新月异；在教育上，实现了九年制义务教育的普及，基本满足了现代社会的教育需求。作为教育中最重要的投入，教师劳动力的短缺一直困扰着义务教育的普及，这使得过去30多年各级政府政策的主要内容就是保障教师待遇、保证教师质量、保证教师的充足供给（曾晓东，周惠，龚爱芋，龙怡，2012）。这一时期，主要通过降低教师职业门槛、允许代课教师上岗等多种方式扩充教师数量。这些教师尽管在学历上有所欠缺，但弥补了教师资源的短缺，为快速普及九年制义务教育奠定了基础。然而，随着学龄人口的不断减少以及教师队伍自身人力资本水平的提高，教师的短缺问题、学历问题不再是焦点。人们对教育的需求也随着经济发展水平的提升发生了转变，由对教育充足性的要求转向对质量的要求，这就使得“巩固、提高”和内涵式发展成为下一阶段义务教育的主要任务（曾晓东，周惠，龚爱芋，龙怡，2012）。而这一任务，也对教师队伍的质量提出了更高要求。

正因为如此，2011年教育部颁布《小学教师专业标准》与《中学教师专业标准》，对教师队伍的专业能力提出要求。在教学实践中，一些发达地区的学校也对教师专业能力的提升进行了探索。当然，现阶段学校层面的探索还是零散的，并没有形成广泛的共识，也没有形成可借鉴的制度经验。本书正是基于这一现实，在我国中小学教师队伍走过短缺、学历达标两个阶段，未来需要寻找新途径持续提高人力资本水平、提高教育质量和创新人才培养这一大背景下，对中小学教师队伍的人力资本发展进行探讨；希望通过宏观数据分析我国中小学教师队伍发展的阶段性，并对新阶段教育实践中已经形成的一些经验进行提炼，将零散的学校层面经验抽象为可借鉴的制度。

第二节　本书的研究思路与方法

一、研究思路

本书试图在人力资本的概念框架下讨论我国中小学教师队伍的质量问题。而一部人力资本理论的发展史，从某种程度上来说，也是一部劳动力质量衡量指标及其手段的发展史。从这个意义上来说，研究教师队伍的质量发展，就是研究教师队伍的人力资本发展。

在改革开放初期，为了迅速恢复正常的教学秩序，采取了大量吸引劳动力进入教师行业的政策。这一政策增加了以数量形式存在的中小学教师队伍人力资本存量，并有效缓解了当时的教师短缺。随着我国中小学教师队伍由短缺走向富余，并充分实现学历水平的提升后，如何进一步提升中小学教师队伍的质量就成为摆在政府面前的难题。通过分析过去30多年教师队伍的宏观数据，厘清我们从哪里来、现在在哪里、未来要走向哪里等问题就显得十分必要。同时，借鉴发达国家的经验也有利于厘清现阶段我国中小学教师队伍建设所处的阶段以及未来的发展方向。

本书主要关注以下三个问题。

(1) 阶段性及其特征的确定。这部分主要回答在过去30多年，我国中小学教师队伍的质量发展是否呈现出阶段性。具体来说，中小学教师队伍的质量发展是否存在阶段性，如何判断这种阶段性的存在；不同发展阶段教师队伍人力资本积累的特征是什么，省际、城乡间是否有所不同；在不同的发展阶段，教师队伍人力资本是否存在不同的积累途径。

（2）教师队伍发展新阶段及人力资本新积累途径的提出。这部分主要对我国中小学教师队伍质量发展的新阶段做出判断，说明新阶段的特征；在学校课程教学改革的微观场景下，分析教师课程改革中遇到的知识和技能挑战，研究他们应对这些挑战时的学习行为，概括新阶段人力资本积累的具体途径。

（3）实践探索的制度意义。这部分主要探讨新阶段教师队伍质量提升的微观实践所具有的制度意义，即微观实践发生的制度基础，并采用调研数据研究现实中不同处境的学校为何在同样的国家课程改革发展目标大背景下选择不同的制度安排。最后，将探讨如何通过制度安排支持和鼓励学校、教师参与改革和科研，积累创新型人力资本，提高中小学教师队伍质量。

二、研究假设

本书从人力资本的视角研究“我国中小学教师队伍质量变化的阶段性”。本书接受以下判断，即教师的人力资本对教学质量有着正向影响作用。以此为出发点，借鉴经济增长理论、发展经济学研究中“根据技术演变不同阶段，认定劳动力人力资本对经济增长贡献形式的变动”的思路，提出以下研究假设。

（1）教育过程与经济增长过程一样，其劳动力人力资本对教育产出的贡献随着教育内部技术手段的不同而发生阶段性变化。具体来说，通过不同渠道积累的不同类型的人力资本，具有异质性。在教师短缺的第一个阶段，通过劳动力数量这一要素的投入提升教师队伍的人力资本规模，就能够实现教育产出的数量提升；此为教育生产率的水平型提升。在教育需求由量转向质的第二个阶段，通过教师劳动力学历水平这一要素质量的提升，实现教育质量的提升；此为教育生产率的垂直型提升。在教育内涵式发展阶段，对教师劳动力的专业知识和技能这一要素的质量及其在生产过程中的配置提出了要求；此为教育生产率垂直型提升的纵深阶段。除了通过学校教育、“干中学”等传统渠道积累教师人力资本外，还可以通过教改、科研等形式快速积累创新型人力资本，即下一条研究假设。

（2）中小学教师队伍人力资本积累的途径除传统的学校教育和“干中学”外，还包括参与教育改革和教学科研等。后者能够快速积累创新型人力资本，这是教师队伍人力资本积累新阶段的异质性人力资本。

三、研究方法与概念框架

为验证上两条假设，本书采用混合研究的方法。通过实证分析，确定教师队伍不同发展阶段人力资本的类型和积累方式，以验证假设一；通过质性研究，解读教师在学校课程改革中的行为与人力资本积累的关系。研究的整体框架基于研究的整体逻辑链条加以设计。

20 世纪 70 ~ 80 年代，关于实证主义/经验主义与建构主义/现象学这两种研究路径的争论一直持续不断。80 年代末，随着实用主义理论家和研究者越来越多地使用“混合方法”，这一争论才偃旗息鼓。目前，尽管学界对混合研究方法仍有争议，但大体来说，社会和行为科学的主要领域都将这种多元方法的使用视为理所当然（Abbas Tashakkori，Charles Teddlie，2010）。

（一）采用混合研究方法的缘由

学者们认同混合研究方法在知识观上属于实用主义知识观，它关注“什么有用”以及问题的解决办法（John W. Creswell，2007；Abbas Tashakkori，Charles Teddlie，2010）。在这种知识观的指导下，研究者必须使用所有的方法以理解问题。其最早的理念来源于 1959 年心理学家坎贝尔（Campbell）和费斯克（Fiske）研究心理特质的效度时使用的多方法矩阵。1979 年，这一方法在杰克（Jick）提出的资料来源三角法中得到提炼、升华。现在，同时使用定性法与定量法寻求综合资料的办法已经在不同的混合研究中得到不同程度的体现。

本书之所以使用混合研究法，主要是由问题的性质所决定。对教师队伍人力资本的考察，必须依赖宏观数据对整体的结构与趋势进行呈现。然而，在教师队伍人力资本积累的新阶段，这种类型的人力资本的性质、作用途径和积累机制，还没有获得普遍的认知，也没有找到合理的替代指标。因此，尽管可以从理论层面证明教师课程和教学创新的意义，但对于微观场景下教师如何通过创新积累这一异质性人力资本以及制度环境如何影响这一积累过程，却无法通过宏观数据予以说明。而质性研究深入田野的研究方式，恰恰能为本书提供微观场景的信息。这种混合方法也能通过资料分析，获得微观场景下更为丰富的细节（Matthew B.，Miles A.，Michael Huberman，2008）。

本书采用混合研究法，还基于对单一研究方法局限性的认识。定量或者定性的单一研究方法存在的不足能在其他研究方法中得到中和或消除。一些研究者指出，使用一种研究方法得出的结果能够为另一种方法做改进或补充（Greene，Caracelli，Graham，1989）。同时，在不同的分析层次和单元上，一种研究方法可以嵌套入另一种研究方法中作为有益补充（Tashakkori，Teddlie，1998）。

（二）具体研究方法设定

本书在理论演绎和宏观数据验证部分采取定量研究法，在学校实践场景部分采取定性研究法。这种混合研究的方法，在克鲁斯威尔那里被称为两阶段研究（Creswell，2007），在塔萨科里和特德利那里被称为顺序型研究（Abbas Tashakkori，Charles Teddlie，2010）。无论称谓如何，这种混合方法是基于两种方法的同等地位进行设计，并以其中一种作为另一种研究和结果的阐述工具。

在本书，这种两阶段或顺序型混合研究方法将从宏观数据中获得统计与定量分析的结论；其后，针对个案的研究结论进行更深层次的制度意义探讨。具体来说，在本书的第三章“中小学教师队伍人力资本发展的阶段性”和第四章“中小学教师队伍人力资本积累阶段性的数据验证”，笔者将在后实证主义知识观的引导下，以理论演绎、宏观数据验证两种研究方法，论证我国中小学教师队伍的人力资本积累是否存在阶段性，并讨论不同阶段的特征。

在本书的第五章“微观场景下教师人力资本积累的新途径及其制度意义”，将采取定性研究的方法对北京、山东、云南3省市共13所中学的案例、教师个体进行详细探究，讨论新阶段下教师队伍人力资本积累是否与定量研究部分所得结论一致：参与教学改革和科研这一教师工作形式的创新，是否能带来教师专业化水平的提升，进而影响教学质量。在对这一问题进行验证性回答的基础上，进一步探讨当前东中西部教师参与教学改革和科研的制度意义。

四、研究的概念框架

本书从当前教育由外延式发展向内涵式发展的背景出发，以人力资本的视角分析教师队伍发展不同阶段所呈现的关键性结构特征，讨论下一阶段教师队伍积累的途径和方式问题。研究的概念框架如图1－1所示。

首先，理论演绎。教师队伍人力资本积累是否具有阶段性？对这一问题的回答考察了三个方面：（1）教师队伍自身的结构是否发生了变动；（2）教师队伍所处的经济发展水平、社会背景是否发生了变动；（3）参照相关发达国家的经验，回归对这一问题的讨论。

其次，数据验证。在理论上推断中小学教师队伍进入新的人力资本积累阶段后，采用宏观数据构建人力资本计量模型。通过对人力资本禀赋、利用率以及生产率三个方面的测量，证明中小学教师队伍在一些关键指标上也显示出完全不同的发展阶段特征。

最后，采用质性研究法。通过对现实场景中教师参与教学改革、科研等工作形式创新的情况进行描述，揭示工作场所中的微观创新及其对教师队伍人力资本积累的意义，并对不同环境下教师能否参与、是否愿意进行这种创新的制度意义进行探索。

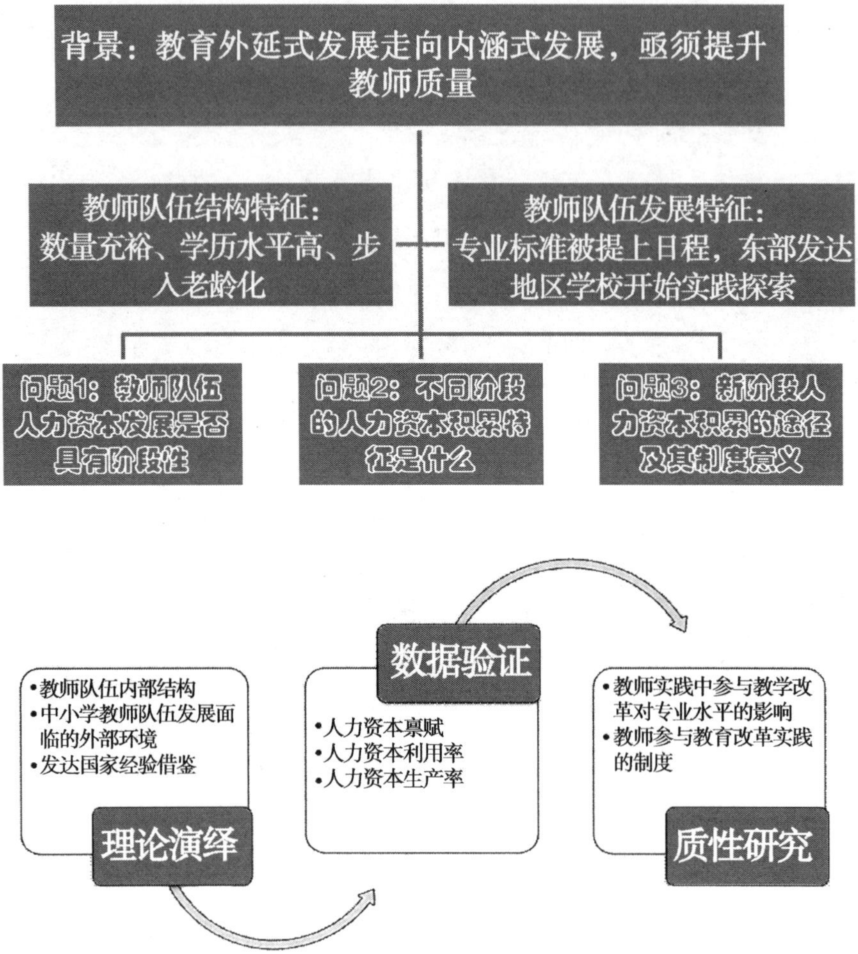
背景：教育外延式发展走向内涵式发展，亟须提升教师质量
教师队伍结构特征：数量充裕、学历水平高、步入老龄化
教师队伍发展特征：专业标准被提上日程，东部发达地区学校开始实践探索
问题1：教师队伍人力资本发展是否具有阶段性
问题2：不同阶段的人力资本积累特征是什么
问题3：新阶段人力资本积累的途径及其制度意义
•教师队伍内部结构
•中小学教师队伍发展面临的外部环境
•发达国家经验借鉴
理论演绎
数据验证
•人力资本禀赋
•人力资本利用率
•人力资本生产率
•教师实践中参与教学改革对专业水平的影响
•教师参与教育改革实践的制度
质性研究

图 1－1　研究的概念框架

第二章　理论基础与文献综述

教师质量与教育质量息息相关，教师工资和福利支出在国家教育经费投入中占据很大比重。无论是从儿童健康成长的人文主义角度说，还是从提高国家竞争力的实用主义角度说，教师都是关键的“变量”。因此，一些国际机构或政府发布的教师问题报告，总能引起社会的强烈“共鸣”。这些报告普遍借鉴人力资本和经济增长的研究思路，关注教师队伍的人力资本发展。例如，1998 年联合国教科文组织出版的《世界教育报告：变革世界中的教师与教学》（*World Education Report：Teachers and Teaching in a Changing World*），借鉴经济增长对劳动力队伍新技能要求的范式，探究在现代教育方式发生变化、对教育质量提出更高要求的背景下，如何提高教师队伍的生产率。世界经合组织 2005 年出版的《教师问题：吸引、培养并留住高水平教师》（*Teacher Matters：Attracting，Developing and Retaining Effective Teachers*），联合国教科文组织 2006 年出版的《教师与教育质量：2015 年全球需求监测》（*Teacher and Education Quality：Monitoring Global Needs for* 2015），均参照经济领域对劳动力市场的相关研究，提出教师供需问题、教师队伍建设中的制度壁垒以及通过改革提升教师队伍劳动生产率等问题。

本书从人力资本视角考察教师队伍质量变化的阶段性，是对不同教育发展阶段如何提升教师队伍生产率问题的探讨。在教育领域，生产率的提升主要表现为教育质量的提升。当前，我国已经走过了教师短缺阶段，小学和初中阶段甚至由均衡走向了富余（曾晓东，周惠，龚爱芋，龙怡，2012）。这就意味着，依靠增加教师已经不足以提升教育质量，应当转而注重教师的质量。许多国家的做法是对教师的准入门槛设置学历指标，以此作为筛选高质量教师的重要步骤。在我国，也根据《教师法》对不同阶段教师应当具有的资格进行了规定；入职之后，教师质量提升的途径通常是工作经验的增长和在职培训。我国的教师队伍发展到今天，平均的学历水平已经很高，但工作经验的积累也随着教师队伍的“中老年化”而到达顶点。那么，应当如何继续提升教师队伍质量？教师队伍中对生产率的提升起主导作用的异质型人力资本是怎样的？教师人力资本的积累及其对教育生产率的促进需要怎样的制度保障？对这些问题的思考，需要借鉴人力资本理论的相关研究、经济学对经济发展阶段与劳动力投入质量的研究以及制度安排与生产率的相关探讨。基于此，文献部分主要就经济学对劳动力质量的关注、人力资本理论以及教育生产率影响因素的相关文献进行梳理。本章分四个部分：首先，对相关概念进行界定；其次，梳理经济学家有关经济发展阶段与劳动力质量的研究和有关人力资本的研究；再次，对教育生产率的影响因素研究进行梳理和讨论；最后，总结已有研究文献对本书的启示。

第一节　相关概念界定

一、1978 年以来的阶段性发展

“阶段性”一般用于衡量事物发展的进程。阶段性变化一般由两种力量导致：社会背景；事物自身结构的变化。在经济学中，阶段性主要应用于对国家间经济发展水平的度量，通过关键指标的水平或结构变化进行判断。本书所说的阶段性是指教师队伍发展的进程变化，其度量也是基于教师队伍关键指标的水平或结构变化。

本书讨论的时代背景是过去 30 多年，以 1978～2011 年为范围。这种选择基于两点理由：（1）1978 年起，我国真正建立公立教育系统并进入快速发展阶段；（2）1978 年以来，公立教育系统历经了短缺—均衡—富余阶段。短缺阶段发生在 1978 年至 80 年代中后期。这一阶段，教师队伍人力资本积累主要体现在数量方面。因此，从阶段性的完整度

考虑，选择 1978 年为宏观数据考察的起点。

1978 年不仅是我国改革开放、由计划经济走向市场经济的起点，也是我国经济结构发生转变的节点。1978 年之前，我国是一个封闭自守的经济体，产业结构不合理，各行业发展十分缓慢。用陈志武的话说："1978 年以前的中国格局可能是最糟糕的局面。"改革开放后，我国开始了现代经济的发展历程。而在教育领域，1978 年起，我国真正建立了公立教育系统并进入了快速发展阶段。在过去的 30 多年，公立教育系统的内部结构发生了极大变化；相应地，其生产方式也发生了巨大转变。因此，选择 1978 年以来的时间范围，也是基于对教育系统自身结构变迁及生产方式改变的考虑。

同时，1978 年以来，教师队伍建设的相关实践及相关政策也具有明显的阶段性特征。笔者认为，中小学教师劳动力队伍建设政策事实上反映出，通过教师队伍人力资本水平的不断提升追求更高的教学生产率的阶段性过程，即通过不同的技术方案追求教育质量提升的过程，其本身就具有阶段性的变化。

二、人力资本

1960 年，美国经济学家舒尔茨在美国经济学年会上正式提出了"人力资本"一词，这是人力资本理论诞生的标志。舒尔茨和贝克尔为人力资本理论做出了开创性的贡献。按照舒尔茨的观点，人力资本是指凝结在劳动力身上、与劳动者无法分离的知识、技能及劳动者表现出来的能力。贝克尔对人力资本概念进行了拓展，认为它是通过学校教育、在职培训、医疗、保健、迁移以及获取经济内部信息等形成的、凝结在人们身上的知识、技术或健康水平等。在舒尔茨和贝克尔之后，许多学者对人力资本的概念内涵进行了拓展，但一般来说，定义都较为相似。比较一致的观点是：人力资本是与物质资本相对应的概念，是指凝结于人们身上、不可与劳动力相分离的、由人力投资所形成的、人们所具有的知识、技能及其所表现出来的能力（见图 2－1）。

在过去，人力资本的概念往往与市场化的产出密切相关。近年来，许多研究者指出，人力资本能使人们更幸福、更快地融入社会。经合组织在1998年的一份报告中将人力资本定义为：与经济活动相关的、体现在个人身上的知识、技能、能力以及其他属性。2001年，经合组织进一步将人力资本的概念拓展为：能够促进个人、社会及经济福祉的知识、技能、能力以及其他属性。这一定义，将通过不同途径（工作培训、实践"干中学"、教育、非正式学习等）形成的人力资本囊括其中。

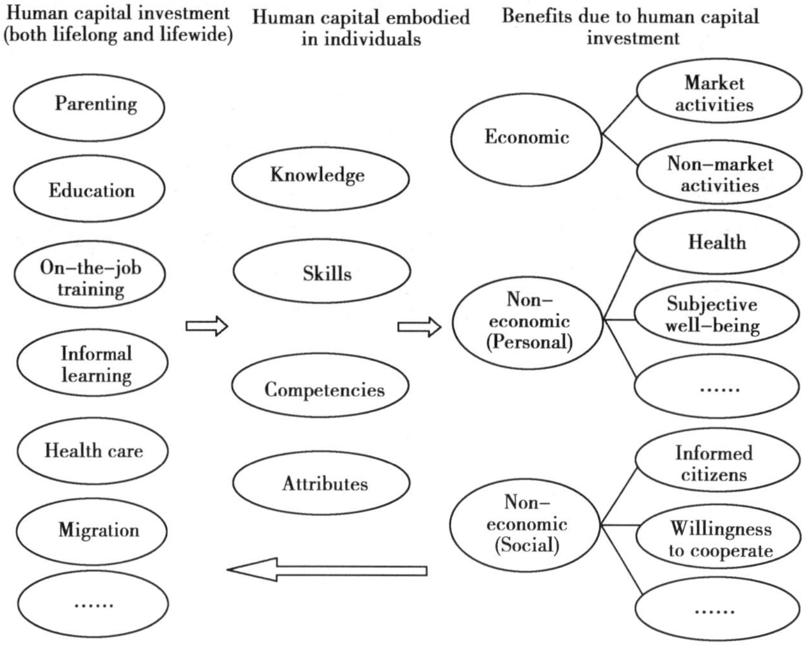

图2－1　人力资本的形成途径、结构及其收益

资料来源：Boarini，R.，M. Mira d'Ercole and G. Liu（2012），"Approaches to Measuring the Stock of Human Capital：A Review of Country Practices"，*OECD Statistics Working Papers*，2012，4，OECD Publishing，p. 10.

就教师队伍的质量对教育质量的提升而言，我们更关注教师队伍的人力资本存量及其变动如何对教育质量产生影响。正如有学者所言：对人力资本采取何种概念定义及测量方法实际上取决于我们的研究目标。因此，本书对人力资本的界定较为狭义，仅关注那些能够对教师的生产率产生直接影响的指标。

需要指出的是，人力资本既是指凝结于教师个体的人力资本，也是对教师作为一个劳动力群体的总的人力资本水平的衡量。在一些研究中，这种对群体性人力资本的衡量也被称为人力资源。人力资本的概念来源于经济学，而人力资源的概念则来源于管理学，两个概念间的关系一直是争论的焦点。在一些研究中，人力资本与人力资源的概念分别针对个体和群体，但在另一些研究中，人力资本常被用作总量指标度量群体性的人力资本水平。例如，在中央财经大学2009年发布的《中国人力资本指数分析报告》中，人力资本这一概念就指代中国劳动力队伍的总体人力资本水平。本书采用经济学的观点，不区分人力资本与人力资源。

具体来说，中小学教师队伍人力资本水平的影响因素包括：

（1）教师正规教育人力资本。这是指教师通过学历教育获得的人力资本，在本书中主要指教师的学历水平。

（2）教师工作经验人力资本。这是指教师通过一般意义上的“干中学”即工作经验的增长所获得的，以教学经验、技能等形式存在的人力资本。

（3）教师在教育改革中获得的人力资本。这是指教师在工作中，通过扩展意义上的“干中学”——参与教育教学改革所获得的以教学经验、技能等形式存在的人力资本。

（4）教师规模带来的人力资本。这是指由教师队伍数量规模扩充带来的人力资本总量的增加。

为了凸显新阶段人力资本的“异质性”，本书严格区分两种不同的人力资本，即通过教育改革所获得的与由工作经验积累所获得的。从人力资本的异质性角度看，教师通过参与教育改革所获得的人力资本被假设为一种创新型的人力资本，是现阶段的异质型人力资本；由工作经验积累的人力资本被假设为同质型的人力资本。区分由两种不同的“干中学”途径所形成的人力资本，对于验证教师队伍质量变化的阶段性十分重要。

三、异质型人力资本

在谈及人力资本时，大多数研究从其概念的形成途径、特性等方面着手，很少从生产力的本质方面去考察（丁栋虹，2001）。但实际上，不同类型的人力资本对经济增长、生产率的作用也有所区别。基于人力资本对生产力边际报酬的不同影响，有学者将其划分为异质型人力资本与同质型人力资本。其中，异质型人力资本是指具有边际报酬递增的生产力形态的人力资本，而同质型人力资本是指那些具有边际报酬递减的生产力形态的人力资本（丁栋虹，2001）。

异质型人力资本的概念最早可以追溯到舒尔茨时代对专业化人力资本的重视，之后的许多经济学家对专业化人力资本与经济增长的关系进行了论述。后来对异质型人力资本的研究主要是基于企业家精神，即认为企业家具有普通劳动力所不具备的精神，这是企业家独有的人力资本。例如，舒尔茨在其1980年的论文中提出，企业家的能力能够由教育投资产生，企业家处理不均衡的能力实际上是一种人力资本储备（Theodore W. Schultz，1980）。

国内学者进一步拓宽了对异质型人力资本的研究。根据丁栋虹的研究，异质型人力资本并不是一成不变的，在不同的历史时期有着不同的表现形态：在农业革命时期，表现为数量形式或技术形式；在工业革命时期，表现为劳动力所具有的知识及技能；到了管理革命时期，则表现为创新。不同时期有不同的主导型人力资本，这种主导型的就是当时的异质型人力资本。这其中隐含的假设是，对特定形式的人力资本而言，其边际报酬递增的生产力属性并非是常数，而是变数（丁栋虹，2001）。

有学者基于异质型人力资本的概念探讨其对经济增长的作用机

制——根据《中国统计年鉴》《中国劳动统计年鉴》的相关数据，将人力资本区分为总量人力资本和异质型人力资本，建立起人力资本对经济增长的三种作用机制模型：卢卡斯机制、尼尔森—费尔普斯式作用机制以及联合作用机制。其中，“总量人力资本”采用各省区市从业人员人均受教育年限替代；“异质型人力资本”分别用从业人员中初等、中等（初中、高中、中专）、高等教育程度人口比重代表。结果证明，总量人力资本通过尼尔森—费尔普斯式作用机制，即不是直接作用于经济增长，而是通过“技术进步”这一中介，间接地对经济增长产生作用（刘智勇，胡永远，易先忠，2008）。在该研究所区分的几种异质型人力资本中，中、高等教育均通过技术创新而非技术模仿作用于经济增长，初等教育则不通过技术创新或模仿作用于经济增长。从横向的比较看，高等教育的创新系数显著高于中等教育。该研究同时也支持联合作用机制，认为中等教育对最终产出的作用大于高等教育，高等教育主要是通过创新作用于经济增长。这一研究证明，从全国范围来看，高等教育是当代的异质型人力资本。

此外，学者黄崇利在其对企业人力资本增值的研究中也指出，应重视人力资本的资本性及其赖以存在的社会经济条件，人力资本的特征事实上是与不同的经济发展阶段相联系的（黄崇利，2009）。

本书探讨1978年之后教师队伍质量变化的阶段性，就是探讨教师队伍不同发展阶段下的异质型人力资本所发生的转变。在20世纪80年代，教师队伍异质型人力资本是教师数量，之后转变为学历水平、工作经验等。近年来，教师队伍的异质型人力资本实际上已经转变为教师参与改革和创新的意愿及能力。异质型人力资本采用学者丁栋虹的定义：是指在一定发展阶段，具有报酬递增的生产力形态的人力资本形式。异质型人力资本并非一成不变，随着报酬递增转向报酬递减，异质型人力资本转换成同质型人力资本。

四、教师质量提升的新途径

从人力资本的视角来看，教师质量提升的新途径就是教师人力资本形成、积累的新途径。

在舒尔茨、贝克尔人力资本的经典研究中，人力资本的形成途径包括学校教育、在职培训、医疗、保健、迁移以及获取经济内部信息等。学校教育和在职培训被认为是重要的人力资本形成途径。1962 年，阿罗发表了著名的《干中学的经济学含义》，提出知识和生产率的提升其实来源于投资和生产（Arrow，1962）。许多经济学家则认为，干中学对经济增长的意义在于促进人力资本积累。例如，马提亚·戈克认为人力资本分为教育人力资本和实用人力资本，分别由学校教育和干中学获得（Matthias Gocke，2004）；杨和勃兰德则认为，干中学促进了劳动分工（Yang，X. and J. Borland，1991）。

在实际研究中，由于数据的可得性等问题，大多数学者在计量群体性人力资本时往往只考虑教育、医疗保健以及迁移所带来的人力资本积累，少数学者考虑到在职培训，但较少提及“干中学”所积累的人力资本。经济增长理论则明示，随着经济发展方式的不断变化，变革和创新已经成为新的、主要的知识积累方式。只有这样，才能实现技术进步和商业模式创新在实践中的“溢出”。因此，“干中学”是一种极为重要的教师质量提升、积累创新型人力资本的途径。

五、制　度

尽管经济学家十分赞同制度的重要性，但对于什么是制度仍存在不同意见。按照青木昌彦的分析，经济学家赋予了制度一词至少三种不同的但又彼此联系的含义。具体来说，通过将经济过程类比于博弈的过程，经济学家将制度分别视为博弈的参与人、博弈规则以及博弈过程中参与人的均衡策略（青木昌彦，2001）。将制度视为博弈参与人的经济学家沿用了人们在日常交谈中对制度的指代，即那些重要的组织机构，如行业协会、法庭中的特定参与者。

诺斯和奥斯特罗姆将制度视为博弈的规则。按照诺斯在 1973 年的《西方世界的兴起》及 1981 年的《经济史中的结构与变迁》中的分析，制度是一系列被制定出来的规则、守法程序和行为的道德伦理规范，旨在约束追求主体福利和效用最大化的个人行为；制度最基本的功能在于，降低交易的不确定性，节约交易费用。该定义将制度当作外生变量，限制和影响人们的行为选择。而在1990年的《制度、制度变迁与经济实绩》中，诺斯开始将非正式制度视为主要分析对象。如果说制度是显性的、制定出来的规则，那么非正式制度则主要是指社会文化传统、社会共有的价值观念等。相对于正式制度，非正式制度更难以改变。路径依赖由此被引入制度分析，被置于一个较为核心的地位，制度变迁的轨迹与社会的文化认知模式紧密相关（黄崇利，2009）。持博弈规则论的学者认为，参与者是规则的制定者，而新规则的产生不仅受到原有规则的影响，也与政治市场的协商有关。

格雷夫和青木昌彦则将博弈论应用于制度分析。前者用子博弈精炼均衡的概念比较制度分析，后者用进化博弈分析对制度变迁进行研究。在格雷夫的分析中，文化传统、价值观念和信仰结构对制度选择的影响得到强调。根据格雷夫的研究，子博弈精炼均衡为每个博弈的参与者提供了一种行为策略，该策略可以看作是所有可能博弈状态下行动决策的一部完备计划。这样，制度事实上就成为一种博弈参与者的理性选择结果。进一步地，格雷夫认为，初始的制度如旧制度的遗产、现行的非正式规则（规范、社会伦理等）、人力资本存量的水平和种类等因素，都会影响到公共政策对制度变迁的作用；这些，需要学者做进一步研究（青木昌彦，2001）。

在青木昌彦的研究中，制度并非是一种理性蓄意建构的结果，而是均衡的共有信念，即“关于博弈重复进行的主要方式的共有信念的自我维系系统”（青木昌彦，2001）。由于博弈重复进行，所以人们能够根据对其他参与者行动规则的预期来选择自己的行动策略。青木昌彦用进化博弈分析的观点对制度变迁进行分析，在进化博弈模型中引入了人们具有有限理性的观点。

不难看出，虽然学者们在制度的理解上还未达成一致，但都强调制度对人的行为产生的影响；同时，文化传统、社会共有价值观念对制度也有着深远影响。被普遍认可的一种观点是，制度安排对经济效率具有很重要的意义。诺贝尔经济学奖获得者詹姆斯·赫克曼指出，通过相应的政策安排，如对不同家庭背景的儿童的教育干预政策、对学校自主创新的激励的制度安排等，能够促进人力资本的积累并提高一国的人力资本存量。在学校层面，教师对教育的质量至关重要，但是什么是好的教师、如何识别好的教师，却一直没有达成共识。因此，赫克曼认为，学校层面的一系列校本改革能够促进学校教育生产率的提升（Pedro Carneiro and James Heckman，2003）。

本书接受非良好的制度环境可能会延缓或阻碍新技术与创新的改革的观点（Ederer，Peer，2006），认为教师参与教学改革及教育科研需要一定的制度基础。为了提升教师在实践层面的劳动生产率，未来的制度安排应当随着教学改革、教师参与教育科研提升人力资本的需要做出相应的改变。研究发展问题的学者对发展中国家的制度与效率的关系做出了非常形象地描述：资源积累和技术进步的变迁以文化和制度为条件，但文化和制度的变迁却是由资源积累和技术进步诱发的（速水佑次郎，神木善久，2009）。事实上，在案例研究中，我国东西部不同层次的学校的确呈现出教学改革和创新与文化、制度间的相互作用，这使得课程改革的思想在实践中的认知、落实程度等非常不一致。

制度会影响人们的行为和选择，人们的行为和选择也同样能够影响制度的变迁。因此，诺斯认为，制度是一系列被制定出来的规则、守法程序和行为的道德伦理规范，旨在约束追求主体福利和效用最大化的个人行为；同时，制度系统与经济系统相互影响、相互作用，存在诱致性制度创新的可能性。具体到教师劳动力领域，则表现为当教师劳动力队伍亟须通过教育改革、教育科研等手段进行技术创新时，需要原有的教育资源、技术进步以及人们的观念等制度环境与改革、科研等新制度的设计产生必要的耦合，才能产生诱致性制度变迁，从而为教学改革和教师参与教育科研提供制度基础。

第二节　理论基础

人力资本概念源于经济学家在相关研究中逐渐意识到劳动力数量及质量投入的重要性。因此，本书使用人力资本概念框架衡量教师劳动力队伍的质量。经济领域有关经济增长、经济发展动力的研究中，对劳动力数量、质量投入的重视以及由此产生的对人力资本的相关研究，是本书的理论基础。

一、经济学家对劳动力投入及其质量的重视

在过去的数千年历史中，人类社会从未像近百年一样实现人均收入的可持续增加和经济的可持续增长，这种增加和增长以持续的技术创新和产业升级为特征（林毅夫，2012）。从经济学诞生之日起，就以探寻增加国民财富的途径为主要目的，这实质上也是把近代经济增长研究作为经济学的主要课题（左大培、杨春学，2007）。对此，经济学家围绕经济增长理论和发展理论进行了研究。经济增长理论研究经济增长的动力及机制。发展经济学源于各国之间收入不平等的现实，以探索发展中国家摆脱贫困的可能性为主要任务。这两条路径既相互独立又彼此相关，不约而同地强调一国劳动力队伍的人力资本水平和技术创新对经济增长、增强国际竞争力的重要作用。

人力资本的概念来源于经济学。在早期的研究中，劳动力一直被当作从事体力劳动的工具，其所具有的知识及技能并不重要，劳动力价值仅仅以数量形式加入到对经济增长或发展的研究中。伴随着生产方式的转变和经济增长，劳动力所具有的知识、技能以及工作经验等质量指标开始为经济学家所重视，不断被纳入对经济发展的理解中。经济学家对劳动力质量的重视，促使他们根据经济发展的不同阶段和时代特征，对所需劳动力的质量形式进行调整。例如，从对手工技能的需求转向对劳动力知识和技能的要求，再转向对劳动力创新精神的要求。这种对劳动

力素质的重新认识和调整，为本书研究不同教育发展阶段所需教师的不同人力资本形式提供了借鉴。

（一）古典经济学家对劳动力价值的关注

早在几个世纪前，经济学家就意识到劳动力及其具有的价值对经济发展的重要性。最早认识到人的素质对国家财富具有重要意义的经济学家是重农主义的代表学者魁奈。而威廉·配第被认为是首次正式运用人力资本概念的，他提出："劳动力是财富之父，国民财富的核算应包括劳动力价值的测算。"

将劳动力本身所具有的知识和技能视为一种资本，可以追溯到18世纪的英国经济学家亚当·斯密。他在著名的《国富论——国民财富的性质和原因的研究》中提出，要实现国民财富的增长，有两条途径：一是提高劳动生产率，二是增加储蓄；要提升劳动生产率，则只有一条途径——劳动分工。他说："劳动生产力的最大提高以及生产中技能、熟巧和判断力的进一步完善看来都是分工的结果。"

斯密指出，通过劳动分工，能够提升劳动生产率；同时，节省了在不同工种间转换所需要的时间，使得劳动力能够更专注于专业工作，而产生的发明更进一步地节省了一项工作所需要的劳动力。劳动分工通过这三种形式提升了劳动生产率。尽管斯密并没有明确提出劳动生产率的提升意味着劳动力质量或人力资本的提升，但从劳动分工提升了劳动力的生产技能这个角度来看，事实上意味着提升。进一步地，斯密认为，经济活动由社会居民所拥有的知识和能力共同创造；人的学习是一种才能，学习所花的费用相当于存储于人的一种资本，应当得到偿还并赚取利润。这被认为是人力资本投资的萌芽。

大卫·李嘉图、约翰·穆勒继承了斯密关于人力资本的思想。李嘉图在其代表作《政治经济学及赋税原理》中使用了劳动价值论的术语，强调商品的价值取决于劳动时间，并将人的劳动分为直接劳动和间接劳动。他认为，直接劳动创造了商品的价值，间接劳动则将投资在生产过程中的生产资料的价值转移到商品中，因此，唯有劳动才能创造价值。

穆勒认为，知识和技能是能够对劳动生产率产生重要影响的因素。他强调人们所拥有的能力应当被视为国民财富的一部分，并由此推论对教育的支出将带来更多的国民财富。

古典经济学家马尔萨斯进一步将劳动力引入对经济增长的研究中。在1798年发表的《人口理论》中，他把劳动力的数量与经济增长联系起来。由于他所假定的生产函数具有边际生产率递减的性质，因此他认为，伴随着人口的增长，会导致一国陷入贫困。这种人口增长率与人均收入增长率之间的均衡，就是“马尔萨斯陷阱”。他的研究忽视了技术进步，也忽视了劳动力本身存在的人力资本的增长所带来更高的生产率。但他第一次将人口增长视为经济增长的重要组成部分（左大培，杨春学，2007），具有深远的理论意义。

尽管古典经济学家已经对知识、技能所具有的资本属性有所觉察，并强调知识、能力及劳动力本身对国民财富和劳动生产率增长的重要性，但并没有形成一个系统的理论体系。到了19世纪，古典经济学家马歇尔在其著作《经济学原理》中提出，教育和训练对劳动力素质的提高具有积极作用，能够通过培养人的能力，促进生产率的提高。进一步地，马歇尔强调政府、家庭和个人在人力资本投资中的作用，认为知识是资本的重要组成部分，教育投资对经济增长能起到重要的作用。尽管如此，他却反对将人力资本的概念用于实证分析。马克·布劳格认为，这是19世纪以来经济学家对人力资本研究式微、直到20世纪50年代才重新引起主流经济学家兴趣的重要原因（谭永生，2007）。

（二）早期发展经济学研究对劳动力数量的重视

20世纪40年代，发展经济学开始崭露头角。在早期的发展经济学论著中，学者们十分强调资本积累对经济发展的作用，劳动力数量作为一种投资指标被列入经济发展的关键指标中。

罗森斯坦·罗丹在其1943年发表的标志性论文《东南欧工业化问题》中提出了平衡增长理论，认为经济发展需要动员大量资源，而贫穷的发展中国家存在大量边际成本为零的剩余劳动力；在隐蔽失业的假设下，劳动力供给将为这些国家提供没有重大瓶颈的工业化“大跃进”（速水佑次郎，神木善久，2009）。

刘易斯的二元结构模型是这一阶段最具影响力的理论模型之一。在这一模型中，经济发展被解释为工业部门不断从农业部门吸收边际生产率为零甚至为负数的剩余劳动力的过程。基于这一研究，他提出了著名的“刘易斯拐点”，作为发展中国家的劳动力从无限供给到有限供给的拐点。刘易斯认为，在剩余劳动力尚未全部从农业部门转移到工业部门之前，由于劳动力的供给能够维持，经济的增长将一直持续（速水佑次郎，神木善久，2009）。

（三）由技术进步引发的对劳动力质量的重视

研究了劳动力投入数量对经济发展的作用后，经济学家开始关注技术进步对经济增长的影响、对劳动力的知识和技能要求。

1928 年，阿林·杨格在《报酬递增与经济进步》一文中围绕着亚当·斯密提出的分工受市场规模限制的观点进行了探讨，认为生产率和劳动分工是经济发展的核心问题，产业的不断细分和专业化是报酬递增机制得以实现的一个非常重要的前提；同时，技术进步本身就是劳动分工不断深化的结果（Allyn Young，1928）。他对劳动力的分工以及专业化、对技术进步在经济增长中的重要作用进行了强调。他的思想对 20 世纪四五十年代的早期发展经济学产生了巨大影响。舒尔茨对杨格也十分推崇，在 1986 年的文章《为实现收益递增进行的专业化人力资本投资》中进一步发展了他的理论。

杨格提出了两个重要命题。第一个命题是，递增的报酬来源于迂回的生产方式，而后者是劳动分工最为重要的形式。在他看来，劳动分工使得生产过程不断复杂化，生产过程中开始出现对机器的使用，而这种使用又进一步导致了劳动的分工，并产生了半成品以及知识的专业化部门。从这一意义而言，技术进步取决于劳动的分工。第二个命题是，较之劳动分工的其他形式，迂回的生产方式更依赖于市场容量。他认为，人口的规模之外，其购买力才是市场容量的重要决定因素。而人口的购买力取决于生产能力，生产能力取决于劳动分工的水平。于是，亚当·斯密关于分工受市场规模限制的观点被转换为“劳动分工受劳动分工的限制”。这意味着经济增长是一个内生的过程，各个产业之间互相依赖。

杨格的研究进一步深化了斯密关于劳动分工对经济增长意义的探索，同时，他指出，伴随着时代的发展，劳动分工的形式事实上也产生了巨大的发展变迁。在对劳动分工所带来的劳动生产率提升进行研究时，这种伴随着经济发展而来的劳动分工形式的变迁不应该被忽视。

20世纪50年代，基于哈罗德—多马模型资本积累和经济增长的关系，索洛和斯旺利用新古典生产函数开发了一个新的模型。在索洛—斯旺模型中，引入了资本和劳动能够完全替代的新古典生产函数。该模型的重要意义就在于，推导出了一个结论：通过储蓄率提高生产的影响是短时间的，没有不断的技术进步就无法实现经济的可持续增长。这就强调了技术进步对经济增长的意义。此后，技术变化在经济增长模型中不再单纯地表现为劳动生产率的变化，而是表现为总量生产函数中专门代表劳动力所掌握的技术的自变量变化（左大培，杨春学，2007）。

库兹涅茨在其1966年的著作《现代经济增长》中对若干发达国家的增长进行了核算分析，探讨了现代经济增长的源泉。他认为，发达工业国家在过去的50~100年中（截至20世纪中叶）的人均收入增长中，资本的贡献率为0.25%，劳动的贡献率为-0.23%。这意味着以劳动和资本衡量的总投入对总收入增长的贡献率仅为0.02%，换句话说，99%的收入增长是由全要素生产率的增长带来的。这说明，与资本积累的作用相比，技术进步在经济增长中起主导作用。库兹涅茨的增长核算结果对发展范式带来了重大影响：如果经济增长的主要支撑力量不是资本积累而是技术进步，那么政府就不应通过计划手段强制储蓄，应通过投资教育、研究和发展创新活动、引进新技术等加速本国的经济增长（速水佑次郎，神木善久，2009）。

然而，库兹涅茨所总结的依赖技术持续进步而不是资本积累的现代经济增长类型并不是唯一的经济增长类型。阿布拉莫维茨的研究表明，在工业化初期，的确存在依靠资本积累推动经济增长的类型。那么，什么是决定经济增长类型转变的关键机制呢？速水佑次郎在研究中提出了两种可能的解释：工业技术体制的改变和人们需求结构的变化。

工业技术体制的改变是指，由可见技术转变为不可见技术。可见的技术，如机械领域的技术；不可见的技术，如原子、分子等不可视的领域。技术由可见转变为不可见，首先，要由受过高级正规教育和训练的科学团队进行研发，开发出不可见技术；其次，还要有一支具有更高人力资本水平的劳动力队伍，使不可见技术在实践中能够有效运行。这就强调了劳动力人力资本水平对于经济增长的重要性。

需求结构的改变是指，由标准化需求转向有差异的需求。这就淘汰了工业化初期规模生产标准化产品的技术。技术进步的方向不再是有形资本对劳动力的替代以实现大规模的生产，而是转向无形资本对有形资本的替代以实现具有知识和能力内涵的差异化生产。在这种新技术条件下，劳动力本身所具有的知识、能力就显得十分重要，因此，也强调了劳动者的人力资本。

（四）本节小结

无论是经济增长理论还是发展经济学的相关研究，都陆续注意到不同的劳动力投入形式对经济发展或增长的重要性。在古典经济学家那里，劳动力的数量投入对一国的经济至关重要，如亚当·斯密就已敏锐地意识到劳动力本身所具有的知识和技能对国民财富增长的至关重要。尽管这些古典经济学家并没有过多地强调劳动力的质量，但斯密的观点在后来的经济学家那里得到了延续——20世纪初的经济增长研究和发展经济学都开始关注劳动生产率、技术进步、专业化以及创新对经济增长和发展的影响。

当然，前期的研究并没有明确提出人力资本概念，只是在劳动力数量、质量层面意识到其对经济发展的重大作用。由于不同时代的生产方式和技术手段存在巨大差异，经济学家将劳动力质量作为变量纳入考虑时，也在不断深化和拓宽表现为人力资本的劳动力质量对经济增长的贡献方式。这种根据时代和技术演变的不同阶段考虑劳动力对经济增长贡献方式的变化及其做法，实际上隐含了不同时期主导型人力资本不同的假设。

二、人力资本理论的形成与发展

第二次世界大战结束后，由于战争的破坏，无论是战败国德国、意大利、日本，还是战胜国的欧美国家，物质、资本都极度贫乏。但无论是在美国的“马歇尔计划”帮助下的欧洲还是日本，都在极短的时间内重建了本国经济——不仅快速恢复至战前水平，还有了进一步增长。这些国家在总结经验时都认为，具有一定知识水平和技能、经验，能够很快适应新技术的产业工人人力资本是一个十分关键的因素。

人力资本理论就形成于20世纪50年代末60年代初，它源于经济增长中的“经济增长之谜”——经济学家在研究时发现，20世纪美国经济的增长率远远超过生产要素的投入增长率，这违背了传统增长理论中产出增长取决于资本投入和劳动力数量投入的观点。舒尔茨对此进行了研究，他与丹尼森开创了“增长计算法”的概念。利用1929～1957年的美国数据，舒尔茨发现，教育对经济的贡献率在36%～70%（埃尔查南·科恩，特雷·G. 盖斯克，2009）。

除传统经济增长理论受到挑战外，传统的区域分工理论也受到了挑战。按照经济学中传统的区域分工理论，不同的区域根据其自然资源、资本资源的丰裕程度选择不同的分工，如自然资源丰富的区域专注于资源密集型产品的生产。然而，根据里昂锡夫对美国1947年贸易要素构成和结构的分析，资本充裕的美国出口的并不是区域分工理论所预见的资本密集型产品，而是劳动密集型产品。这就对区域分工理论造成了挑战。

上述经济之谜从不同的角度挑战了原有的资本理论和增长理论，经济学家迫切需要新的理论来解释，这为人力资本理论的破土而出提供了土壤。1960年，舒尔茨在美国经济学年会发表了“人力资本投资”的演讲，第一次系统地阐述了人力资本理论，阐述了人力资本的形成途径和方式，宣告了人力资本理论的正式诞生。1962年，美国《政治经济学》杂志出版增刊“对人的投资”，其中就包括舒尔茨的《人力资本投资》和贝克尔的《人力资本》的部分内容。

（一）舒尔茨的人力资本书

作为第一个正式提出人力资本理论的学者，舒尔茨对人力资本的研究主要体现在宏观层面，关注人力资本对宏观经济增长产生的影响。

舒尔茨认为，资本有两种存在形式，一是物质资本，一是人力资本。人力资本是与物质资本相对应的概念，是社会进步的决定性原因。一国的人力资本存量越大、质量越高，则其人均产出、劳动生产率就越高。这主要体现在人力资本投资的收益率超过物质资本投资的收益率，并且人力资本在各个要素之间发挥着相互替代和补充的作用。

在宏观层面之外，舒尔茨还进一步研究了人力资本形成的方式和途径。在他看来，人力资本投资主要包括卫生保健和服务、在职培训、正规教育、成人教育以及迁移5种途径。在这5种途径中，舒尔茨主要强调学校教育对人力资本的影响，提出教育是通过提高人们处理不均衡状态的能力促进经济增长；人们的时间也是人力资本的组成部分，教育具有使得社会收入趋于公平的性质。

20世纪80年代，舒尔茨对人力资本理论进行了补充、修改，提出要重视专业化的人力资本；同时，将企业家所具有的创新能力视为一种特殊的人力资本储备。1986年，舒尔茨在耶鲁大学经济增长第25届年会上提交的《为实现收益递增进行的专业化人力资本投资》一文中提出，经济学的许多分析都属于包含在均衡理论中的收益递减思想，无法建立一个分析收益递增期间各种变化的增长理论。由此，舒尔茨对阿林·杨格在《报酬递增与经济进步》中提出的产业的不断分工和专业化是报酬递增机制得以实现的一个非常重要的前提大加赞扬，并在杨格的基础上对实现收益递增所需要的人力资本投资进行了讨论。舒尔茨认为自己早期单纯地将资本视为同质型的观点是“认同资本是同质的这个简单化的假设，对资本理论是一个灾难”（拉尼斯，1987），因此提出专业化人力资本是解决里昂锡夫之谜的关键——富有的国家出口的并非是劳动密集型产品，而是专业化人力资本服务。

（二）贝克尔的人力资本观点

与舒尔茨不同，贝克尔更多在微观领域对人力资本进行研究。他采用典型的新古典式研究方法，从理性个人的假设出发，研究个人在家庭内部的教育决策问题。其著作《人力资本》（1964）被西方学术界认为是“经济思想中人力资本投资革命的起点”，集中反映了贝克尔的人力资本观点。

在贝克尔看来，对个人的教育投资与普通的商业投资相似，在决策时同样需要将成本与收益进行比较。基于这种观点，贝克尔运用成本—收益法对教育投资进行了分析，从经济学的角度对歧视、婚姻、家庭和教育之间的关系进行了剖析。他认为，人力资本投资的目的既要考虑当前的经济收益，也要考虑未来的经济收益。在其经典著作《家庭论》中，贝克尔指出，人力资本投资具有不同的形式，包括学校教育、在职培训、医疗、保健、对经济系统内部信息的获取等，而通过不同渠道，形成了不同的人力资本存量形式，如教育人力资本、技能人力资本、健康人力资本等（贝克尔，1962）。

贝克尔在其文章中主要强调了学校教育和在职培训两种途径，他将学校教育看作是一个专门从事教育生产的机构。新行业的技能培训往往最先出现在企业中，因为企业对这些技能的价值更为敏感，但随着需求的发展，这种培训逐渐转移到学校教育体系。

在《人力资本投资的理论分析》（*Invest in Human Capital—A Theoretical Analysis*）中，贝克尔用大量笔墨分析了培训对人力资本形成的作用。之所以这样做，并不是因为在职培训是更为重要的人力资本投资方式，而是因为与其他人力资本投资方式相比，它能够更为清晰地展现出人力资本对收入、就业以及其他经济变量的影响（Gary S. Becker，1962）。

贝克尔按照在职培训对劳动生产率的提高程度及其场所范围的不同，将其划分为一般培训和特殊培训，相应地，形成了一般性人力资本和特殊性人力资本。一般性人力资本能够用于广泛的经济领域，能够提高劳动者在所有企业的劳动生产率；特殊性人力资本仅能应用于提供培训的企业或者一个较为狭窄的行业领域，并且使培训者在培训公司的劳动生产率的提高高于其他企业。

贝克尔对人力资本投资回报率的探讨包括收入、人力资本投资与回报率的关系、投资的激励因素以及人力资本的效应。在收入、投资成本与回报率的关系部分，贝克尔探讨了不同回报率的计算方式；在投资的激励部分，探讨了投资期、工资差别与长期变化、风险与流动性、资本市场和知识等因素对投资的影响。此外，贝克尔还探讨了能力与收入分配的关系，认为收入、能力和人力资本投资的动机密切相关。

在人力资本投资的回报率方面，贝克尔运用成本—收益法对教育投资进行了分析。为了简化分析，贝克尔将人力资本投资局限在一个时期内，而收益则分布于整个生命周期；同时，将人力资本的投资成本分为显性成本和隐性成本——显性成本是指人们为了接受教育额外支付的教育费用、生活费用及交通费用等，隐性成本则是指人们为了接受更多的人力资本投资而放弃的潜在收入。根据每个家庭都追求效用最大化的假设，贝克尔通过比较人力资本投资的成本（显性成本与隐性成本之和）与未来收益的现值，来判断一项人力资本投资是否划算。而记为公式则可以计算出某人接受某级教育的内在收益率：

$$\sum_{t=1}^{n} \frac{E_t}{(1+r)^t} = f + C_i \qquad \text{式 } 2-1$$

其中，E_t 为 t 年的人力资本投资收益，f 是人力资本投资的显性成本，C_i 是接受 i 级教育的隐性成本，r 就是投资于这级教育的内在收益率。n 为接受某级教育后可以赚得收入的总年数，并且：

$$E_r = y_i - x_{i-1} \qquad \text{式 } 2-2$$

其中，y_i 是接受第 i 级教育的人所获得的收入，x_{i-1} 是接受 i－1 级教育的人所获得的收入。

在对人力资本收益率进行计算的基础上，贝克尔提出了年龄—收入曲线。教育与收入正相关，在任何年龄段都是受教育水平越高的人收入越多。人们在参加工作之初，收入总是比较低；随着年龄增长，收入按照递减的比率来递增；达到最大值（通常 45 ~ 50 岁）后，呈平稳甚至下降状态，如图 2 - 2 所示。曲线的斜度与学历水平正相关。收入水平达到峰值之前，学历层次高的，平均收入递增速度总要比学历层次低的快。

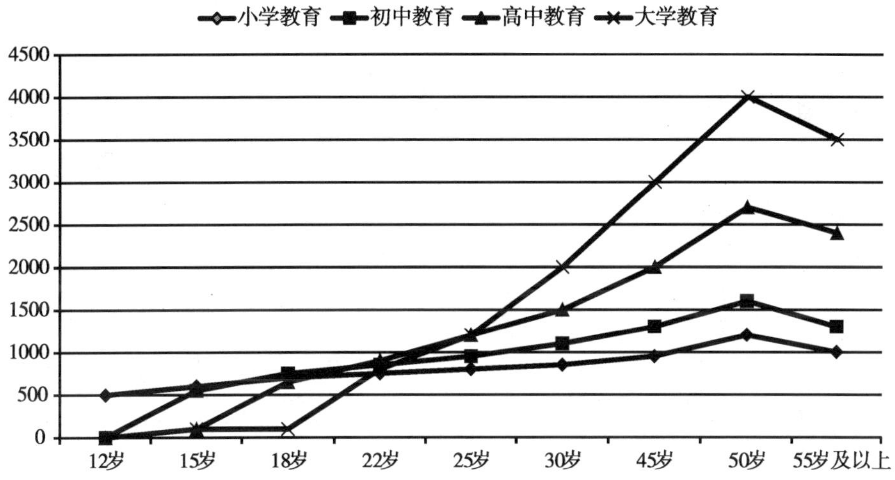

图 2 - 2　年龄—收入曲线

（三）明瑟的主要观点

明瑟的人力资本书主要着眼于劳动者接受的教育与整个生命周期内的平均工资之间的关系。对于人力资本形成的途径，明瑟强调了学校正规教育和在职培训，摒弃了职业分类的思想，将个体的受教育年限作为衡量人力资本投资的唯一指标。由于劳动力的受教育年限易于了解并且具有可比性，所以这很快成为一种基本的分类方式（吴红梅，2001）。在明瑟看来，每个个体的学习资质和兴趣都有所不同，也都面临着不同的职业选择，所以人们会选择不同的受教育年限。而对劳动力的教育投资，应当在其收入中予以体现。这就是所谓的收入差别并非由各种职能收入所导致，而是表现为个体收入的差别。在其博士论文《个人收入分配研究》（1957）中，明瑟指出，个人受教育水平的提高和工作年限的长短即人力资本投资是收入分配差异的根本原因。

具体来说，明瑟借鉴斯密的“补偿原理”，建立了人力资本的收益率模型。他认为，在均衡的条件下，具有不同人力投资量的个人，其终生收入流的贴现值均应相等。因此，人力投资量越大的人，年收入越高。这种收入上的不均等显然是对人力资本投资的收益补偿。

明瑟用人力资本收入函数表达他的思想。人力资本投资可以区分为学校教育投资和学校教育之后的投资——在职培训的两个方面，分别用正规教育年限和工作经验年限来表示这两种变量。同时，明瑟方程解释了劳动者的工作经验与收入呈二次曲线的关系。如式 2－3 所示，其中 Y 代表劳动者的收入，s 是受教育水平，x 是工作经验。

$$\ln Y = \alpha_0 + \beta s + \beta_0 x + \beta_1 x^2 + \varepsilon \quad \text{式 } 2-3$$

明瑟方程至今仍是劳动经济学领域研究收入问题的基本模型之一，被广泛用来估算学校教育能够带来的收入回报、学校教育质量的收入回报以及工作经验对男女工资差异的影响等（Heckman，Lance J. Lochner，Petrea Todd，2006）。当然，近年来也有一些学者从以下几个方面对明瑟方程提出了质疑。

第一，近期研究发现，对数线性模型的形式并不适用于现有数据。赫克曼试图运用10年一度的人口普查数据和人口调查数据（CPS）验证明瑟方程的理论基础，并寻求实证数据支持。结果发现，20 世纪四五十年代的人口普查数据更支持明瑟方程，而现有的数据则不再支持其对数线性模型（Heckman，2003）。赫克曼认为，在假定经济环境的稳定性前提下，明瑟方程能够用于广泛预测学校教育、在职培训的收入回报；但是，现有的数据已经不再满足这一前提条件，这使得近年来许多使用明瑟方程估算教育收益率的研究出现了偏差，也无法解释日益增长的高中教育与大学教育的工资差别。

第二，忽视了文凭效应及其在劳动力市场的信号作用。阿罗在其1973年的论文中提出，劳动力市场的雇佣者以劳动力所获得的文凭作为指标，来判断该劳动力所具有的无法直接观察到的能力，并以此作为雇佣其与否、给付其工资水平的依据，而明瑟的收入方程则忽视了文凭的效应（Arrow，1973）。同样的观点可见于卡德的研究，他将明瑟方程的二次项改为三次项或四次项，以便更好地拟合实际数据（Card，1999），同时，在明瑟方程中，工资报酬的对数是已完成的教育年数的线性函数，这潜含着每增加1年的教育，对劳动者的工资报酬起着相同的作用。但美国的一些研究提出了文凭效应，即完成高中或大学最后一年获得文凭带来的工资增长，与之前不同教育年限间工资增长的幅度有差异（奥利·阿申菲尔特，戴维·卡德，2011）。

第三，该方程中的收益率没有考虑未来的不确定性及随时间改变的信息。考虑到随着时间的推移而造成的收入不稳定，赫克曼引入了不确定性指标，这为学校教育收入回报估算带来十分重要的影响，大体将以明瑟方程形式估算的教育内部收益率降低到一个更为合理的水平（Heckman，2003）。

第四，没有涉及个人的能力因素。一些研究指出，明瑟的估算模型中忽略了个体的能力因素。个体的能力因素往往会导致个体受教育水平的不同。二者的关系是，能力越强，则受教育水平越高。因此，明瑟收入方程会高估教育收益率（孙志军，2005）。

（四）阿罗的“干中学”以及卢卡斯的人力资本累积模型

人力资本理论研究兴起于对经济增长之谜的解谜过程。从20世纪60年代开始，发达国家进入经济快速增长的阶段，这引发了经济学家对人力资本投资及其形成途径的进一步探索。

1962年，阿罗发表了著名的《干中学的经济学含义》，强调通过“干中学”所获得的工作经验对生产率提升的正向影响。他指出，人们通过学习获得知识，而技术进步是知识的产物和结果，学习必须发生在试图解决问题的实际行动之中。这就强调了“干中学”对学习方式的影响。

在阿罗的模型中，知识水平本身被当作生产要素，并且具有递增的边际生产力。厂商可以通过积累生产经验提高生产率，并且，随着物质资本投资增加，“干中学”能够导致人力资本水平的相应提高。在阿罗模型中，知识是一种公共产品，具有溢出效应，由此，厂商的技术变化都是整个经济“干中学”的函数（左大培，杨春学，2007）。

关于积累，阿罗认为，重复解决相同问题的“干中学”也受到收益递减的约束。因此，为了取得递增的“干中学”效果，必须不断增加刺激，并且这种刺激不能是简单的工作任务的重复（Kenneth J. Arrow，1962）。

卢卡斯1988年发表的论文《论经济发展的机制》也强调了教育、干中学以及培训对人力资本的影响。他将人口增长视为给定因素，不考虑劳动力数量变化所带来的影响。卢卡斯提出，在理解经济发展与增长的过程中，需要一个体系帮助人们思考个人获取知识的决策以及这些决策对生产率的影响，这个体系就是人力资本理论（小罗伯特·E. 卢卡斯，2003）。

卢卡斯提出了三种促进经济发展的人力资本模型。第一种是基于罗伯特·索洛、爱德华·丹尼森等学者的新古典模型，该模型说明经济增长是基于资本积累和技术进步。在此基础上，卢卡斯提出了另两种修正模型。第一种保留了初始模型的单部门特征，关注物质资本和人力资本的相互作用。第二种模型将人力资本的积累决策视为减少生产时间的决策，最终得出一个通过教育积累人力资本的内生增长模型。考虑到人力资本的形成不局限于学校教育，而干中学和培训具有同等重要的地位，卢卡斯通过第二种模型考察了一个包含两种商品的经济体系，这一体系包含各种特定的人力资本，并将“干中学”作为封闭系统中唯一的人力资本积累途径。借助该模型，卢卡斯给出了对各国生产方式的解释，即生产方式由比较优势决定，各国总是选择生产自身人力资本适合的产品；同时，各国劳动力通过自己擅长的生产方式积累技术，不断加强初始的比较优势，从而“锁定”初始生产方式。当然，卢卡斯也认识到，由于该模型中系统被假设为封闭的，这就忽略了另外一些改变世界贸易的重要力量，如新产品的不断引进和原有学习效率的下降（小罗伯特·E. 卢卡斯，2003）。该模型是卢卡斯理论的核心，而这种通过教育积累人力资本的模型也被称为卢卡斯模型。

后续的研究不断丰富了对“干中学”方式积累人力资本的认识。马塞斯·戈克在其论文《内生增长模式中的干中学与学校教育》（“learning by doing vesus schooling in a model of endogenous growth”）中提出，“干中学”带来的经验增长被视为经济活动的副产品而被研究者所忽视。通过将“干中学”引入模型，这篇论文将人力资本视为一种通过不同形式进行积累的混合物，即通过学校教育所形成的教育人力资本和通过“干中学”所形成的经验型人力资本。戈克以跨时期生产率技术外溢作为背景，将人在工作场所中的“干中学”看作在时间的约束下，人在学习、工作和闲暇之间的时间分配决策。该论文最后提出，人力资本的边际报酬包括教育人力资本效用、经验型人力资本效用以及非直接的由“干中学”产生的效用。教育所形成的人力资本与“干中学”所形成的经验型人力资本必须有一个合适的比例，这一比例被称为人力资本的经验强度（human capital intensity of experience）。该比例过低会造成对经验型人力资本的低回报，从而使人们更乐意投资于学校教育而非从事工作（Matthias Gocke，2004）。

（五）熊彼特创新理论及其对人力资本的影响

正如阿罗在其经典论文中所言，劳动力虽然通过工作任务的重复而获得学习，却面临着边际收益递减。为了实现“干中学”的人力资本边际递增，就必须在相同任务的学习和工作中加入新刺激。这一新刺激被熊彼特视为创新。

熊彼特的创新理论对现代人力资本理论的形成有着深刻影响。他在1911年出版的《经济发展理论》中提出了创新理论，认为创新是经济增长的动力。在他看来，企业家的创新活动是造成经济波动和经济增长的主要原因。当经济运行到一个周期的谷底时，企业家不得不通过创新来推动技术进步，以求得在市场中生存。这种创新行为带来的技术进步使得生产率提升并带来利润，吸引新的竞争者进入；随着竞争，利润不断减少，最终又推动企业进行新一轮的创新以获得额外利润。在熊彼特看来，每一次创新都是对原有技术手段及生产方式的破坏。因此，技术革新意味着一个经济周期的毁灭和下一个经济周期的兴起，这就是创造性毁灭。

在熊彼特的理论中，企业家是创新的主体，大规模企业的创新优势来自于研究和开发、管理的规模经济、较大的风险承受能力、研究与开发的资金等。那么，什么是创新呢？在熊彼特看来，创新并非科学发现或发明，而是以不同形式进行的，是对生产要素的重新组合，是将从未有过的生产要素与生产方式相结合并引入生产过程之中。具体来说，创新的形式主要包括：（1）引进新产品；（2）引进新的生产方式；（3）开发新的市场；（4）获得原材料供给的新渠道；（5）采用新的产业组织。

在熊彼特的理论中，经济增长的主要动力不再是亚当·斯密以来备受推崇的资本积累，而是创新。熊彼特的创新理论被视为内生增长理论研究技术进步的重要方法。1992 年，阿格奥（Aghion）和豪伊特（Howitt）探讨了创造性破坏与经济增长的关系，将新熊彼特的方法引入内生增长模型，并从数理上重新解释了熊彼特的创造性破坏假说。

阿格奥和豪伊特建立了包含熊彼特创造性破坏和创新理论的经济增长模型。在这个两时期的模型中，预期经济增长取决于世界范围内的研究，而当期研究量的大小与下一时期的研究量密切相关。阿格奥和豪伊特将产品质量升级纳入分析框架中，创新被视为技术进步的最主要来源。创新包括多种方式，如新的生产活动组织、新的生产过程、新的管理方法、新产品等，这些创新是企业的自利行为，企业预期能获得垄断租。但这些垄断租仅仅是领先者的短暂利润，新的创新出现，垄断租就会过时。这就是熊彼特所说的“创造性破坏”。阿格奥和豪伊特指出，创造性的知识与过去单纯依靠资本积累的古典经济增长模型不同，它能够展示制度、法律以及政策对知识生产乃至于生产率提升作用的解释（Aghion P.，P. Howitt，1992，2000）。

创新理论及相关研究建立了创新和人力资本的关系。一些研究指出，人力资本和创新已经成为西方国家经济增长的新动力。通过研究和开发的形式，创新与人力资本产生了联系；创新所需要的研究与发展（R&D）依赖于具有较高人力资本水平的劳动者，而创新本身也能为劳动者带来新的知识和技能（Coe，Helpman，1995）。另一些学者则认为，R&D 所形成的研发资本是与创新相关的、特殊的人力资本形式（Engelbrecht，1997）。有研究还指出，人力资本通过两种机制作用于经济增长：一种是遵循罗默的看法，认为人力资本通过作用于一国创新的能力来促进经济增长；另一种是遵循尼尔森和菲尔普斯于 1966 年提出的模型，认为人力资本通过作用于技术扩散的能力来提升经济增长（Barro，1991；Engelbrecht，1997）。换句话说，人力资本不仅能促进创新，还能促进人们适应创新所带来的技术改变。

1991 年，卢卡斯在经济计量学欧洲会议上主持费雪—舒尔茨讲座，发表了《创造奇迹》的演讲。他试图以人力资本的视角来解释新兴工业国家的增长奇迹。在他看来，这些国家的经济增长主要依赖于生产率的提升，但通过教育所获得的人力资本并不能完全解释这点，更合理的解释是干中学所获得的人力资本；并且，干中学必须与从事那些能够获得较高知识积累率的生产活动相联系，才能为这些国家较快的经济增长提供助力，即劳动力必须不断向更尖端的产品转移。通过从事这些前沿产品生产的劳动力，经济体或部门迅速积累了人力资本。在知识经济时代，这些能够获得迅速而高效的人力资本累积的生产活动依赖于创新活动。这样，创新就成为人力资本积累的新途径。

还有学者将创新与心理品质结合起来。萨姆·李等人认为，人力资本、创造力在创新过程中被结合起来——创造力在创新过程中发挥类似催化剂的作用，而创造力需要富有活力的、尊重多样性的社会环境

（Sam Youl Lee，Richard Florida，Gary Gates，2010）。

三、人力资本的计量

一直以来，对人力资本的计量都是难点。这不仅源于数据缺乏，也源于人力资本的自身特征。然而，人力资本计量问题十分重要。近年来，许多国家都出于不同的目的对本国的人力资本存量进行了统计和测算。一些国家认为，人力资本存量代表公民的幸福和福祉、进步；另一些国家则明确表示，人力资本存量及其结构能够为可持续增长提供相关的人力资本信息。例如，劳动力年龄结构所带来的人力资本变化能够为一国的人力资本政策制定提供重要的预警信息。此外，人力资本计量还为教育部门计算产出、为测量人类幸福和社会福祉提供了工具（Boarini，R.，M. Mira d´Ercole and G. Liu，2012）。

经济学家从不同角度对人力资本进行了计量。一般来说，常见的计量方法包括成本法、收入法、指标法、特征法和直接产出法等。

（一）成本法

早期研究中，学者一般采用成本法、收入法度量人力资本。成本法的假设前提是“人的价值等同于花费在生产其人力资本的资源价值”。成本法最早由恩格尔在 1883 年提出，后来的学者都沿着该思路进行了改进（Dublin，Lotka，1930；Friedrik Kapp，1870）。成本法立足于计量劳动力为获得知识和技能等人力资本所付出的成本，认为成本体现了人力资本的量化价值。

在舒尔茨的研究中，也以教育投入为指标度量人力资本。舒尔茨认为，以教育投入为尺度度量人力资本的方式比单纯以受教育年限度量更为恰当。他在利用投资增量分析法分析 1929～1957 年美国经济增长中各投入要素的贡献时，也采用了教育费用的方法来衡量人力资本存量。用各级毕业生人均教育费用乘以相应的该级教育水平毕业生的从业人数，计算经济中的整体人力资本存量。

成本法在苏联及我国计划经济时期也以劳动简化法的形式得以运

用。根据马克思对简单劳动、复杂劳动的论述，确定一定的劳动简化比（劳动系数），从而将接受过教育或具有不同工作年限的复杂劳动转化为简单劳动。这种劳动简化法一般用于计算教育因素对国民收入的贡献。在苏联人科斯塔年主编的《国民教育经济学》中，以教育费用为标准确定劳动简化比：以非熟练劳动者为基准1，半熟练劳动者为1.01，熟练劳动者为1.30；受过中等专业教育的劳动者为1.39，受过高等教育的劳动者为2.07。在此基础上，计算出整体经济中的人力资本总量（靳希斌，2001）。

肯德里克是构建人力资本账户的积极倡导者。他认为，过去对国民经济账户的核算仅包括有形的物质资本是狭隘的，需要将人类的有形与无形人力资本投资纳入。在对人力资本的衡量上，肯德里克指出，以成本法衡量生产过程中投入的人力资本往往以劳动力的劳动时间作为代理指标，但这一方法忽视了劳动的非同质性——相同的劳动时间可能具有不同的技术含量与产出，由此，也具有不同量的人力资本。后来，在为美国国家经济研究局（NBER）所作的报告中，肯德里克提出用成本法计算人力资本的具体步骤。他先将所有的资本分为二维指标，即人力资本与非人力资本、有形资本与非有形资本。由此，人力资本也被划分为有形人力资本和无形人力资本。按照这种区分，人力资本投资被分为有形的和无形的投资。有形的投资包括人从出生到14岁的养育成本，无形的投资是指提高劳动生产率或劳动质量的成本，包括花费在健康、安全、流动、教育和培训以及学生在校学习的机会成本。根据支出主体的不同，上述每项支出又由个人、企业以及政府的投资组成。人力资本存量采用永续盘存法估算，对人力资本的投资支出进行累计，并对已有的人力资本进行折旧（Kendrick，1976b）。

艾斯纳在对美国的收入账户进行计量时，以肯德里克的研究为基础，通过将学生在校期间花费的成本作为代理指标，对人力资本存量进行了估算（Eisner，1978，1985，1988，1989）。

学者张帆以肯德里克对美国全部资本形成和存量的测算方法为基

础，使用成本法对1953～1995年的中国人力资本进行了估算。他在定义人力资本时使用了狭义的人力资本概念，包括教育及健康投资形成的人力资本，而广义的人力资本则加入了抚养儿童到15岁的费用。进一步地，该研究使用了每年净投资累计加总方法，并以估算的不变价格计算每年的人力资本投资，再减去折旧累计，得出人力资本存量（张帆，2000）。

学者钱雪亚在其博士论文中也使用成本法对我国的人力资本水平进行了研究。在其研究中，将人力资本的内涵区分为人力资本积累总量和运行总量。对积累总量的衡量，采用了1995～2001年我国各级人力资本投资与教育投资、卫生保健投资等额度作为代理指标；对于运行人力资本的衡量，则采用了年末运行的人力资本结构层次、性质结构和产业分布作为代理指标（钱雪亚，2005）。

学者谭永生也采用成本法计算我国的人力资本存量。在他的研究中，考虑了由正规教育、在职培训、卫生保健和迁移流动4种形式所形成的人力资本，并采用相应的成本对不同途径形成的人力资本存量进行计算。具体来说，在正规教育形成的人力资本方面，使用生均教育经费和教育的机会成本作为代理指标；在在职培训方面，使用企业职工工资总额的1.5%作为代理指标；在卫生保健方面，使用人均卫生经费作为代理指标；在迁移流动方面，使用经过调整的乡镇企业人员数量与经过调整的职工平均工资相乘、得出农民劳动力迁移的总收益作为代理指标（谭永生，2007）。

作为人力资本测量中较早使用的方法，成本法在早期的确为预测一国的人力资本存量进而制定相应的政策起到了积极的作用。但是，这一方法也有其固有的缺陷。一般来说，主要有以下几点：（1）投资和产出的质量之间并没有必然的关系；（2）人力资本的组成很难界定；（3）忽视了社会成本，如教育和卫生、健康方面的公共支出；（4）很难区分人力资本成本中的投资与消费成分（Boarini，D'Ercole，Liu，2012；KWON，DAE-BONG，2009）。

（二）收入法

收入法也是早期用于计算人力资本的一种方法，它主要考虑人力资本的产出，隐含的假设是劳动者在劳动力市场的收益是其人力资本的量化信息。

配第是最早采用未来收益法估测英国人力资本的学者。舒尔茨在相关研究中也认为，除了使用人力资本投入外，使用人力资本产出来度量人力资本也是可行的。法尔最先采用精确的数学方法计算人力资本的未来收益（Farr，1853）。他将个人未来收入的净现值扣除生活成本后，再根据合适的生命表考虑死亡因素后进行计算（Dublin，Lotka，1946）。有学者对这一方法进行了改进，提出如下公式：

$$v_x = \frac{1}{P_x}\sum_{t=0}^{\infty} V^t \times L_{x+t} \times w_{x+t} \times g_{x+t} \qquad \text{式 } 2-4$$

其中，P_x 是生命表中活到年龄 x 岁的人数，V_x 代表一个人的总价值；$V^t = (1+I)^{-t}$，代表 t 时期的 1 美元在年贴现率为 i 时的现值，L_{x+t} 代表从 x 岁活到 x + t 的人数，w_{x+t} 是从 x 到 x + t 年的人均年工资收入，g_{x+t} 代表从 x 到 x + t 年的男性就业比例（埃尔查南·科恩，特雷·G. 盖斯克，2009）。

世界经合组织也参与到成员国人力资本统计的研究中。该组织向 70 个国家的统计局发放了相关问卷，得到了 46 个国家的回应。从统计结果来看，尽管经合组织使用的是更广泛、更全面的人力资本定义，但由于数据的可得性和计量的可操作性，大多数国家仅考虑了教育人力资本所带来的市场化收益。经合组织的报告认为，虽然采用成本法建立国家层面的人力资本账户更为便捷，但研究者更提倡使用收入法，因为与成本法、余额法相比，收入法更能衡量个体通过教育、工作经验和培训所形成的人力资本。现在，收入法已成为占主导地位的测量方法（Boarini，R.，M. Mira d'Ercole，G. Liu，2012）。

在收入法的技术框架中，学者们进行了一系列改进。目前，国际上的度量方法主要有 LIHK 法和 J-F 收入法两种。LIHK 方法（Labor Income

Based Human Capital，简称LIHK法）将受教育水平与劳动力所获得收入相结合（Mulligan，Sala－i－Martin，1997）。研究者假设劳动力收入与人力资本及身体资本密切相关。为了在收入中算出通过教育而形成的人力资本总量，这一研究假设以没受过教育的劳动力为单位人力资本，比较受过教育的劳动力和具有单位人力资本劳动力的工资水平，获得不同教育水平者的人力资本数量，加总即为一国人力资本总量。

这种方式能够消除人力资本的异质性进而进行加总度量，同时，当学校教育质量提升带来人力资本积累、促成生产效率提升时，通过工资水平的波动能够较好地捕捉到这一人力资本水平的变动。具体来说，LIHK法中经过质量调整的一国人力资本总量的计算公式如下：

$$H_i(t) = \int_0^{\infty} \theta_i(t,s) N_i(t,s) ds \qquad \text{式 2-5}$$

其中，N_i（t，s）是指经济体i中、t时期具有s年教育的劳动力数量，θ_i（t，s）是指经济体i中、t时期具有s年教育的劳动力效率系数。在这里，效率系数实际上是劳动力通过学校教育所获得的人力资本映射。研究同样考虑到了效率系数伴随着时间、国别以及受教育程度的不同可能有所改变。也正因如此，研究者采用没有接受过任何教育的劳动力作为单位人力资本，以消除因教育质量不同所带来的人力资本的异质性。

当然，这种估算方法也有一些缺陷，主要是以下两点：（1）收入变动有时并非由人力资本引起，但使用此方法可能会引起因收入变动所带来的不恰当人力资本变动；（2）在现实中，单位人力资本的劳动力所取得的实际收入不相等，拥有相同人力资本水平但是物质资本水平不同的地区会对单位人力资本支付不同的报酬。为了解决这一问题，需要估算出在一个特定的经济环境下（如物质资本投资、技术水平等）单位人力资本所取得的实际收入水平。

近年来，乔根森和弗劳梅尼的J-F终身收入法在人力资本测量领域得到了广泛运用（Dale W. Jorgenson，Barbara M. Fraumeni，1989）。例如，加拿大、挪威、瑞典、美国等国家都曾使用J-F收入法构建本国的人力资本账户。J-F收入法根据劳动力的生命周期、生存率、升学率以及就业率来估算劳动者的未来收入。根据劳动者的年龄、性别及受教育程度的结构分布，劳动力被划分为不同的群体；根据其年龄及受教育程度分布，分为五个阶段。每个阶段，劳动者处于不同的状态：既不上学也不工作、上学不工作、边上学边工作、工作、退休。在哈罗德技术中性的假设下，根据每个阶段、不同学历层次的收入情况，测算劳动者的终身总收入，并以此作为人力资本测量的代理指标。

近年来，许多学者在改进J-F收入法的基础上对不同国家的人力资本账户进行了计算。例如，刘对多个国家的测算（Liu，2011）、弗莱舍等人对中国人力资本的测算（Fleisher，Li，Zhao，2010）以及克里斯蒂安对美国人力资本的测算（Christian，2012）。博阿里尼等人对采用终身收入方法测量国家人力资本账户的研究进行了总结，如表2－1所示。❶

表2－1 使用收入法的国家人力资本账户研究

研究者	国　家	动　机	时　间	数据来源	人口范围	市场/非市场
Jorgenson & Fraumeni	美　国	国家账户中对教育部门产出的测量	1948～1984 1947～1987	数十年的研究积累	0～75岁	全　部
Ahlroth, et al.	瑞　典	教育部门产出	1967，1973，1980，1990	生活水平调查数据	0～75岁	全　部
Ervik，et al	挪　威	高中教育产出	1995	注册信息	20～64岁	市　场
Wei	澳大利亚	将人力资本纳入国家资产账户（存量/流量）	1981～2001	人口普查	18（25）～65岁劳动力比例	市　场
Le，et al	新西兰	测量人力资本存量	1981～2001	人口普查	18～64岁	市　场

❶ Boarini，R.，M. Mira d'Ercole and G. Liu. Approaches to Measuring the Stock of Human Capital：A Review of Country Practices ［R］// OECD Statistics Working Papers. OECD Publishing，2012/04，p. 20.

续表

研究者	国　家	动　机	时　间	数据来源	人口范围	市场/非市场
Gu & Wong	加拿大	人力资本对国家福利账户的贡献	1970～2007	人口普查/劳动力调查数据	15～74岁	市　场
Liu & Greaker	挪　威	测量人力资本存量	2006	注册信息	15（16）～67（74）岁劳动力比例	市　场
Christian	美　国	测量人力资本存量/投资	1994～2009	丰富的资料来源	0～80岁	全　部
Coremberg	阿根廷	测量人力资本存量/教育部门产出	1997，2001，2004	入户调查	15～65岁	市　场
Li, et al.	中　国	测量人力资本存量	1985～2007	入户调查/健康普查	城市/农村 0～（女性55）60岁	市　场
Jones & Chiripanhura	英　国	测量人力资本存量	2001～2009	劳动力调查	16～64岁	市　场

利用收入法测算人力资本具有其独特优势——以市场价格计算人力资本，在某种程度上能够反映出个人能力、努力程度及专业水平，该方法还考虑到经济增长的动态变化。当然，利用收入法衡量人力资本也有缺陷：（1）该方法严重依赖于假定工资差别能够真实反映出劳动力所具有的生产率差别，但实际上，真实的工资未必能够反映人力资本的全部差别；（2）对个体收入的大规模调查较少，数据可得性较差；（3）收入法需对贴现率、未来工资增长率等做出预测，会存在误差；（4）除了人力资本外，尚有许多因素如工会的存在等会对劳动者的生产率造成影响，从而影响其工资水平；（5）仅考虑到人力资本的市场化收益，忽视了非市场化收益。

（三）指标法

指标法是以人力资本的相关特征为人力资本的代理变量，进而构建人力资本的指标体系，对人力资本水平进行衡量。开始，人们采用单一的指标作为人力资本的代理指标，如入学率、成人识字率等，但单一指标显然无法涵盖人力资本的全部内涵。为了解决这一问题，研究者使用了一系列指标体系来衡量人力资本的不同方面。例如，经合组织每年出版的《教育概览》（*Education at a Glance*）就构建了一系列指标体系，对教育系统形成的人力资本进行衡量。再如，数量指标包括平均受教育年限，质量指标包括班级规模、学生成绩等。但这些指标不同质，也无法加总，因此，无法横向比较不同国家的人力资本总量（Boarini，R.，M. Mira d'Ercole，G. Liu，2012）。

另一个例子是里斯本议事会的欧洲人力资本指数，它形成于2006年。里斯本议事会为进一步促进欧洲人力资本发展、提升欧洲诸国的国际竞争力，资助了一系列研究，对人力资本的投入成本指数进行了细致的建构（Ederer，2006；Ederer，Schuller，Willms，2007）。

该方法含有成本和指数的概念，因此被视为成本法和指标法的融合。这一指数涵涉13个欧盟成员国和12个中东欧国家的人力资本指数，着重考察这些国家的人力资本发展与部署能力。指数统一采用欧元为计量单位，涵盖正规、非正规教育的人力资本投资，并将知识折旧、人口结构变动等对人力资本的影响纳入考虑。总的欧洲人力资本指数包括人力资本禀赋、人力资本利用率、人力资本生产率、人口和就业4个部分。

其中，人力资本禀赋等于一国范围内所有类型的教育和培训支出除以劳动力市场上的活跃劳动力（在职劳动力），主要涉及五大范围：干中学、成人教育（工作环境之外直接或间接与工作有关的学习）、大学、初等和中等教育、亲子教育（家长教给儿童一般技能以及社会适应、文化传统等）。除了正规教育可以直接测量教育投入外，其余支出以成年人参与该项活动的机会成本——该时点的人均工资作为代理指标。

此外，人力资本利用率是指衡量一国人力资本存量的利用率，即人力资本禀赋与整体人口的比率。人力资本生产率等于一国国内生产总值除以受雇于该国的就业人口的人力资本禀赋。人口和就业是指，根据经济、人口结构和移民的趋势来估计各国2030年就业人口的数量（2007年的研究进一步拓展到2035年）。

根据这4个人力资本指数的维度，能够综合给出各国人力资本的得分，并根据得分情况进行分项排序，加总后得出各国的人力资本指数得分。这一指数不仅能够显示各国当前的人力资本状况，也能够根据各国提升人力资本数量及质量的能力对其未来人力资本的变动做出预测，为欧盟诸国政府制定人力资本战略提供一定的信息基础。研究结果显示：

（1）成人教育和干中学成为欧盟内西欧诸国人力资本禀赋增加的最主要来源。2007年的研究发现，中东欧诸国最主要的人力资本禀赋来源则是正规的学校教育。

（2）由于劳动力老化，未来西欧诸国的人力资本利用率将呈现下降趋势。2007年的研究发现，由于失业率较高等因素，中东欧国家的人力资本利用率低于西欧国家。

（3）在人力资本生产率方面，由于人力资本利用率较高则人力资本边际收益递减，所以估计人力资本生产率比传统的劳动生产率要略低。而要进一步提升欧洲诸国人力资本生产率，需要从投入（提升正规或非正规教育质量）和产出（改善制度环境）两方面着手。其中，投资可以使劳动力具有更高的人力资本水平，更容易就业；产出可以通过一系列的就业辅助政策，提升经济活动中的劳动力参与水平。

（4）由于出生率降低，且移民政策阻止了外来移民弥补人力资本缺口，未来人力资本利用率将逐步下滑。

在前述相关研究的基础上，爱德雷尔等人进一步构建出人力资本领先指标（Human Capital Leading Indicators）。该指标主要关注基层政府如何通过政策杠杆提高地区的人力资本水平，并采用4个关键指标作为衡量：复杂工作数量、为年轻人提供的工作岗位数量及年轻人找工作的难易程度、失业人口再就业的能力、创新（研发投入）（Ederer，Schuller，Willms，2011）。与之前的高等教育人口比重等传统的人力资本指标相比，领先指标与地区层面人均GDP的相关度更高，能解释71%的地区层面GDP差异。在这4个指标上表现更好的地区，其经济发展水平也更高。

研究还指出，欧洲存在的问题并非是人力资本的短缺，而是人力资本的配置。而如何配置人力资本，在国家层面设计政策会抹杀地区层面的人力资本特征，因此，地方政府应当在人力资本配置政策的制定中发挥更大作用。爱德雷尔等人提出了人力资本矩阵的概念，将人力资本视为二维图形，其中纵向坐标代表人力资本的存量，横向的两个坐标代表人力资本的配置。如图 2 - 3 所示，一国的 GDP 等于人力资本禀赋乘以人力资本利用率、再乘以人力资本效率（生产率）、最后加上物质资本投入。

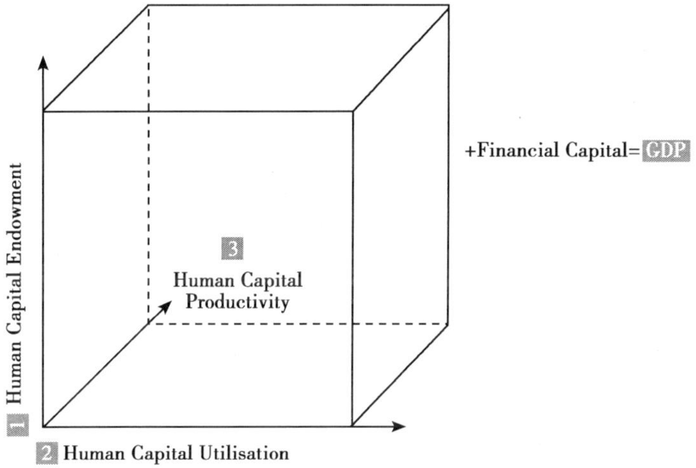

图 2 - 3　人力资本矩阵

在爱德雷尔等人 2011 年的研究中，人力资本禀赋由该地区可提供的复杂工作数占工作总量的比例作为代理指标，人力资本利用率采用长期失业率占总失业率的比率和年轻劳动力的失业率作为代理指标，人力资本生产率则采用公共和私立部门投资于研发的成本占 GDP 的比率以及每百万居民所申请的专利数量作为代理指标。该研究最后指出，应针对人力资本的相关政策考虑地区人力资本水平的差异，多给予地区自主权。

学者周德禄（2005）将人力资本研究的重点集中于人口指标，构建出中国人力资本核算指标体系，并对山东省改革开放以后劳动力就业人口的群体性人力资本积累进行了实证核算。他认为，对群体性人力资本的测量必须满足3个条件：（1）指标能全面涵盖群体性人力资本的概念内涵；（2）核算方法必须能较好地反映群体性人力资本的特征；（3）核算必须体现出个体性人力资本所具有的生命周期特征。

在这3个条件的基础上，他假设了3个均质，即学校获得的知识、工作积累的经验以及个体的体质均为均质，并且分别与受教育年限、工作年限以及预期的存活年限呈现正相关。进一步地，他在人口指标中选择平均受教育年数、平均工作年限、平均预存活年限、人口规模4个指标建立了群体性人力资本的核算指标体系。公式如下：

$$HP = \sqrt[\beta+\psi+\gamma+\delta]{P^{\beta}ED^{\psi}EX^{\gamma}EL^{\delta}} \quad \text{式 2-6}$$

其中，HP是人力资本总量，P是人口总量，ED是平均受教育年数，EX是平均工作年限，EL是平均预存活年限，β、ψ、γ、δ分别代表人口规模、教育、经验、健康指标的权重。利用柯布—道格拉斯生产函数，可以计算出4个指标变量对产出所具有的弹性，从而确定4个指标变量的权重值（周德禄，2005）。

另有学者依据可得数据，利用主成分法建立了人力资本测量的综合指标体系。在这一体系中，人力资本的指标提取方式被分为4种。

（1）基于劳动报酬法的指标提取：用人均劳动报酬除以产业工人工资，得到不同地区的人均人力资本水平。

（2）基于人力资本成本法的指标提取：不考虑间接支出，人均公共人力资本直接支出采用财政支出的公共教育经费、卫生和科技经费相加，再除以本地区的人口数而得。个人人力资本投资指标，以居民家庭平均每人每年用于医疗保健和教育支出的总和为代理指标。

（3）基于教育年限指标的提取：使用各省区社会人口平均受教育年限指标。

（4）基于人力资本分解法的指标提取：将人力资本分为一般人力资本、专业技术型人力资本、研发型人力资本和企业家人力资本。其中，一般人力资本使用社会人口平均受教育年限指标，专业技术型人力资本以每万人大专学历数为代理指标，研发型人力资本以每百万人的专利授权量为代理指标，企业家人力资本以每万人中私营企业主和个体户户主数量为代理指标。

其研究结果显示，各省区间人力资本指数的差距主要是研发型人力资本的差异，人均受教育年限指标权重随时间推移而不断减小（岳书敬，2008）。

（四）特征法

特征法是收入法的衍生，是以人力资本的某项特征（如教育程度）来构造人力资本指数，对人力资本加以衡量。其主要优点是，能集中反映出不同年份和区域某项人力资本特征的变化。

马利根和马丁创建了 LIHK 收入法。后来，为了解决其中假设单位人力资本的技能同质带来的偏差，他们试图基于教育成就探讨一种新的人力资本测量方式。他们使用美国 1940 ~ 1990 年的人口普查数据，按照教育水平分出 6 个类别的教育成就——0 ~ 4 年基础教育、5 ~ 8 年基础教育、1 ~ 3 年高中教育、高中毕业、1 ~ 3 年大学教育、大学毕业及以上（Mulligan，Sala – i – Martin，2000），并建立了如下公式：

$$\ln H = \ln F(X) = \alpha'(\ln X) + \frac{1}{2}(\ln X)'\beta(\ln X) \quad \text{式 2 – 7}$$

其中，H 代表经济体 M 中积累的人力资本数量，X 代表教育获得的成果，F（X）是人力资本的积累函数。通过该积累函数，使得人力资本跨时期、跨地区的比较成为可能。

令 v 为收入弹性，对式 2 – 7 进行微分，可得出如下公式：

$$v = \alpha + \beta(\ln X) \quad \text{式 2 – 8}$$

在完全竞争的假设下，收入弹性是指类别为 i 的劳动力所获得收入占经济总体收入的比例。研究者将估算出的值加入式 2 – 7 中计算出人力资本存量。

研究发现，人力资本存量的增加远远高于人均教育年限的增加。因此，人均教育年限无法解释全部的人力资本增长。但研究者也指出了这一方法的局限性：（1）估算大范围、长时期的人力资本时可能不精确；（2）函数未必是二次形式。

为了估算不同经济体中人力资本的增长率和水平，他们又提出如下公式：

$$\log\frac{H_{x+1}}{H_t}=\sum_{i=1}^{N}\left(\frac{V_{i,t}+V_1,t+1}{2}\right)\log\frac{x_{1,t+1}}{x_{1,t}}\quad V_{i,t}=\left.\frac{\partial\log F}{\partial\log X_1}\right|_{x=x_t}$$

式 2－9

其中，$V_{i,t}$是 i 类别的劳动力在 t 时期的收入份额。将初始阶段的人力资本存量视为标准化的 1，建立起连续时期的比较，就能够构建出每个经济体中的人力资本增长率及其水平的时间序列。

为了比较不同经济体的人力资本存量，他们建立了如下公式：

$$\log\frac{H_E}{H_A}=\sum_{i=1}^{N}\left(\frac{V_{1,a}+V_{1,b}}{2}\right)\log\frac{x_{1,B}}{x_{1,A}}\quad V_{i,A}=\left.\frac{\partial\log F}{\partial\log X_1}\right|_{x=x_A}$$

式 2－10

在这一公式中，将经济体 A 的人力资本存量标准化为 1，那么经济体 A 和经济体 B 的人力资本存量变化率就是经济体 B 的人力资本存量水平。依此类推，就能得出一个完整的多边人力资本的横截面比较系统。

在这一公式中，需要注意的是经济体的排序可能会对结果造成较大影响。为了解决这一问题，他们对不同的方法进行了比较：star 法（每个经济体都与标准化为 1 的第一个经济体 A 比较，得出变化率）、super-star 法（将某个经济体某年的人力资本存量标准化为 1，将其余经济体人力资本存量的历年数据与之对比，得出的变化率数值构建出一个面板数据）以及 GTS 旅行商法（每年选择的唯一路线，相邻经济体间重要指标的差异最小，通过计算得出的误差最小）、ITS 跨期旅行商法（面板数据，根据相邻经济体间重要指标的最小差异进行排序，通过计算得出的误差最小）。最后，他们选择 GTS 旅行商法对美国 48 个州、6 个时期的数据进行了测算，形成了横截面数据。

奥地利人克曼和德国人马林（Koman，Marin，1999）在曼昆等人（Mankiw，Romer，Weil，1992）提出的MRW模型的基础上吸收了标准的索罗模型。他们在研究中将人力资本测算的范围确定为15岁及以上、完成教育的劳动力市场的劳动力数量；同时，基于普查数据，按照劳动力达到的教育级别将其分为5类。在使用明瑟收入方程估算出不同教育水平的收益率的基础上，他们使用永续存盘法对奥地利和德国1960～1997年的人力资本存量水平进行了估算。

在这一估算中，基期的人力资本存量被视为既定值，而后使用各级教育的完成率估算人力资本存量的变动。此外，各级教育水平被转换为受教育年限。由于数据来源于人口普查，是10年的数据，并且某些年份的数据缺失，他们采用了永续存盘法来估计，得出如下公式：

$$H_{i,j,t} = H_{i-1,j,t-1}(1 - \delta_{i,t}) + H^{+}_{i,j,t} - H^{-}_{i,j,t} \qquad 式2-11$$

其中，$H_{i,j,t}$是指t时期年龄为i、具有j学历的最高学历人群，$H^{+}_{i,j,t}$是指t时期年龄为i并且完成了j学历的人群，$H^{-}_{i,j,t}$是指年龄为i并且在t时期前一年完成了j学历、现在在读更高学历的人群；$\delta_{i,t}$是指那些在t-1时期、年龄为i-1岁却无法存活的人群比例，这即是说，$1-\delta_{i,t}$代表了存活率。

他们采用劳动力在市场上的收入作为生产效率的代理指标，提出以下公式：

$$\ln H = \sum_s w_s \ln[\rho(s)L]，其中\ w_s = \frac{e^{vs}L(s)}{\sum_s e^{vs}L(s)} \qquad 式2-12$$

其中，$\rho(s)$指具有s年教育水平的劳动力占劳动力人口的比例，w_s指具有s年教育水平的劳动力的效率指数；以具有s年教育水平劳动力收入占总收入的比例衡量，这一系数由明瑟收入方程估算得出，γ用来衡量增加一年的教育能增加的收入。

拉罗奇和梅瑞特将克曼和马林的研究加以改进后测算了加拿大1971～1996年的人力资本存量。其主要改进在于，除了正规教育，还把工作经验（劳动力的工作年限）纳入模型中，从而在正规教育之外强调了工作经验对人力资本积累的重要性（Laroche，Mérette，2000）。

在他们的研究中，教育程度被分为6个类别。他们使用加拿大的人口普查数据——从1971年起每5年进行1次人口普查，以5年为年龄组的划分界限；同时，用时间、教育程度和年龄构建出人力资本存量的时间序列，提出如下公式：

$$H(t,j,a) = H(t-1,j,a)(1-\delta(t,a))(1-\gamma(t,a)) + H(t-1,j,a-1)(1-\delta(t,a-1))\gamma(t,a-1) + HP(t,j,a) - HM(t,j,a) + EX(j,a) \quad \text{式 2-13}$$

这个公式衡量了t时期年龄为a、教育水平为j的人力资本存量。其中，$\delta(t, a)$代表死亡率，$\gamma(t, a)$代表t时期年龄组发生变动的人群所占比例。因此，公式的前两项代表根据死亡率和年龄自然变动所调整的人力资本存量。此外，HP（t，j，a）代表t时期年龄为a、完成了j级教育的人力资本流入量，而HM（t，j，a）则代表年龄为a并且在t－1时期具有j级教育水平，但在t时期开始更高学历的人力资本流出量；EX（j，a）代表由于不同的数据来源所造成的无法解释的残差。

关于不同级别教育水平人力资本的流入、流出计算，有如下一系列公式：

$$HP(t, j, a) = \lambda_p(j, a)(NDP_{(t,j)} + IM_{(t,j)}) \quad \text{式 2-14}$$

$$HM(t, j, a) = \lambda_m(j, a) NDM_{(tj)} \quad \text{式 2-15}$$

$$\sum_{\alpha}\lambda_j(j, a) = 1 for\ i = p, m \quad \text{式 2-16}$$

其中，$NDP_{(t,j)}$代表t时期具有j学历的新毕业生，$IM_{(t,j)}$代表t时期具有j学历的新移民，$NDM_{(t,j)}$代表t时期具有j学历并向更高学历流动的人力资本量。

根据上述公式得出不同教育层级的人数后，他们以受教育年限作为教育水平的代理指标，以工作年限作为工作经验的代理指标，这样，一国的平均人力资本存量的对数形式可以用下面的公式来计算：

$$\ln\left(\frac{H}{L}\right)=\sum_{s}\sum_{a}w_{s,a}\ln[\rho_{s,a}]$$

$$\text{其中 } w_{s,a}=\frac{e^{\Sigma}\ (\gamma_i s+\beta_i x-\partial_i x^2)\ \cdot\varphi_{i,a}L_{s,a}}{\sum_s\sum_a e^{\Sigma}\ (\gamma_i s+\beta_i x-\partial_i x^2)\ \cdot\varphi_{i,a}L_{s,a}}$$

$$\rho_{s,a}=\frac{L_{s,a}}{L} \qquad \text{式 2－17}$$

其中，H 为人力资本存量，s 为受教育年数，x 是工作年限，a 是年龄；$\rho_{s,a}$是受教育年数为 s、年龄为 a 的劳动人口占总劳动年龄人口 L 的比重，$w_{s,a}$是效率系数，等于受教育年数为 s、年龄为 a 的劳动人口的工资额占整个经济体总工资额的比重；I 代表性别，$\varphi_{i,a}$代表年龄为 a 的人群中性别 i 的比重，γ、β、∂ 是通过 Mincer 收入回归方程得到的系数。

使用该方法计算人力资本存在的主要问题是，它采用的是柯布—道格拉斯函数的框架，当某一受教育水平的人口所占百分比增加时，可能导致总体人力资本水平的下降。这种情况的出现源于柯布—道格拉斯函数的特性，而一般认为，基于教育的人力资本度量应该是总体教育水平的单调递增函数（中央财经大学中国人力资本与劳动经济研究中心，2009）。

（五）直接产出法

直接产出法是以人力资本的产出作为人力资本存量的代理指标。这一衡量人力资本的方法最早来源于教育存量法，后来拓展到人力资本形成的其他途径，如在职培训等。但总体而言，在使用直接产出法衡量人力资本时，更多的学者使用了教育存量法，以教育所取得的存量作为人力资本的代理指标。其暗含的假设在于，正规教育系统是人们获得人力资本的重要途径。

采用教育存量法衡量人力资本也需要采用教育指标，常用的指标包括：各级教育的入学率、劳动力平均受教育年限、各种教育程度人口所占比例、各级教育毕业生人数、教育基础设施、公共教育支出占 GDP 的比例、生均教育支出以及师生比等。例如，巴罗和李曾使用各级教育的入学率或成人识字率作为人力资本存量的代理指标，对 98 国 25 岁

（1993年的研究又更新为15岁）以上不同性别、不同教育水平的人力资本存量进行了衡量，对人力资本存量与经济增长率之间的关系进行了计算（Barro，1991；Barro，Lee，1993）。

其后续研究进一步更新了数据库至2010年，并拓展了人力资本代理指标，在入学率之外，考虑了各国不同级别教育的年限以及各国的平均受教育年限。在原有的永续存盘法的基础上，他们又加上了出生率、死亡率以及流失率（Barro，Lee，2011，2012）。

其研究以联合国教科文组织、欧洲统计局、美国国家统计局及其他相关数据为基础，建立了学校教育成果数据库。在该数据库中，15岁以上劳动力的教育成就按性别和年龄段（5岁一组）分组，共分为7个组别：未接受教育、小学未毕业、小学毕业、初中、高中、高等教育肄业、高等教育毕业。在全部报告期及报告国家，有些指标有所缺失，如未接受教育等，或者初中及以下教育程度的劳动力被归为一组。为解决这些问题，他们采用其他年份、其他数据或者是入学率进行了估算。他们将劳动力分为4组：文盲、小学、中学、大学。后3组分别包括未完成和完成了本级教育的人（Barro，Lee，2012）。

他们采用年龄为a、受教育程度为j的劳动力在t时期的人力资本。j代表全部受教育程度，u代表文盲，p代表小学，s代表中学，h代表高等教育。a是全部劳动力按年龄段进行的分组指标，a=1代表15～19岁年龄组，a=2代表20～24岁年龄组……a=13代表75岁以上组。由此，应当有：

$$h_{j,t}^{a} = h_{j,t-5}^{a-1} \quad \text{式 } 2-18$$

在加入65岁及以上老年人口的死亡率后，式2－18会有所调整。针对25岁及以下劳动力，则考虑其5年后仍会接受教育、受教育程度有可能改变，又有：

$$h_{j,t}^{a} = h_{j,t+5}^{a+1} \quad \text{式 } 2-19$$

其中，a的取值为2～10。式2－19隐含的假设是，每个年龄组的人员的死亡率——无论其受教育程度如何——都相同。这一假设与64岁及以下人群的一系列数据十分吻合，与65岁及以上人群则不符。一般而言，65岁及以上人群中低学历人群的死亡率更高。但假设所有人的死亡率一致，则能避免低估教育存量。在加入对死亡率的考虑后，就有：

$$h_{j,t}^{a} = h_{j,t-5}^{a-1} \times (1-\rho_j^a) \qquad 式2-20$$

其中，ρ_j^a 代表年龄为a、受教育程度为j的组别的死亡率。64岁及以下年龄组不考虑学历，而对65岁及以上的年龄组，则加入学历的考虑。对25岁及以下的人群，需要考虑其仍然在校、受教育程度会有所改变。

总的来说，这一研究建立了时间跨度长、涉及国家广的数据库；同时，以报告期为基础数据，在考虑人口结构和年龄结构的基础上，对人力资本存量及其变动进行计算。在当前对各国人力资本存量的水平计算中，这一研究的影响十分深远、广泛。但与其他直接产出法一样，这一研究也存在仅考虑正规教育而忽略在职培训等人力资本积累途径的缺陷，有可能低估人力资本存量。

尼赫鲁等人使用教育年限作为人力资本的代理指标（Nehru，Swanson，Dubey，1995）。他们使用净入学率构建了85个国家和地区的人力资本存量时间序列数据，使用15～64岁劳动力人口的受教育年限作为人力资本存量的指标，并使用如下公式估算不同年龄组的人力资本存量（以小学教育为例）：

$$H_{NT}^{P} = \sum_{T-58}^{T-9} \sum_{i=1}^{6} \theta_{iT-i-1} E_{i,T-g-1}^{N} \qquad 式2-21$$

其中，θ_{iT} 代表T年i年级的留存率。在假设辍学率和保留率分别为d和r的情况下，式2-21可以改写为：

$$H_{N,T}^{P} = \sum_{T-58}^{T-9} \sum_{i=1}^{6} \theta_{iT-i-1} E_{i,T-g-1}^{G} (1-r-d) \qquad 式2-22$$

在对各国人力资本水平进行衡量时，以教育存量衡量一国人力资本的方法最为常见。但这种方法忽略了干中学对人力资本的重大影响，并且，使用平均受教育年限等教育存量指标测量人力资本，具有不可避免的缺陷（Mulligan，Sala-i-Martin，2000）。例如，假设一年的教育带来同样的技能提升、不考虑工资差别而假设具有N年教育年限的劳动力生产率是具有1年教育年限劳动力的N倍以及将不同教师、具有不同教育质量的教育年限视为同质等，这些蕴含在平均受教育年限中的假设可能带来人力资本估算的误差。

在教育存量法之外，一些研究者采用其他方法衡量人力资本存量。例如，使用技术工人与劳动力人口的比例作为衡量人力资本的代理指标（Romer，1990）；经合组织使用国际成人文化调查（IALS）数据，使用成年劳动力中的受教育比例作为人力资本存量的衡量指标。此外，还有研究着眼于一些国际性调查或测验的国际比较，如菲律宾岛间航运协会（PISA）或IALS数据。但与所有测试一样，这些数据也存在一些不可避免的缺陷，如IALS指标忽视了个人学习和在职培训，并且学习并非直接与生产率相关，而PISA指标则受到样本范围的限制，并且实施成本较高。

（六）人力资本测量的小结

对人力资本的科学测量一直是教育经济学和劳动力经济学的难题。尽管在过去的几十年学者们对人力资本的测量方法进行了诸多改进，但都不可避免地存在缺陷。有学者对这些缺陷进行了总结，具体包括：（1）过于注重文凭，但文凭与生产率之间的因果关系却并非那么确凿；（2）更多地考虑到人力资本的市场化收益，却极少考虑到非市场化收益，但后者事实上是人力资本非常重要的一个方面；（3）许多与人力资本形成密切相关的因素，如社会资本，并没有被考虑；（4）很少考虑到人力资本对社会进步的贡献（Kwon，Dae－Bong，2009）。

针对以上的缺陷，该研究提出，未来的人力资本测量应当有一些进展，具体包括：（1）应当包括一些人类发展的指标，才能够全面体现人力资本对个体市场或非市场收益的贡献与提升；（2）应当充分考虑社会资本，社会资本对人力资本的增长可能有着极为重要的影响，如人际关系网络能够对个体人力资本的增长提供重要作用；（3）人力资本的代理指标应当比过去更为直接地与生产过程发生联系，以便衡量人力资本所带来的生产产出。

四、人力资本相关研究小结及对本书的启示

随着人力资本对经济增长作用机制的解释不断深入，创新、技术变迁对人力资本的要求开始成为关注的焦点。现代经济也越来越强调劳动者的创新能力，那么，如何提升劳动力队伍的人力资本水平呢？在人力资本理论的奠基人舒尔茨和贝克尔的研究中，人力资本形成的投资途径包括正规教育、在职培训、卫生保健以及迁移流动已得到较为清晰的论述。

后来的研究对人力资本的形成途径进行了拓展，但基本上没有超出这 4 种途径，只是就其具体细节进行了补充和拓展。在新的知识经济时代，经济增长越来越依靠创新所带来的技术进步，这激励着学者将创新与人力资本联系起来，探讨二者的关系。在一些研究中，人力资本被视为创新的推动力量，而在另一些研究中，科技研发以及高技术含量的生产被认为是快速积累人力资本的途径。创新开始被纳入人力资本的研究框架中。例如，我国学者冯子标（2000）采用亚历克斯关于创新的重要性的观点，将研究与开发所形成知识积累、创新等活动视为人力资本投资的途径。

然而，人力资本的相关研究发展到今天，一直停留在宏观层面的测量和描述上，没有对人力资本推动经济增长这一宏观现象的微观机制进行深入探索。贝克尔将微观经济分析应用于家庭内部的人力资本投资决策分析，但与宏观现象联系不大。舒尔茨将美国农民的人力资本与其在农业生产中的效率联系起来进行研究，提出教育所形成的人力资本改变了农业劳动力应对经济环境变化的能力。中国的闵维方教授也对职业教育与劳动生产率的关系进行了研究。但这些研究并不足以涵盖人类丰富的经济活动，并且伴随着经济水平的不断发展，人们不再是被动地应对经济环境的不确定性，而是主动地通过“创造性破坏”实现经济增长。关于新的产业经济中创新对人力资本积累的贡献，尽管学术界已经有了

一些探索，但对不同场景下创新对经济增长以及人力资本积累的微观机制的研究还欠充分。

以往的人力资本研究为本书提供了概念和计量方法上的启示。

在概念上，根据“干中学”能够积累人力资本以及熊彼特创新理论，提出我国中小学教师队伍人力资本的投资方式不仅包括教育和在职工作、卫生保健、迁移流动，还包括创新，即在教学实践中“干中学”，通过创新的形式积累人力资本。这样，中小学教师队伍就能像新熊彼特理论所指出的那样，具备创新能力以实现教育质量提升的技术变迁，从而实现教育领域的创新以及技术升级。而根据熊彼特的创新定义，教育创新除了教育技术的改进，还包括引进新的教育服务、开发新的教学方式和教学组织形式。因此，本书将教师通过教育改革所获得的人力资本视为新发展阶段中小学教师人力资本增值的主要表现形式。

在计量方法上，迄今为止并不存在完美的人力资本计量模型，人力资本计量方式的选择与研究目的密切相关。目前的人力资本测量模型大多忽视了与生产过程的紧密结合。而对于教师人力资本发展阶段的判断，应当与学校的生产过程相结合，以体现教师人力资本对教育生产率的贡献。此外，收入法和成本法都假设存在较完美的劳动力市场，收入和成本能够反映劳动生产率变动的实际情况，这在经济领域也许可行，但在教师劳动力市场，其适用性则受到限制。相对而言，指标法对于使用宏观统计指标、计算教师队伍人力资本存量提供了较好的参考。

第三节　人力资本、制度安排与教育生产率

前文综述了关于人力资本积累方式和途径的研究。在这些研究中，一些学者认识到制度环境对人力资本的影响，如爱德雷尔等人对中东欧人力资本的研究、速水佑次郎对日本政府主导的产业发展战略中人力资本边际收益的研究。那么，制度环境是否构成影响人力资本形成的因素？当把场景拉到教师人力资本形成的实践中，人们发现，在重视创新

以及多元化的当代社会，教育正面临着由标准化生产变为创新、差异化生产的挑战（UNESCO，1998）。如何提高教育领域的生产率水平？对这一问题的回答，涉及经济学家对生产率影响因素的研究。

一、生产率的决定因素

从经济学的角度来看，生产率是指每单位劳动投入所生产的物品和劳务的数量。因此，投入—产出比的增大，就意味着生产率的提升。而在一些研究中，生产的物品和劳务质量的提高也被视为生产率提高的体现。在本书中，生产率提高包括所生产劳务和物品数量及质量的提高。那么，如何提高生产率呢？一般来说，普遍认可的影响生产率的因素包括自然资源、资本、技术、人力资本以及制度安排。

在早期的研究中，自然资源、资本和技术被视为影响生产率的重要因素。在地理决定论那里，自然资源的差别决定了最初的经济发展水平的差异。后来的理论都否定自然资源是提高生产率的必要条件。

物质资本投入一直是生产函数中的重要指标。经济学家普遍认同，当物质资本增加时，劳动者能在生产过程中使用更多的物质资本，通过资本深化、提高生产率，增加产出。但通过物质资本深化、提高生产率的过程受到收益递减的制约，即随着资本投入量增加，每一单位额外投入所得到的收益减少（见图2－4）。

如图2－4所示，当经济中原有的资本水平较低时，资本深化带来大幅的产量提升，也就是生产率的提升；当原有的资本水平达到一定高度后，资本深化带来的产量提升十分微小，生产率的提升十分有限。戴尔·乔根森和凯文·斯特罗对美国劳动生产率的影响因素进行了分析、计算。在他们的研究中，全要素生产率、资本深化和劳动力质量被视为影响生产率的3个因素。结果显示，资本深化在1959～1973年为美国生产率的提升贡献了50%以上，但在其后所带来的提升逐步降低。

影响生产率的另一个因素是技术变革。新技术在生产和生活中的应用极大地方便了生产和生活，为生产率的提升带来了积极影响。1966

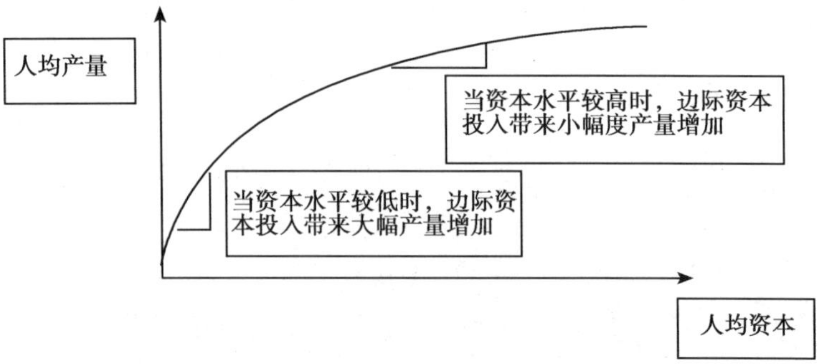

图2－4　资本投入与人均产量的关系

资料来源：曼昆：《经济学原理宏观经济学分册》，梁小民等译，北京大学出版社2009年版，第57页。

年，库兹涅茨在《现代经济增长》中对若干发达国家的经济增长进行了分析、核算，探讨了现代经济增长的源泉。他的结论是，发达工业国家在过去50～100年（截至20世纪中叶）的人均收入增长中，资本的贡献率为0.25%，劳动的贡献率为－0.23%。这意味着，以劳动和资本衡量的总投入对总收入增长的贡献率仅为0.02%。换句话说，99%的收入增长由全要素生产率的增长带来。进一步地，库兹涅茨测算了劳动生产率增长的贡献因素，认为资本产出比对生产率的贡献约为20%，而全要素生产率增长的贡献约占80%。

戴尔·乔根森和凯文·斯特罗对美国劳动生产率的分析则显示，1959～1973年、1995～1998年，全要素生产率对生产率的提升产生较大影响。也就是说，在这期间，技术进步带来了较大的生产率提高。

随着对生产率研究的深入，自然资源、资本以及技术对生产率提升的解释显得越来越薄弱，人力资本和制度逐渐被引入对生产率的解释中。发展经济学的相关研究也揭示，尽管在发展的最初阶段，依靠劳动力、自然资源、技术等的投入的确能带来生产率的提升，但随着产业升级和产业多样化的深化，一国将越来越难以从发达国家引进成熟的新技术，越来越需要自主创新能力。这种自主创新能力主要依赖于两个方面：一是教育系统能培育具有创新能力的、与物质资本积累、产业升级保持平衡的劳动力资源；二是政府通过各种制度手段推动教育、金融、法律和硬件基础设施的相应改进（林毅夫，2012）。

对经济增长的相关研究也显示出相同的脉络。按照对经济增长的不同理解，笔者将经济增长的研究划分为三个阶段。在第一个阶段，经济增长的源泉被解释为要素投入的增加。这是自亚当·斯密以来经济学家固守的传统，资本积累和劳动力无限供给被视为经济增长最主要的解释变量。随着现代生产技术的不断提升为劳动生产率带来的巨大变化，经济学家越来越意识到，除了资本积累之外，技术变迁、劳动分工所带来的专业化对经济增长所发挥的作用越来越大。因此，在第二个阶段，技术变迁、劳动分工等能够带来生产率提升的因素被视为经济增长的源泉，人们开始强调人力资本在经济增长中的重要作用。在第三个阶段，经济增长更像是库兹涅茨所说的“现代经济增长类型”，人们越来越强调创新对知识积累、技术变迁的作用，技术进步不再单纯地表现为生产率提高所带来的产品数量的增多。人们更加注重产品质量的提升，这对技术进步所需的研究和开发人员、产品生产者的人力资本水平提出了更高要求。但创新需要相应的制度环境支撑以降低相应的交易成本，这就将制度因素引入对生产率的讨论之中。

威廉姆斯对制度安排以降低交易成本进行了论述，认为产权界定不清晰带来了制度摩擦，进而增加了交易成本，降低了生产率。产权制度关乎生产率的一个极为明显的例子是研究和开发所带来的技术创新。经济学家普遍认同，没有对产权的保护，创新者的利益就得不到保障；创新所需的成本大于收益，就无法带来创新。按照速水佑次郎的“诱致性制度创新”的说法，个体无法完成技术创新，技术创新必须建立在非正式制度所带来的历史路径依赖以及正式制度对产权的清晰界定基础上。

二、教育生产率的影响因素

在教育经济学的视野里，教育质量体现为教育生产率问题，即各种投入要素转化为教育产出的教育生产函数。大体来说，教育投入可以分为学校投入与非学校投入两种。学校投入包括人力物力投入，非学校投入为学校之外对教育产出造成影响的因素。

教育生产率的概念最早来源于1966年的科尔曼报告。该报告将经济学中的工业生产函数引入教育领域，使用美国70多万学生的成绩和各种投入要素的数据，以教育生产函数的形式计算各要素对学生成绩的影响。结果发现，学生的家庭背景因素比学校的教育投入和教师的特征更能解释学生的成绩差异。该发现给当时乐观的教育理念浇了一盆冷水，对不断增加教育投入的效率产生了质疑。

有学者对这一报告的统计分析提出质疑。1968年，鲍尔斯和莱文（Samuel Bowles，H. Levin）发表了对科尔曼数据重新分析的结果，认为教师的口头表达能力对学生的学习成绩有积极影响，同时，教师工资和完善的教学设备与学生的成绩呈现正相关关系。

1971年，格斯里（James W. Gurthrie）也对科尔曼的结论提出了不同看法。他运用科尔曼的数据得出结论，认为学的生成绩与一系列的学校投入呈正相关，包括物质资本、教师以及同伴环境。

1986年，汉纳谢克总结了100多种教育生产函数的方法及研究成果，发现对不同的教育投入，不同的研究结论并不一致。他指出，根据常识人们通常认为教师的受教育水平越高、工作经验越多，教师的成本就越高，也应对学生的成绩起到改进作用，而班级规模小、学校设施好，应当对学生的表现造成显著的正向影响。然而，在187项相关研究中，对这些因素所造成影响的结论并不一致。一部分研究符合人们的常识，更多的研究却对此提出了挑战。基于此，汉纳谢克得出结论，认为学校投入教学生产过程的要素并未显示出与学生学业成就具有一致性关系。这一结论使得教育决策者对通过更多的教育经费投入改善教育质量的做法产生了怀疑。

在研究中，汉纳谢克还将教育生产过程视为教育投入与产出的统计关系，并由此提出了教育生产函数：

$$A_t = f\ (F_t + T_t + SO_t) \qquad 式2-23$$

其中，A_t 是学生在 t 时期所取得的学业成部，F_t 是来自学生家庭的所有影响因素，T_t 是来自教师的影响因素，SO_t 则表示来自学校投入的影响因素。

尽管汉纳谢克的研究使得决策者对更多的经费投入提出了质疑，但后续的一系列研究指出，这些来自学校的因素之所以在研究中呈现出非显著性的影响，就在于学校的产出难以测量；同时，还在于对学校内部的生产过程缺乏足够了解，如不能捕捉教师投入的技能差异、无法测量教师在干中学如通过创新的生产方式应用于教学过程所获得的教学经验等。

1990 年，蒙克（Monk）在其著作《教育经费——一种经济方法》（*Educational Finance: An Economic Approach*）中指出，教育生产率的研究并未找到一个最为合适的方法，教育生产率的测量难度在于教育产出难以测量。而汉纳谢克本人也认为，应当谨慎对待他所得出的学校教育投入与产出无相关的结论。

近年来，新的方法逐渐被应用到教育生产函数的实证研究中。一些研究运用元分析方法、工具变量方法对教育生产函数进行研究，部分结果发现教育支出、教师素质对学生成绩有着显著的正影响。另一些研究则使用多层线性模型对教师在教学生产中的作用进行估算，发现在学生家庭社会经济地位（SES）较低的学校中教师对学生成绩的影响更为显著。

由于有研究表明，在现行的教育体制下依靠教育投入的增加并不能够提高学生成绩，一些学者开始研究学校管理制度对教育生产的影响。结果发现，教育投入必须与一定的学校管理制度结合，才能产生应有的效率。这些研究与有效学校的相关研究结果一致，均认为制度安排对学校教育的生产效率产生影响。

尽管教育生产率的相关研究结论不一致，但不可否认的是，作为生产率的一种，教育生产率必然遵循生产率的一般规律。那么，影响生产率的因素是否影响教育生产率呢？许多学者对汉纳谢克的悲观结论并不认同，他们强调学校投入与学生成绩之间的密切关系。蒙克（1992）也指出，或许教育生产函数是不存在的，但在现实研究中最好将教育生产函数视为存在的，并认可各种投入对学校产出的正向影响。

正如汉纳谢克的教育生产函数所显示的，在政策层面能够控制的教育生产率的影响因素包括教师及学校的教育投入，可以被概括为教师人力投入、物质资本投入、教学领域的技术等。而对学校有效性及制度安排对教育生产率影响的研究也证明，制度安排会对教育生产产生影响。

基于以上理念，各国学者对各国数据进行了实证研究。在我国，薛海平和闵维方根据“甘肃基础教育调查研究”项目2004年的数据对甘肃省农村初中数学和语文教育质量的影响因素进行了实证研究。结果表明，在学校投入层面，教师素质、班级规模以及学校的分层管理制度均对教育质量有影响。其中，班级规模对教育质量有着显著的负影响。

胡咏梅和杜育红（2008）根据世界银行贷款、英国政府赠款的“西部地区基础教育发展项目”的影响力评价数据，将学校层面的教育投入分为人力资源投入、物力资源投入和财力资源投入3个维度，运用多水平线性模型进行计算。结果显示，人力资源投入是影响学生成绩最主要的因素；物力资源投入变量中，仅有生均图书册数对小学生学业成绩影响显著；财力资源投入分析则发现，生均公用经费对西部小学生成绩具有较大程度的正向影响，生均事业经费则有不显著的负向影响。基于此，研究指出，生均事业经费的无效率需要从组织管理及学校的有效运行方面着手，通过制度建设提高教育的效率。

薛海平和王蓉（2010）从教育生产函数的视角探讨了教育公平。通过分析北京大学教育财政科学研究所2007年在东部和西部两个省份“中国农村义务教育状况调查”数据，他们发现，学校公用经费和教师资源对中小学数学教育质量有着显著正向影响。

三、生产率相关研究小结及对本书的启示

从生产率的相关研究中可以看出，技术、人力资本、资本投入以及

相关制度是影响生产率的因素。对教育生产率的研究与经济领域的生产率研究一样，强调各种投入对生产率的影响。虽然许多研究并不支持这一结论，但这些偏离常识的研究通常被认为是采取了错误的统计分析方法，或者是未能深入了解教育生产的过程。

对于生产过程来说，投入是最终的汇总。如果教育生产过程完全符合市场经济的配置原则，也许能够传导为投入与学生成绩的正向关系。但是，公立教育是非市场定价的，教育要素价格扭曲是一个显而易见的事实。所以，研究学校生产过程的机制比纠缠于投入与质量的相关更加重要。

在我国教育领域的实证研究中，公用经费与教师人力资本及相应的制度安排已经被证实为对教育生产率产生影响的重要因素。但这些研究主要是利用中西部地区及农村地区的数据。结合曾晓东等人的研究，在财政性教育经费达到 GDP 的 4% 后，我国亟须回到稳定的教育财政制度建设上来，回到财政充足的原则上来，不断淡化对各省财政性教育经费支出是否达 4% 的审核，强调对经费使用效率的考察。这一观点背后隐含的逻辑在于，通过更多的财政性教育经费支出所带来的教育生产率的提升已经不再明显，并且在一些发达地区 4% 的教育经费已经表现出要素配置的扭曲。

笔者认为，现阶段教师人力资本和相应的制度安排可能是对教育生产率产生重要影响的两个因素。不论是基于教育公平，还是学生创新能力和终身学习能力的培养，中小学教育都在进行教育内容和教学方式的变革。这一系列发生在教育领域的技术变革，都对中小学教师队伍的人力资本水平提出了更高要求。因此，通过教师队伍的人力资本发展及相应的制度安排提高教育生产率，就有着十分紧迫的现实意义。

第四节 本章小结

本章梳理了经济学领域对劳动力投入及其质量的相关研究，梳理了对人力资本理论及教育生产率影响因素的相关研究。基于相关研究，得出以下结论。

第一，在经济增长领域，研究者对劳动力投入的重视经历了由数量到质量的转变过程，这一转变过程也与研究者所处时代的生产方式、技术手段密切相关。在早期研究中，要素投入被视为经济增长的源泉。由此，劳动力数量也被视为影响生产率的重要因素之一，劳动力质量则无足轻重。但随着工业化的推进，劳动力质量对生产率的作用日益凸显，这使得经济学家越来越重视劳动力质量对经济增长的作用。而现代经济增长对创新的强调，则促使经济学家不断深化劳动力质量对经济增长贡献方式的理解。

第二，人力资本理论的研究呈现出对“干中学”以及创新的阶段性强调。在舒尔茨和贝克尔的经典研究中，人力资本的积累途径已经被阐释清楚。后续研究对人力资本积累途径进行了拓展，其中，“干中学”是研究者关注的重点领域之一。近年来，经济增长的相关研究拓展了对人力资本“干中学”积累途径的认识。研究者也意识到，“干中学”途径积累人力资本实际上存在多种不同的方式；同时，为了保证收益递增的人力资本积累，“干中学”实际上也需要一系列的创新刺激。

第三，人力资本的测量手段取决于研究目的，而测量的代理指标需要与生产过程发生更为直接的联系，以便衡量人力资本对生产过程的影响。

第四，我国现阶段的中小学教育生产率更多地受到教师人力资本以及相关制度安排的影响。考虑到教育生产过程的要素价格存在扭曲，研究学校生产过程中的人力资本及相应的制度安排对生产率影响的机制十分必要。

第三章　中小学教师队伍人力资本发展的阶段性

本章拟对我国中小学教师队伍人力资本发展的阶段性进行理论论证，并在此基础上提炼教师人力资本发展各阶段的特征。而具体的宏观数据验证，将在下一章进行。

如第二章所述，阶段性的变化有两种引导力量：事物自身的结构变化和社会背景。林毅夫在其《新结构经济学》中强调，一国微观经济中的要素禀赋结构对经济发展至关重要。例如，我国的“人口红利”要素，即是指近20年我国特殊的人口结构对经济增长的影响。回到教师队伍的发展，其本身的结构变动和外界社会背景的变化都可以引致教师队伍人力资本整体发生阶段性变化。因此，本章第一节从教师队伍自身结构的变化出发，讨论人力资本积累的阶段性变化；第二节讨论经济发展的阶段性所带来的人力资本积累的阶段性变化；第三节以美国为例，对中小学教师队伍建设的国际经验进行梳理。

第一节　中小学教师队伍结构变化带来的阶段性

教师队伍结构包括教师的供需、分布、性别、质量、年龄等不同方面，它们从不同角度反映教师队伍的状况。为了突出人力资本的属性、反映经济学的判断即教师资源配置属于引致性需求，本书选取供需、质量和年龄结构3个指标作为描绘教师队伍人力资本积累阶段性的指标。

一、供需结构变化

中小学教师队伍的供需结构体现的是教师队伍本身的供需均衡状

态。而教师劳动力队伍供需结构的阶段性变化，也带来教师队伍建设重点和教师政策方向的变化（曾晓东，周惠，龚爱芋，龙怡，2011）。

（一）国家层面分学段教师队伍供需结构变化

劳动力供需结构是劳动力经济学的重要议题。经济发展的劳动力需求与社会既定人口结构下的劳动力供给共同作用，决定了劳动力的均衡工资水平。劳动力的供需均衡模型提供了劳动力结构分析的基本概念框架，如图 3 －1 所示。

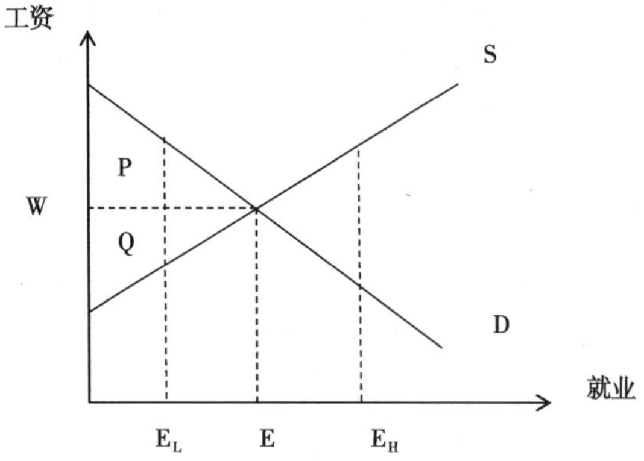

图 3 －1　竞争性劳动力市场中的均衡

资料来源：乔治 · J. 鲍哈斯：《劳动经济学》，孙劲悦译，中国人民大学出版社 2010 年版，第 185 页。

在竞争性的劳动力市场中，E 代表劳动力均衡，E_L代表劳动力短缺，E_H代表劳动力富余。在劳动力短缺阶段，市场通常采取提升工资吸引足够劳动力的方案；在劳动力富余阶段，降低工资或进行劳动力资源配置方式的转变，体现资本深化带来的技术水平上升，就成为普遍选择。

具体到教师职业，教师劳动力市场是一个典型的买方垄断市场（曾晓东，周惠，龚爱芋，龙怡，2011），具有刚性需求特征。在义务教育政策既定的前提下，教师需求取决于学生数量以及政府对班额和生师比的规定。因此，尽管教师队伍的短缺、均衡、富余并没有明确的指标，但按照制度的设定，当生师比符合最低生师比标准时，即达到制度上的教师供需均衡。而当生师比没有达到最低标准或超过最低标准时，从制度上讲，分别体现了教师劳动力队伍的短缺或富余。

图3－2～图3－4是1978～2011年各学段专任教师数与生师比的变动情况。可以看出，不同学段的教师数与生师比经历了不同的变化，但总体来说都是教师数增加、生师比下降，不同学段在不同时期（小学从20世纪90年代末，初中从2002年前后，高中从2006年前后）进入生师比的持续下降阶段。生师比的持续下降意味着基础教育阶段教师配置水平在不断提升。伴随着我国教师队伍数量的扩张以及学龄人口的不断减少，不同学段的教师队伍在不同年份都逐渐由短缺走向富余（曾晓东，周惠，龚爱芋，龙怡，2011）。

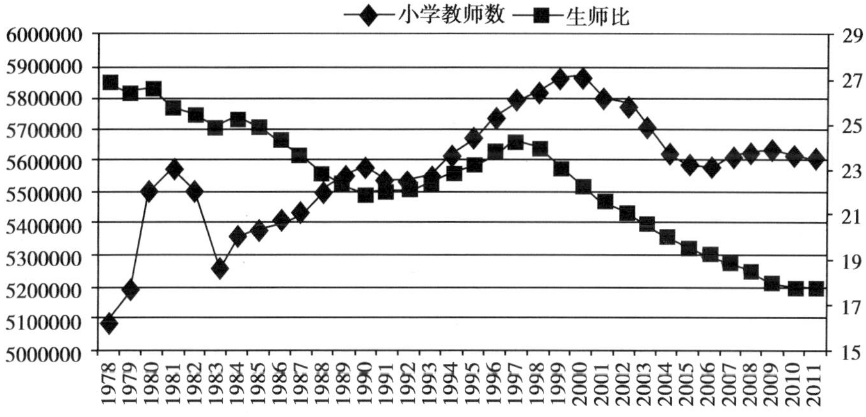

图3－2　1978～2011年小学阶段教师数、生师比变动情况

教师队伍富余意味着通过扩充教师队伍提高人力资本存量的阶段已经结束。在短缺阶段，由于教师队伍规模扩张，其人力资本存量也在增长；在富余阶段，教师队伍规模变动变小，意味着由规模引起的其人力资本存量的变动较小。

除在全国整体呈现供需结构的阶段性变化外，分学段、城乡与省（区市）的教师供需结构也同样呈现出短缺—均衡—富余的阶段性变动。

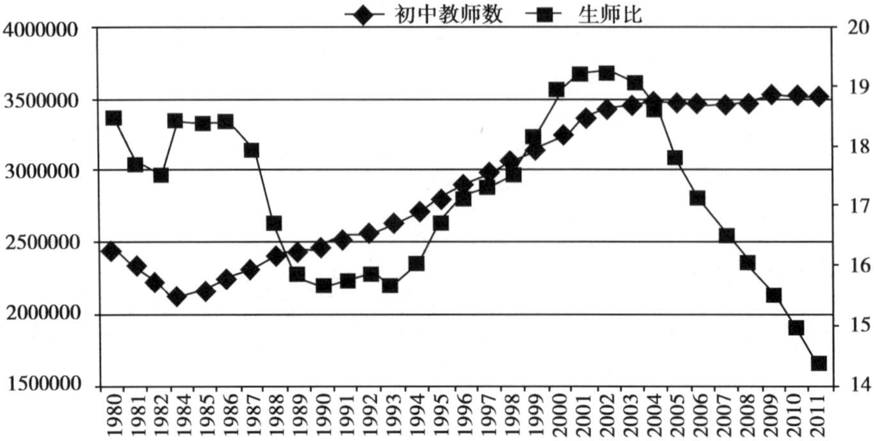

图 3－3　1980～2011 年初中阶段教师数、生师比变动情况

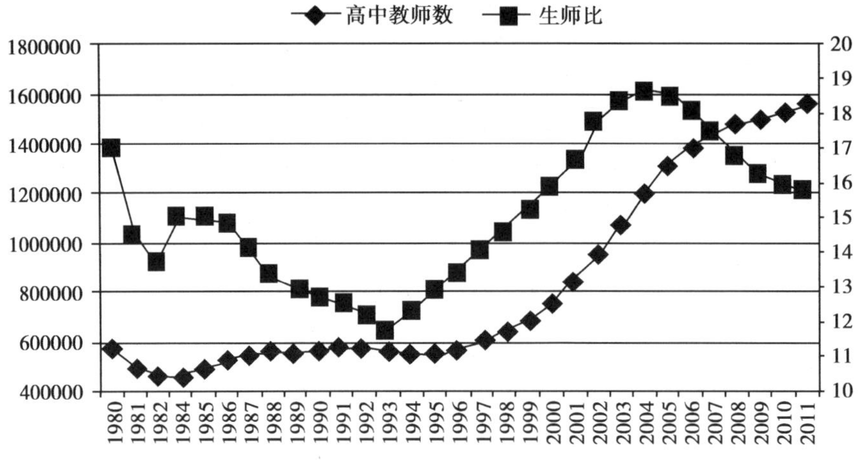

图 3－4　1980～2011 年高中阶段教师数、生师比变动情况

资料来源：教育部：《中国教育统计年鉴（1978～2011）》。

根据曾晓东等人（曾晓东，周惠，龚爱芋，龙怡，2012）的研究，需要在教职工中取消职工岗位，只保留专任教师。按照 2001 年中央编制办与教育部、财政部联合发布的《关于制定中小学教职工编制标准的意见》，推算调整后的生师比标准如表 3－1 所示。

表 3－1　学校教职工比和推算出的最高生师比标准

学　段	地　区 类　别	教职工 生师比	教师之外的教职工占教职工的最高比例（%）	教师占教职工的最低比例（%）	调整后的生师比（专任教师）
小　学	城　市	19	9	91	20.879
	县　镇	21	9	91	23.077
	农　村	23	9	91	25.275
初　中	城　市	13.5	15	85	15.882
	县　镇	16	15	85	18.824
	农　村	18	15	85	21.176
高　中	城　市	12.5	16	84	14.881
	县　镇	13	16	84	15.476
	农　村	13.5	16	84	16.071

资料来源：曾晓东、周惠、龚爱芋、龙怡：《中国中小学教师发展报告》，社会科学文献出版社 2012 年版。

（二）地区层面教师队伍供需结构变化

下面，按照表 3－1 的标准，对地区层面教师队伍供需结构的变化进行讨论。由于数据量较大，全学段分城乡、分省（区市）的完整图表见附录，下文仅以县镇初中为例展开讨论。

图 3－5～图 3－7 是 1980～2010 年县镇初中生师比的情况，分别以 1980 年、1990 年和 2000 年为横坐标，以 1990 年、2000 年和 2010 年为纵坐标。将各个省（区市）的生师比与该坐标系的 4 个区域相对应，根据表 3－1 测算的最低生师比标准划分区域，用线条标出。

这样，每个省（区市）在不同年份具有不同的生师比，每两个年份的生师比就形成了一个坐标点，如北京 1980 年、1990 年的县镇初中生师比形成的坐标点（14.33，11.5）。地区坐标在 4 个区域的变动情况显示的是与制度规定的最低生师比的比较，是横轴的基期年份与纵轴的教师资源配置状态的比较。年份的变动表现为纵轴方向的上下移动，坐标点的不断下移以及向下的分布反映了教师资源配置不断丰富的过程。

图中，A 区域内代表横轴年份教师富余、纵轴年份教师短缺的省

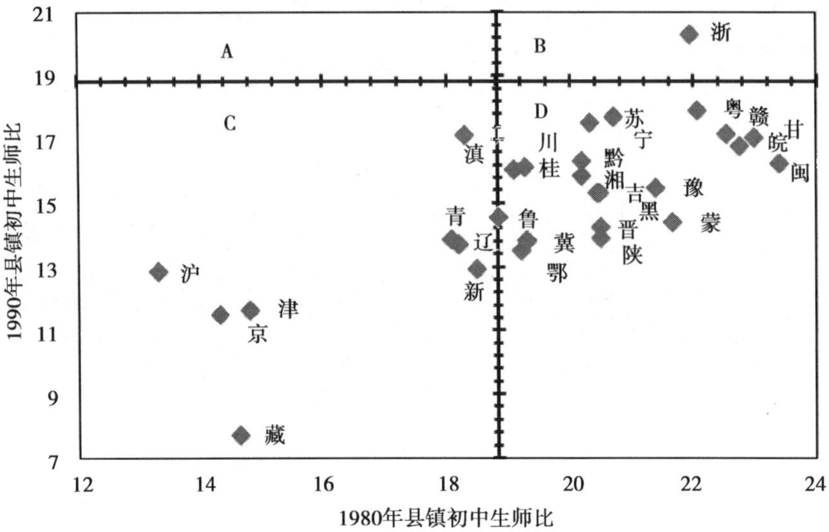

图 3－5　1980～1990 年县镇初中生师比

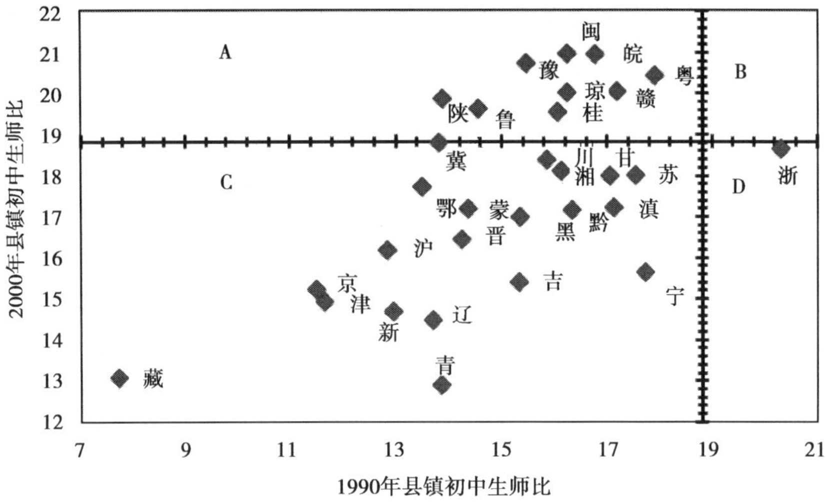

图 3－6　1990～2000 年县镇初中生师比

（区市）；B 区域代表横轴、纵轴年份均存在教师短缺的省（区市）；C 区域代表横轴、纵轴年份均存在教师富余的省（区市）；D 区域代表横轴年份教师短缺、纵轴年份教师富余的省（区市）。

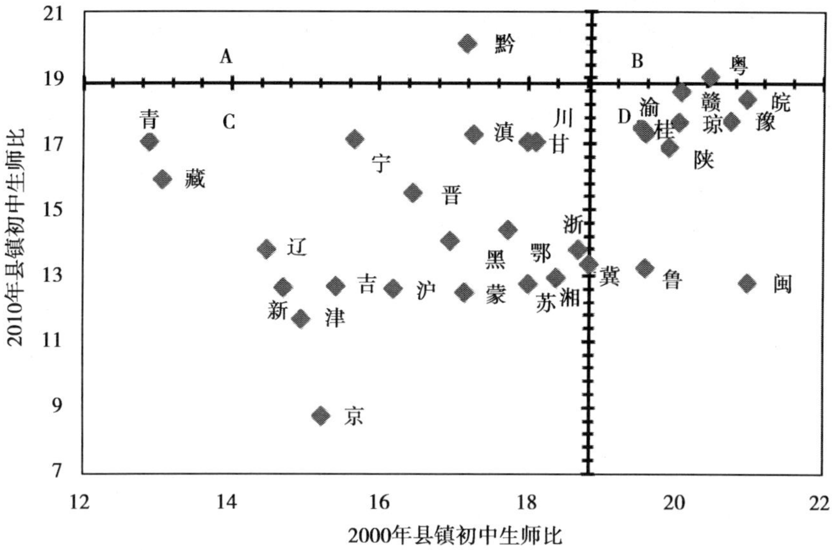

图 3－7　2000～2010 年县镇初中生师比

以 18.824 作为判断县镇初中教师劳动力短缺—均衡—富余的标准，结果显示，县镇初中教师队伍总体上经历了短缺—均衡—富余—短缺—均衡—富余的资源配置变动。

1980 年，公立教育系统刚刚建立，多数省（区市）县镇初中的生师比都高于规定的最低标准，教师资源严重短缺，仅有京、津、沪、藏、新、青、辽、滇分布在 C 区。

1980～1990 年，由于初中教师队伍的规模不断扩充，而初中教育尚未普及，县镇初中教师队伍出现短暂的均衡—富余。1990 年，几乎全国所有的省（区市）县镇初中教师队伍都逐步走向富余，进入图 3－5 的 C、D 区域。

1994 年，教育机会扩张打破了这种状态，注册学生规模急速扩大，造成教师资源短缺。2000 年，许多省（区市）的县镇初中教师队伍出现短缺，图 3－6 中，生师比坐标点上移到 A 区。

到 2010 年，随着教师队伍的不断扩充和学龄人口的变动，大部分省（区市）的县镇初中教师重新进入均衡—富余状态，图 3－7 中，生师比坐标点重新下移到C、D区域。

县镇初中教师队伍的供需结构变动并非特例，各学段的教师队伍供需结构都在过去的30年间呈现出十分明显的阶段性变化（见附录1）。在考察基期1980年，各学段教师队伍总体上呈短缺状态。这种短缺在教育机会扩张之前得到逐步改善——由于教育机会扩张还未开始，注册学生规模相对较少，教师资源配置呈现出短暂富余。这种富余很快被打破，1980～2010年，小学、初中、高中学段都在教育机会扩充之后出现教师短缺。

教育机会扩张结束后，随着学龄人口减少以及教师队伍的扩张惯性，各学段又在不同的年份逐步步入均衡—富余阶段。其中，小学和初中的教育机会扩张时间较长，至此已经经历了完整的短缺—富余—短缺—均衡—富余阶段，而高中学段仅有东部发达地区经历了这一完整阶段，中西部地区的高中教师队伍目前还处于均衡—富余的转变过程中。

教师劳动力队伍从短缺到富余的转变，说明有新教师不断加入，或者注册学生数不断减少。从人力资本的视角看，这都意味着教师或者学生规模变动带来的人均人力资本量的不断提升，是数量变动引起的人力资本存量变动（具体数据见下章）。

二、学历结构变化

教师队伍结构变化的第二个指标是学历结构。在宏观研究中，学历是衡量劳动力队伍质量主要指标之一。因此，教师学历水平是从质量的角度衡量人力资本。

我国宏观统计数据只是在2001年之后才提供分省（区市）、分城乡的教师学历数据，在此之前，提供的只是全国的总量。因此，本部分在对1978～2011年的教师学历进行总体描述后，主要针对2001年之后、分省（区市）分城乡进行分析。

（一）小学阶段的学历结构

如表3－2所示，过去30余年小学教师的平均学历水平经历了显著提升。1979 年，我国小学教师的平均受教育年限仅为 10.5 年，略高于义务教育水平。根据国务院 1995 年颁布的《教师法》，小学教师应当具有中等师范及以上学历，相当于高中水平的 12 年受教育年限。1997 年前后，我国小学教师的平均受教育年限达到了法定的最低要求，之后一直保持上升态势。截至 2011 年，小学教师的平均受教育年限为 14.74 年，约等于大专学历。

表 3 - 2　1978 ~ 2011 年小学阶段教师平均受教育年限（年）

年　份	平均受教育年限	年　份	平均受教育年限
1978	/	1995	11.84
1979	10.05	1996	11.96
1980	10.19	1997	12.10
1981	9.67	1998	12.23
1982	10.39	1999	12.37
1983	/	2000	12.52
1984	10.56	2001	12.74
1985	/	2002	12.94
1986	10.72	2003	13.18
1987	10.72	2004	13.46
1988	10.92	2005	13.72
1989	11.03	2006	13.92
1990	11.12	2007	14.10
1991	11.50	2008	14.26
1992	11.58	2009	14.43
1993	11.66	2010	14.57
1994	11.74	2011	14.74

注：1981 ~ 1982 年《中国教育统计年鉴》中使用的是调查数据。

接下来，以 2001 年为基点，对各省（区市）、分城乡教师平均受教育年限的变动情况进行考察。

如图 3 - 8 ~ 图 3 - 10 所示，总体而言，绝大部分省（区市）的小学教师队伍平均受教育年限都已超过法定的最低教育水平，只有藏、黔等省（区市）的县镇和农村小学教师的平均受教育年限略低于法定的最低水平（图中加粗横线为小学教师的法定最低受教育水平）。而从2001～2011年，所有省（区市）小学教师的学历水平都在不断提升。

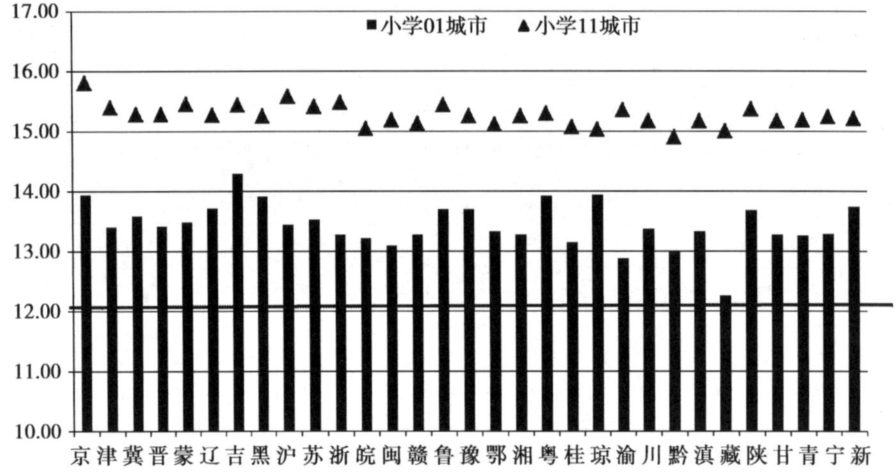

图3－8　2001年、2011年城市小学教师平均受教育年限

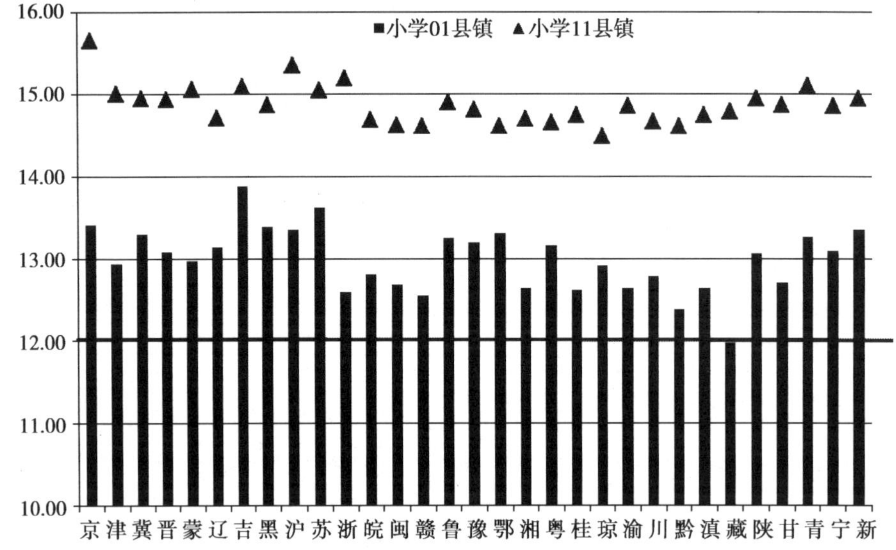

图3－9　2001年、2011年县镇小学教师平均受教育年限

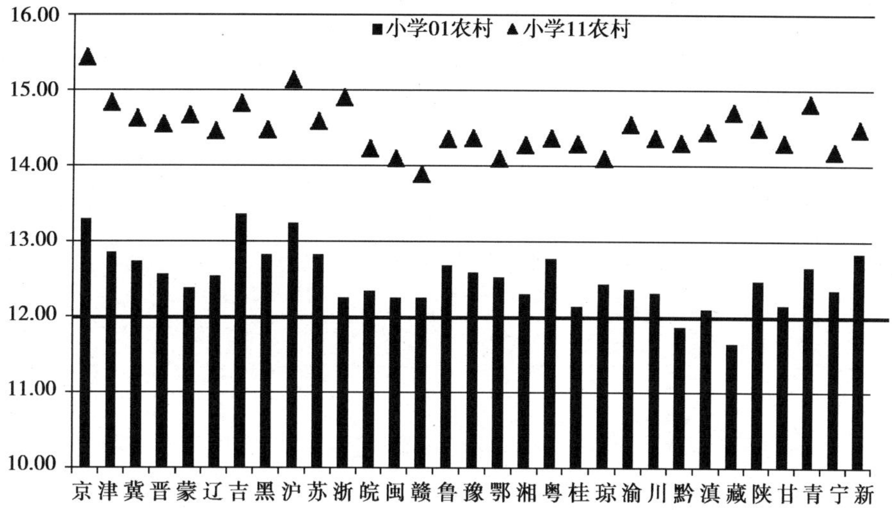

图 3－10　2001 年、2011 年农村小学教师平均受教育年限

（二）初中阶段的学历结构

按照《教师法》的要求，初中教师应当具有专科以上学历，这大致相当于 15 年的受教育年限。从表 3－3 可以看出，初中阶段教师的学历在 2003 年超过了 15 年的平均受教育年限，达到法定最低标准，之后一路上升。截至 2011 年，初中教师的平均受教育年限为 15.67 年。

表 3－3　1978～2011 年初中阶段教师平均受教育年限（年）

年　份	平均受教育年限	年　份	平均受教育年限
1978	11.82	1995	13.94
1979	11.91	1996	14.20
1980	11.99	1997	14.39
1981	12.53	1998	14.52
1982	12.70	1999	14.62
1983	/	2000	14.70
1984	12.56	2001	14.83
1985	12.64	2002	14.90
1986	12.72	2003	15.00

续表

年　份	平均受教育年限	年　份	平均受教育年限
1987	12.72	2004	15.11
1988	13.03	2005	15.21
1989	13.23	2006	15.31
1990	13.41	2007	15.40
1991	13.56	2008	15.48
1992	13.69	2009	15.56
1993	13.82	2010	15.62
1994	13.72	2011	15.67

下面同样以2001年为基点，对各省（区市）、分城乡教师平均受教育年限的变动情况进行考察。

与小学阶段类似，初中教师的学历水平也在过去10年间经历了不断上升的趋势。其中，大部分省（区市）的县镇和农村初中教师的学历水平发生了阶段性变动，即从未达到超过法定最低水平（见图3－11～图3－13，图中加粗横线为初中教师的法定最低受教育水平）。

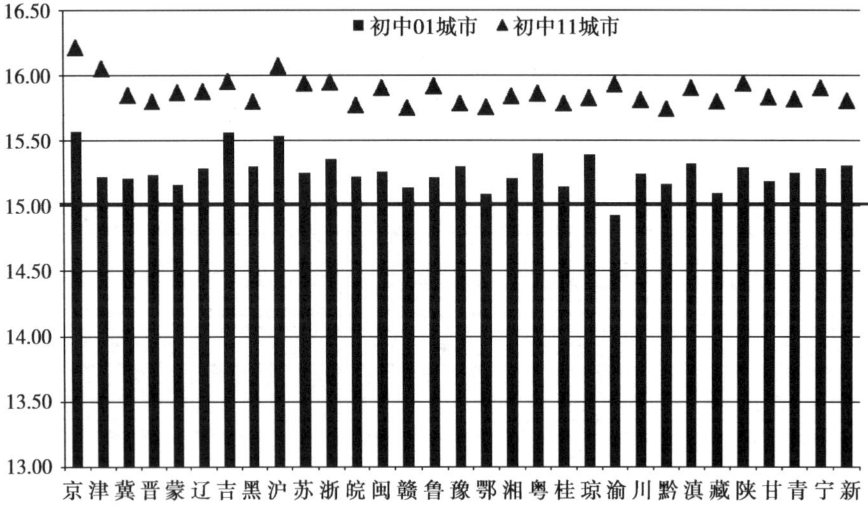

图3－11　2001年、2011年城市初中教师平均受教育年限

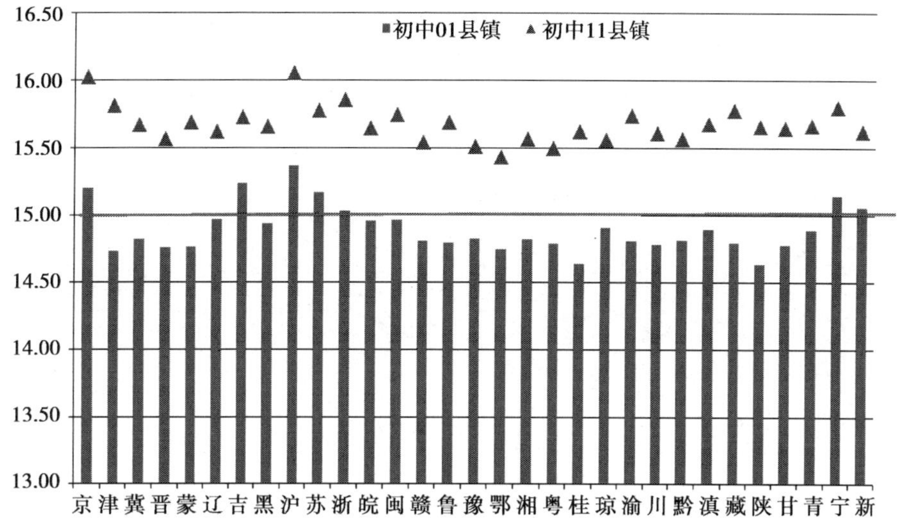

图 3-12　2001 年、2011 年县镇初中教师平均受教育年限

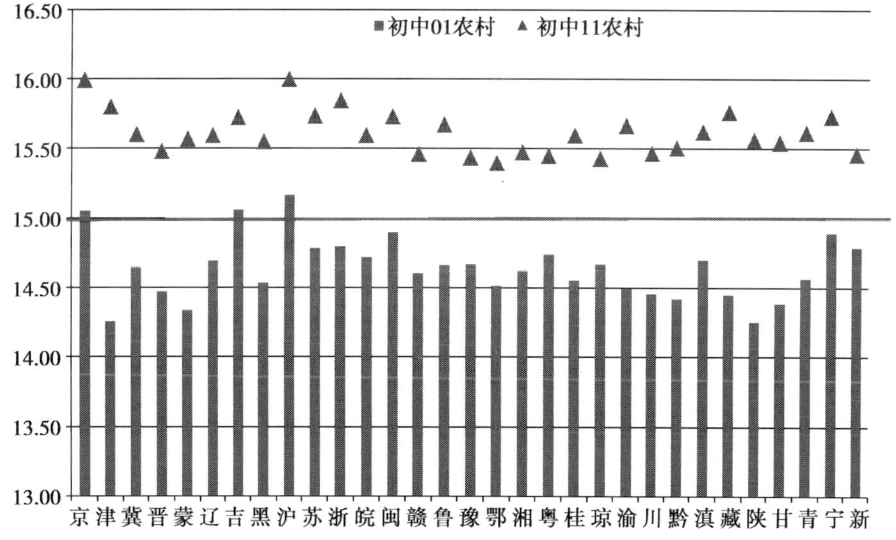

图 3-13　2001 年、2011 年农村初中教师平均受教育年限

（三）高中阶段的学历结构

按照《教师法》的要求，高中教师应当具有本科以上学历。从1978年以来的相关数据来看，高中教师的平均学历一直远高于小学、初中阶段。1978年，平均受教育水平为14.06年，约为两年制大专水平。到2009年，平均受教育年限提升到16.02年，大致相当于本科学历的受教育年限（见表3－4）。

表3－4　1978～2011年高中阶段教师平均受教育年限（年）

年份	平均受教育年限	年份	平均受教育年限
1978	14.06	1995	15.40
1979	14.25	1996	15.45
1980	14.30	1997	15.50
1981	14.47	1998	15.56
1982	14.63	1999	15.60
1983	/	2000	15.63
1984	14.79	2001	15.70
1985	14.86	2002	15.73
1986	14.92	2003	15.77
1987	14.92	2004	15.81
1988	15.07	2005	15.86
1989	15.15	2006	15.90
1990	15.21	2007	15.94
1991	15.24	2008	15.98
1992	15.30	2009	16.02
1993	15.34	2010	16.05
1994	15.35	2011	16.08

下面仍以2001年为基点，对各省（区市）、分城乡教师平均受教育年限的变动情况进行考察。

高中教师的学历水平从2001～2011年也呈现出阶段性变化的特征：2001年，几乎所有省（区市）高中教师的学历水平都未达到法定最低水平；2011年，大部分省（区市）城市高中教师、县镇高中教师的学历已达到法定最低水平，而大部分省（区市）农村高中教师的学历水平还在不断向着法定最低水平靠近（见图3－14～图3－16，图中加粗横线为高中教师的法定最低受教育水平）。

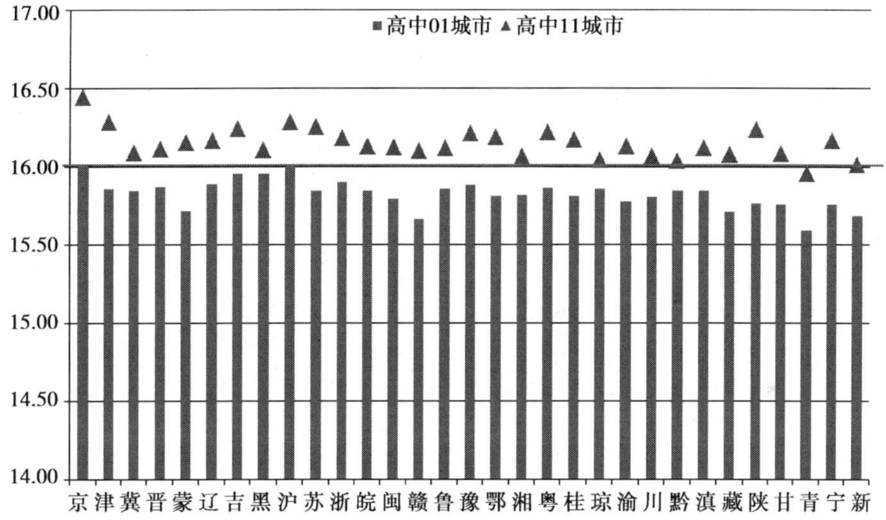

图3－14　2001年、2011年城市高中教师平均受教育年限

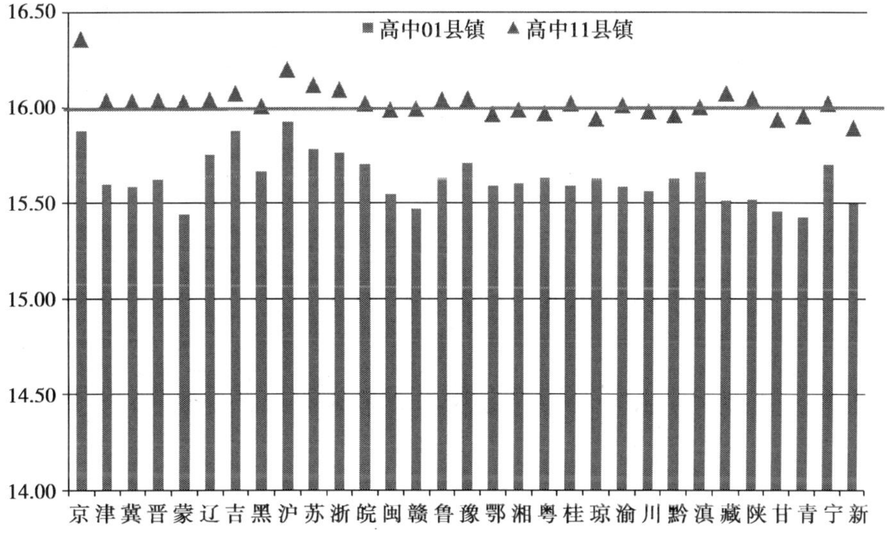

图3－15　2001年、2011年县镇高中教师平均受教育年限

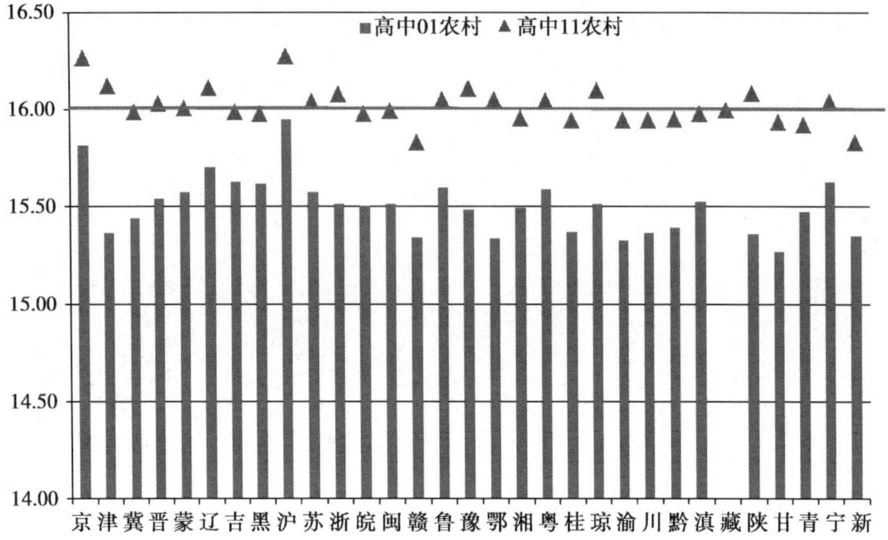

图 3－16　2001 年、2011 年农村高中教师平均受教育年限

注：2001 年西藏农村高中教师学历数据缺失。

三、年龄结构变化

国外的许多研究证明，教师队伍的年龄结构是描述教师队伍状态的重要指标。年龄结构的构成及其实质对教师队伍的整体活力、创新能力以及教育生产率有着十分重要的影响。许多研究都指出，15 年教龄是教师的专业能力、教育生产率的分水岭；3～15 年，教师的专业能力不断积累、提升，教育生产率也依靠工作经验的积累不断提升，教师个体所具有的人力资本水平积累呈递增趋势。但这种提升大致在 15 年教龄时遭遇职业发展的瓶颈，需要通过工作中的创新刺激来破除，进而使富有经验的教师重新获得人力资本积累，不断提升教育生产率水平。我国宏观教育统计中缺乏对教师教龄的统计。考虑到大部分教师是毕业后直接进入工作岗位，可以以中基报表中的最低年龄 25 岁作为教师入职的起点，这样，40 岁左右的教师大致相当于教龄 15 年。

受限于宏观数据的可得性，对教师年龄结构的分析只能以 1991 年起点。总体来看，教师队伍呈现出老龄化趋势，而城市的教师队伍显然“更老”——除农村小学教师队伍的平均年龄高于城市和县镇小学外，中学阶段特别是东部发达省（区市）的城市中学拥有的是一支“更老”的教师劳动力队伍。

如图 3－17 所示，小学阶段的教师年龄不断抬高。2011 年，小学教师的平均年龄达 41.09 岁。这意味着，总体来说，小学教师队伍已经集体进入“后 15 年教龄”时代，亟须新的工作创新刺激，以解决其职业生涯中的发展瓶颈。

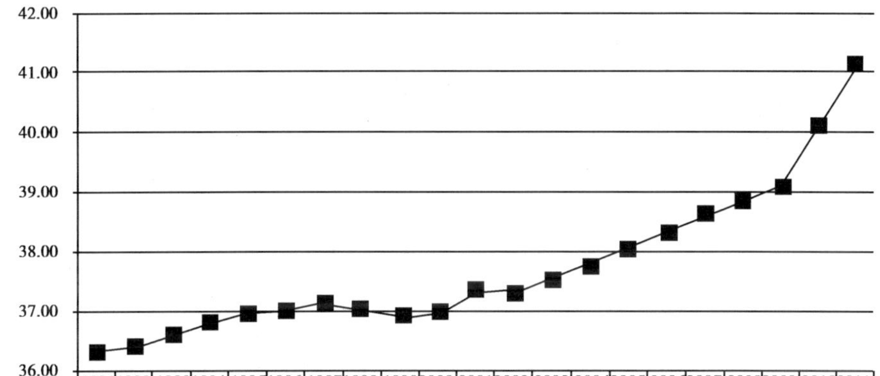

	1991	1992	1993	1994	1995	1996	1997	1998	1999	2000	2001	2002	2003	2004	2005	2006	2007	2008	2009	2010	2011
平均年龄	36.3	36.3	36.5	36.8	36.9	37.0	37.1	37.0	36.9	36.9	37.3	37.3	37.5	37.7	38.0	38.3	38.6	38.8	39.0	40.0	41.0

图 3－17　1991～2011 年小学教师平均年龄

从分城乡的情况来看，城市小学教师的平均年龄小于县镇、农村；同时，城市、县镇、农村教师队伍年龄老化的速度在依次加快。截至 2009 年，一半以上的省（区市）农村小学教师队伍已进入后 15 年教龄时代（见图 3－18～图 3－20）。

初中阶段，由于 20 世纪 90 年代恰逢教育机会扩张，不断有新教师加入，稀释了教师队伍的平均年龄，所以教师平均年龄的上升自 2001 年开始。初中教师队伍的老化速度很快，2011 年已达到 37.22 岁，很快要步入后 15 年教龄时代（见图 3－21）。

分城乡考察初中教师队伍平均年龄的变动趋势，可以发现，与整体

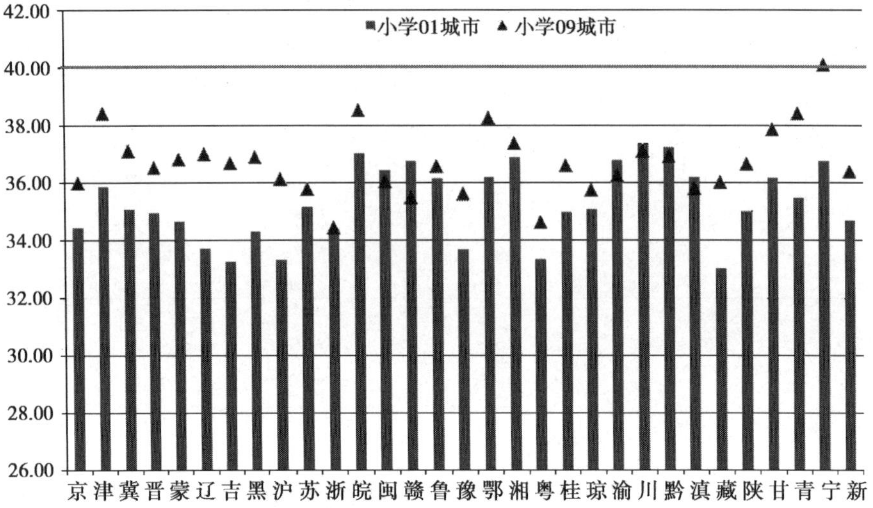

图 3－18　2001 年、2009 年城市小学教师平均年龄

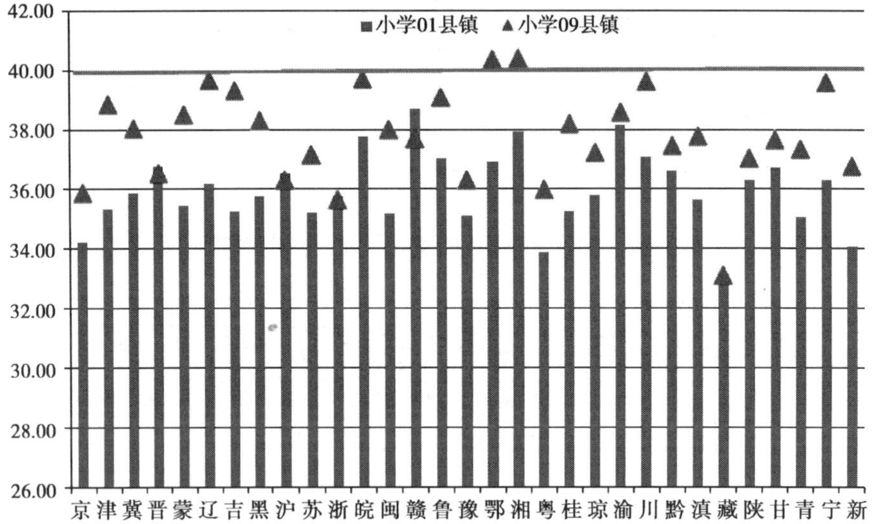

图 3－19　2001 年、2009 年县镇小学教师平均年龄

趋势一致，初中教师队伍在城市、县镇、农村地区都在逐渐变老，部分省（区市）的初中教师队伍在 2009 年就已逼近 40 岁的后 15 年教龄大

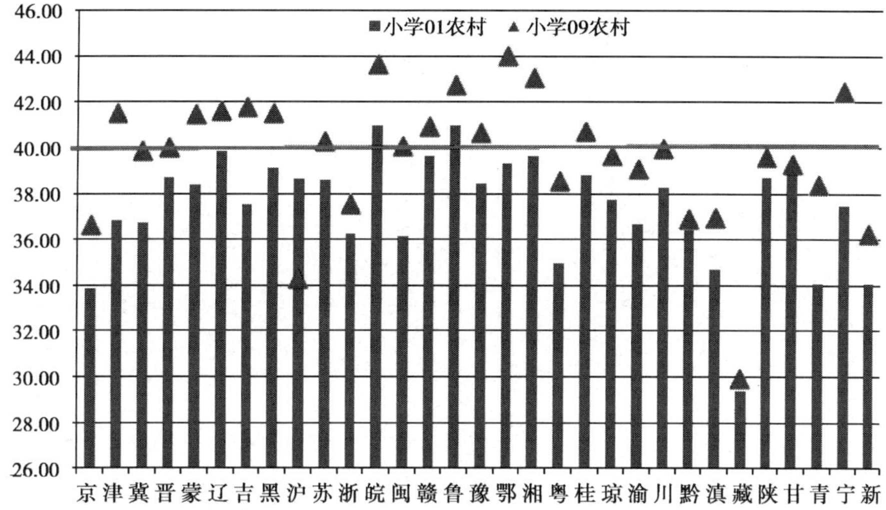

图 3－20　2001 年、2009 年农村小学教师平均年龄

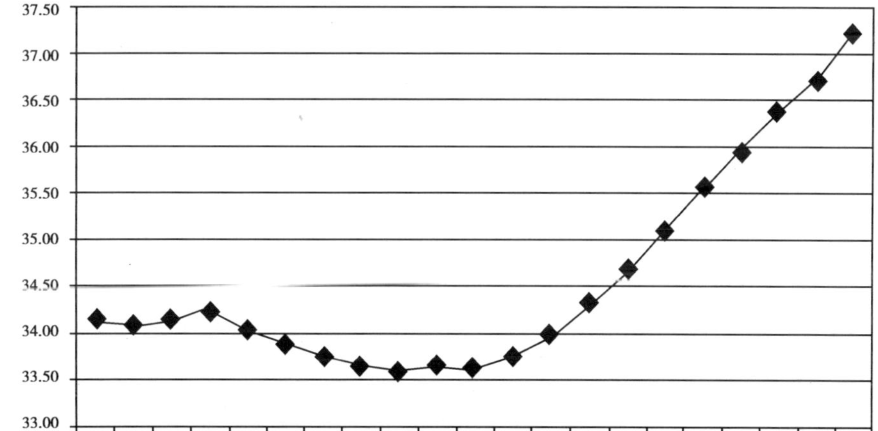

	1991	1992	1993	1994	1995	1996	1997	1998	1999	2000	2001	2002	2003	2004	2005	2006	2007	2008	2009	2010	2011
平均年龄	34.2	34.1	34.1	34.2	34.0	33.9	33.8	33.6	33.6	33.7	33.6	33.8	34.0	34.3	34.7	35.1	35.5	35.9	36.4	36.7	37.2

图 3－21　1991～2011 年初中教师平均年龄

关（见图 3－22～图 3－24）。

高中阶段与初中情况类似，2005 年左右才开始出现教师平均年龄的抬高；2011 年的平均年龄为 36.09 岁，老化速度同样很快，距离高中

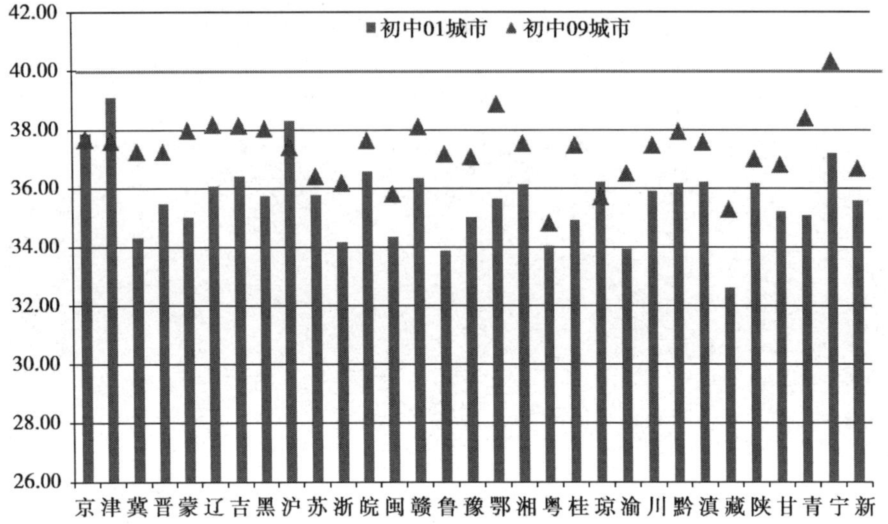

图 3－22　2001 年、2009 年城市初中教师平均年龄

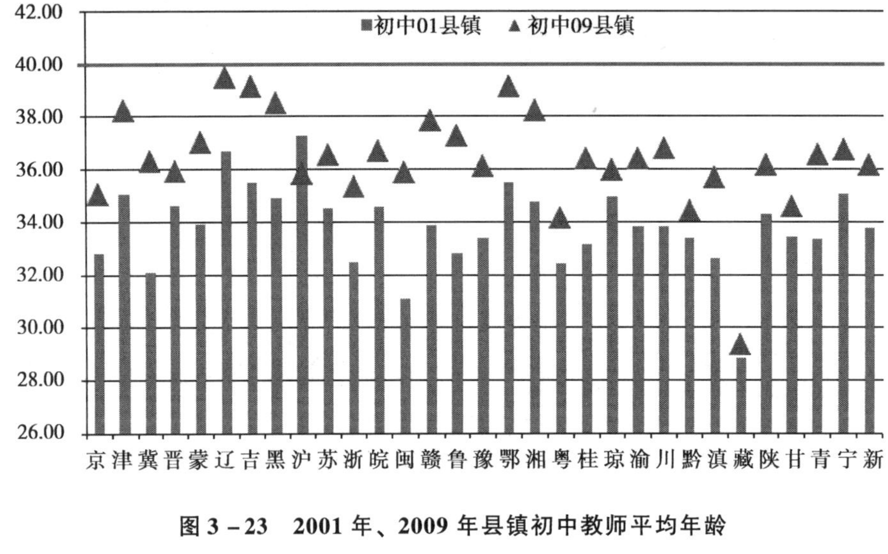

图 3－23　2001 年、2009 年县镇初中教师平均年龄

教师总体步入后 15 年教龄时代越来越近（见图 3－25）。

分城乡考察高中教师平均年龄变动趋势，城市和县镇高中教师的平均年龄相较农村高中更老。但总体而言，农村高中教师的老化速度更

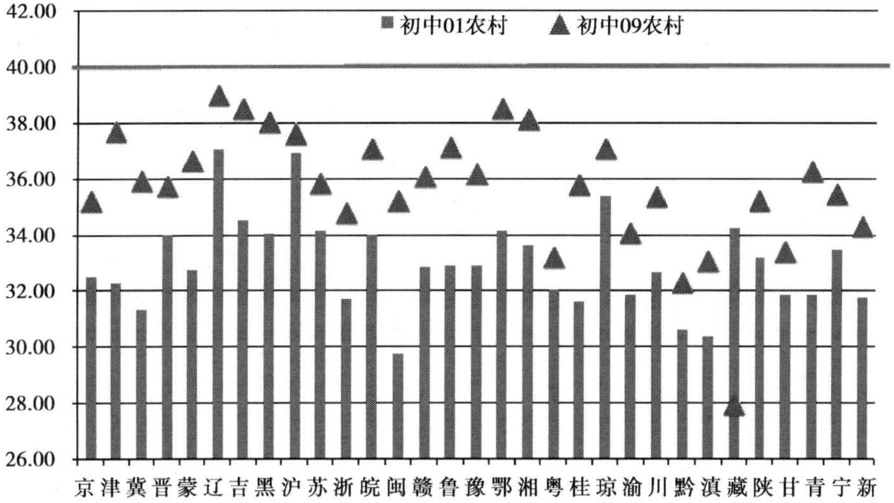

图 3－24　2001 年、2009 年农村初中教师平均年龄

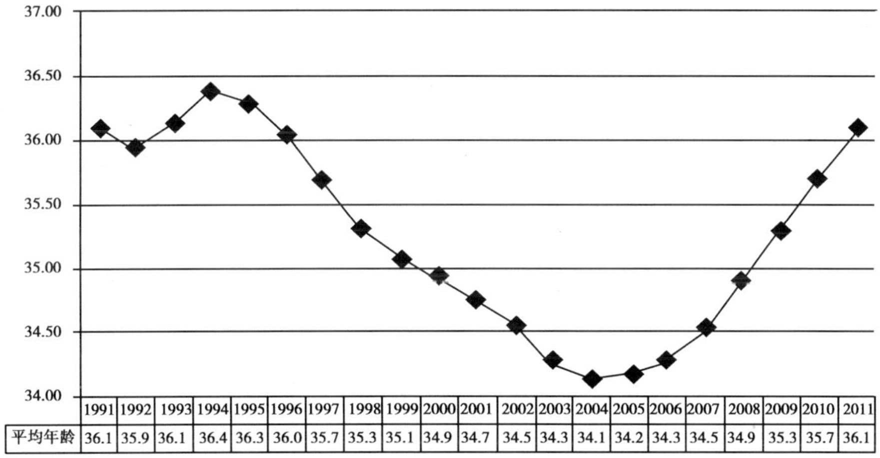

	1991	1992	1993	1994	1995	1996	1997	1998	1999	2000	2001	2002	2003	2004	2005	2006	2007	2008	2009	2010	2011
平均年龄	36.1	35.9	36.1	36.4	36.3	36.0	35.7	35.3	35.1	34.9	34.7	34.5	34.3	34.1	34.2	34.3	34.5	34.9	35.3	35.7	36.1

图 3－25　1991～2011 年高中教师平均年龄

快，部分省（区市）的城市高中 2009 年出现教师平均年龄的下降，一定程度上减缓了教师队伍向后 15 年教龄时代的靠近。但随着时间的推移以及扩张结束后教师队伍规模的相对稳定，大部分省（区市）高中教师队伍的平均年龄不断抬高，破除15年教龄带来的职业瓶颈的压力仍然很大（见图3-26～图3-28）。

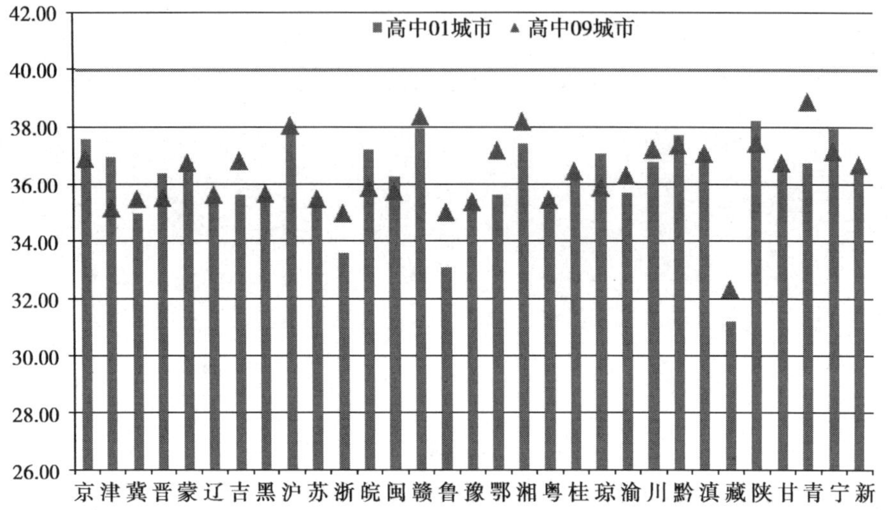

图3-26　2001年、2009年城市高中教师平均年龄

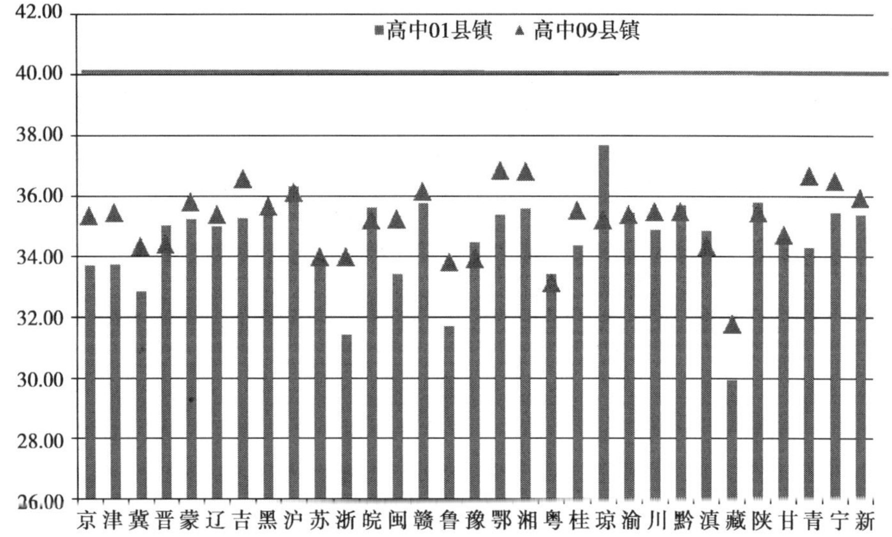

图3-27　2001年、2009年县镇高中教师平均年龄

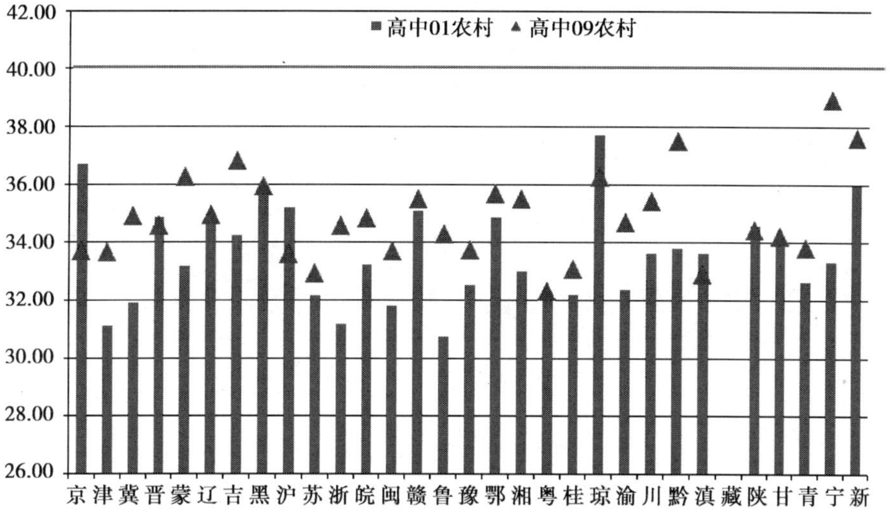

图 3－28　2001 年、2009 年农村高中教师平均年龄

四、教师队伍结构阶段性变化小结

本节对影响中小学教师队伍人力资本水平的三个关键指标——供需、学历以及年龄结构进行了考察，从三个角度展示了其阶段性特征，并得出三点结论。

第一，从供需结构来看，在过去 30 年间教师队伍经历了短缺—均衡—富余的阶段性变化；目前，我国教师队伍已经走过了短缺—均衡阶段，进入富余阶段。尽管部分中西部省（区市）的高中教师队伍还存在短缺，但随着生源数量的下降，在生师比标准保持不变的情况下，绝大部分省（区市）的高中教师队伍也将走向富余阶段。供需结构的阶段性变动，意味着通过教师规模变动所带来的人均人力资本存量的提升或许已走到了尽头。

第二，从学历结构来看，我国中小学教师队伍大体上经历了不合格—合格—超越的阶段性变化，目前已拥有一支高学历水平的教师队伍。虽然从趋势变动来看，教师学历水平仍在缓慢提升，但未来通过学历水平提升不断增加人均人力资本存量的空间可能会不断缩小。对此，从不同学段教师平均受教育年限的变动趋势中也能窥知一二：平均受教育年限最低的小学学段，每年平均受教育年限的提高比初高中更大。这或许意味着学历水平越高，学历提升的空间越小。

第三，从年龄结构来看，中小学教师队伍已经进入中老年化阶段。教师平均年龄的不断抬高，意味着在未来很长一段时间内15年教龄以上教师数的持续增长。未来，如何破解教师职业生涯中的发展瓶颈将成为学校面临的难题。

与人力资本密切相关的关键指标结构发生阶段性变动，预示着教师队伍未来的建设重点也必须发生相应变动。

第二节　经济增长与人力资本积累的阶段性

如上一章所言，人力资本理论的提出与经济增长的相关研究密不可分。经济学家对经济增长与发展的关系有一条清晰的研究脉络——在不同的发展阶段，由于生产力、技术水平的差异，带来了对劳动力质量要求的差异，这也使得人力资本在经济增长理论模型中，从一个外生变量转变为内生变量。

在经济发展初期，资本积累被认为是经济增长的主要源泉，劳动力的无限供给被认为是理所当然。随着技术水平的不断提升，劳动力对资本投入的边际收益的限制越来越明显，再加上受“资本积累是经济增长的主要源泉”这一思想影响甚深的拉美国家强制推行储蓄机制以及资本密集型工业发展的失败，舒尔茨等经济学家对物质资本的过度依赖进行了反思，于20世纪60年代初～70年代末提出，在依赖于技术进步的现代经济增长类型中应当重视人力资本的投资。此后，伴随着20世纪90年代以来现代社会对技术持续革新和结构变化的重视，以林毅夫的新结构经济学为代表的理论提出，一个动态过程的产业升级需要创新能力；为了支持这种创新能力的建设，需要对教育、金融、法律和硬件基础服务设施等进行改进（Harrison，Rodriguez - Clare，2010；林毅夫，2012）。在以技术持续革新为特征的新经济发展阶段，个体的创新能力已经成为一种必需的素质。

基于“不同的经济发展阶段对人力资本的要求也有所不同”这一认识，本节对经济发展的阶段性及其对人力资本积累阶段性的影响进行讨论。

一、经济增长的阶段性

经济学对于经济增长阶段的划分依据尚未达成共识。美国著名经济学家库兹涅茨认为，应主要从经济结构特征的量化角度对经济增长进行阶段划分，如人均收入、劳动生产率、资本—劳动比率等宏观经济指标。这种方法得到一些经济学家的认同，如钱纳里在其著作《工业化与经济增长研究》中就采用这种方式，将经济增长划分为初级产业阶段、工业化的初/中/高级阶段以及发达经济阶段。

而罗斯托则对库兹涅茨的方法表示质疑，认为现代经济增长阶段根植于增长要素积累到一定程度后发生的结构性质变，经济增长发展阶段应与区域所具有的能力结构相结合，而非仅依据量化的 GDP 进行划分。根据社会经济的规模和结构，罗斯托将经济增长划分为 6 个阶段：传统社会阶段，起飞的准备阶段，起飞阶段，向成熟推进阶段，高额群众消费阶段，追求生活质量阶段（罗斯托，1962）。

此外，波特在其著作《国家竞争优势》中，从国家的产业表现和竞争优势的角度将经济增长划分为 4 个阶段：生产因素导向阶段，投资导向阶段，创新导向阶段，富裕导向阶段。其中，前 3 个阶段是国家竞争优势的主要发展阶段，第 4 个阶段则是经济上的转折点。同时，还存在超越某些发展阶段，直接跃升到下一阶段或是一直停滞在某阶段的情况。在波特看来，4 个阶段的划分有利于了解经济发展过程中国家面临的主要问题，有利于厘清促进或阻碍发展的力量（迈克尔·波特，2002）。

尽管经济学家在经济增长阶段的划分上存在分歧，但更多的是源于划分的依据；对于不同的经济发展阶段，由内部结构不同所导致的对产业发展、技术、劳动力、资本的不同要求，则基本上能达成共识。钱纳里的工业化高级阶段、罗斯托的向成熟推进阶段以及波特的创新导向阶段，都强调了人力资本质量与技术水平匹配的重要性。

二、人力资本增长的阶段性

既然经济增长具有阶段性，那么，作为经济增长要素的劳动力是否也呈现出关键特征的阶段性差异呢？早在亚当·斯密时代，就已经意识到劳动分工带来的劳动力专业化水平提升是提高社会劳动生产率的主要因素。之后，经济学家不断深化对社会分工的研究。杨小凯提出，分工水平与生产率提升、交易效率改进以及固定学习费用的增加呈正相关；分工演进的速度依赖于商业化程度的演进，后者与经济发展呈正相关（杨小凯，2003）。卢卡斯在其经典论著《经济发展讲座》中也认为，现代国家创造经济增长奇迹，是遵循了劳动力向更尖端产品转移的规律。在这些新产品的生产中，技术外溢能触发新技术的高学习率，使得现代国家能够快速积累人力资本（卢卡斯，2003）。

然而，这些研究并没有明确划分人力资本发展所呈现的阶段性。尽管异质型人力资本概念的提出试图证明，在不同阶段，对生产率起主导作用的人力资本类型存在差异、由不同的人力资本投资渠道产生，但并没有严格区分人力资本积累的阶段性。在我国，异质型人力资本更多被定义为具有高等教育水平的人力资本，缺乏对“异质”的“质”的深入研究，也未能针对特定行业进行分析。

中国教育与人力资源报告课题组在《从人口大国迈向人力资源强国》中，依据经济发展特点对中国1820～2050年的人力资本积累阶段进行了划分（见表3－5）。按照这一划分标准，我国目前已经进入经济起飞的中后期，处于人力资本的全面追赶期，同时，正在经历人口的低增长和高等教育的大众化（中国教育与人力资源报告课题组，2003）。

这一判断基本与目前的现实状况相符。

表 3－5　1820～2050 年中国经济与人力资本积累的阶段特点

年　代	经济发展特点	教育发展特点	人口增长特点
1820～1949	传统农业解体	传统人力资本生产模式解体，近代教育新模式诞生	高出生率、死亡率，低增长率
1949～1978	现代经济增长初期	人力资本发展初期，小学教育普及	高生育率、增长率
1979～2000	经济起飞期	人力资本起飞期，义务教育普及	较低生育率、增长率
2001～2020（预测）	经济起飞中后期	人力资本迅速追赶期，高等教育大众化	低增长率
2021～2050（预测）	经济向成熟推进期	人力资本全面追赶，高等教育普及	低增长率，出现零增长或负增长

资料来源：中国教育与人力资源报告课题组：《从人口大国迈向人力资源强国》，高等教育出版社 2003 年版，第 25 页（略有调整）。

不同阶段的“人力资本对经济增长的贡献”研究均将人力资本作为影响因素，但少有对人力资本积累的阶段性的研究（张晓阳，赵普，2008）。实际上，人力资本积累的阶段性与经济增长的阶段性具有同时性、同期性，并与经济增长交互影响。张晓阳等人对《从人口大国迈向人力资源强国》一书所提出的 5 个发展阶段的人力资本的相关特征进行总结，提出了相应特征：经验积累性人力资本；技能性人力资本占主导，教育、健康类人力资本较少；教育、健康类人力资本增多；教育、健康类人力资本逐步增多；技能、健康类人力资本占重要地位。相应地，人力资本的形成途径也由传统的大工厂式的口耳传授，逐步转向现代教育体系的初等、中等乃至高等教育。不过，由于《从人口大国迈向人力资源强国》并没有对“向成熟推进期”阶段做出更加本质的描述，对应的人力资本积累阶段性研究也没有超出教育形成人力资本的概念体系。

而罗斯托对“大众高消费阶段”的描述则更加丰满，张晓阳等人的研究也由此获得了更为丰富的理论支持。他们从科技、教育驱动与人力资本匹配的角度，对人力资本积累阶段及积累途径进行总结，提出了终身学习和流动的积累方式（见表3－6）。

表3－6　结合科技和教育的经济增长阶段与人力资本积累阶段

经济增长阶段	传统社会阶段	起飞准备阶段	经济起飞阶段	走向成熟阶段	大众高消费阶段
科　技	经验型	经验主导，开始向科学转变	科学主导，经验仍广泛存在	科学型	科学主导，开始向福利转变
制度意识	传统价值观	价值观受冲击	价值观转变	新价值观确立	价值观不断完善
科学发展	经验积累	科学兴起	科学发展	科学普及	超越科学
技术发明	技术改进	科技结合	科技应用	科技创新	制度创新
科研投入	个人自助	机构资助	政府资助	社会资助	创新型社会
技术传授	经验积累	工厂培训	职业教育	社会服务	学习型社会
教　育	精英教育驱动	初等教育驱动	中等教育驱动	高等教育驱动	终身教育驱动
外部效应	相对封闭	人才流失为主	人才回流出现	人才流入为主	人才流动

资料来源：张晓阳、赵普：《经济增长阶段与人力资本积累阶段关联机制研究——对中国西部地区实证考察》，中国经济出版社2008年版，第89页（略有调整）。

以上研究将正规教育系统之外的人力资本积累方式如工作经验积累、在职培训以及创新加入分析框架，更符合人力资本积累的实际。但是，这些研究都是针对一国范围内的人力资本积累和经济增长阶段，是立足于宏观视域下的经济增长阶段与人力资本积累阶段的关联，缺乏中观视域下行业内部人力资本积累的阶段性探讨。正如里斯本议会的研究所指出的，在人力资本短缺已不再是困扰的大背景下，人力资本积累与内部配置问题将成为政策制定者的主要难题（Ederer，Schuller，Willms，2011）。宏观视域下的经济增长与人力资本阶段性的关联在很大程度上已经是结果，对于关联机制的探讨还需要更多的、以行业为背景的研究做支撑。更加清晰地认识人力资本积累方式的阶段性特征，反过来对于认识经济发展、教育发展的阶段性，都是一个重要的知识贡献。基于此，在教育场景中，历史地考察教师人力资本的配置状况，可以加深对教育发展的阶段性、对我国中小学教师队伍人力资本阶段性的认识。

第三节　教师队伍人力资本发展的阶段性：美国经验

尽管在以往的教师劳动力市场的相关研究中，并没有学者明确提出中小学教师队伍人力资本发展的阶段性问题，但实际上在一系列的国际组织报告、各国教师队伍建设实践以及对教师专业化的研究中，已经体现出对中小学教师队伍人力资本阶段性的研究要求。考虑到西方发达国家公立教育体系的建设比我国早，其发展历程对我国教师队伍建设具有较高的参考价值，本节拟以美国为例，对其教师队伍建设的实践进行梳理。

之所以选择美国，主要出于两点考虑：（1）美国最早建立起庞大的公立教育体系（洪明，2008），其中小学教师的建设实践历程最为悠久；（2）出于数据的可得性考虑，迄今为止，美国教育部门公开的相关数据最为完善，能够方便、明晰地展示其中小学教师队伍建设的背景及实践。

对美国教师队伍建设历史的梳理分 3 个阶段。

（1）19 世纪初，美国公立教育系统建立，在 19 世纪末进入迅速扩张时期。从 1880 年起，美国进入进步主义时期，政府的力量开始进入公立教育体系。一直到 20 世纪 60 年代，受公立教育普及和婴儿潮的影响，美国的公立教育一直处于扩张阶段。根据这一阶段的特征，可以称之为美国公立教育扩张时期。

（2）1964 年，科尔曼发表了著名的《科尔曼报告》，指出在控制学生的家庭、社会、经济地位等因素后，学校课程、设施等有形的条件对学生的学业成绩只能起到十分微小的影响。该报告一经发布，立刻引起美国社会对有效学校的关注。也正因如此，在 20 世纪 60 年代前后，教师队伍建设开始逐步将教师的专业质量问题纳入考虑范围。根据这一阶段的特征，可以称之为美国公立教育质量觉醒时期。

（3）20世纪80年代，以美国优质教育委员会发表的报告《国家处于危险之中：教育改革势在必行》（1983）为标志，开启了以提升教育质量为宗旨的新一轮教育改革。这一轮改革浪潮持续至今，成为其时代特征，所以称之为美国公立教育改革时期。

对这3个阶段中每一阶段的考察，都从3个维度进行：（1）教师队伍的结构特征；（2）教师队伍质量提升的趋势；（3）教师队伍发展的制度障碍。

一、公立教育扩张时期的美国中小学教师队伍建设

作为先发展国家，美国公立教育的扩张时期历时较长，其现象、趋势和制度呈现得比较完整，是发展研究的重要参照体系，也是解决教师队伍结构中制度演化模式的重要考察内容。

（一）扩张时期的教师队伍结构特征

在这一时期，美国中小学教师队伍建设的背景是公立教育系统的快速扩张，其结构特征是教师短缺、质量水平低下以及女性化。

1. 教师短缺

公立教育扩张时期，美国教师队伍最主要的结构特征就是教师短缺。18～19世纪，工业革命进程对劳动力的读、写、算等基本技能提出了要求。与此同时，社会也亟须通过教育培育未来的社会公民。在众多公立教育先行者的推动下，普及初等义务教育的思想在西方国家得到广泛认同，大量的公立学校建立起来。当时，公立学校面临的最大困难就是寻找足够的师资（黄葳，2003）。

图3－29展示了美国公立教育体系的扩张过程。从19世纪末到20世纪初期，其公立教育体系一直高速增长。在20世纪30～40年代经历短暂的下滑后，“二战”后婴儿潮的出现又使得学生的数量大幅增加。

公立教育系统的扩张呈现出十分明显的阶段性特征。在19世纪末期，主要是初等教育扩张，而20世纪初期，则以中等教育扩张为主。这一特征也符合美国公立教育系统的发展历程：19世纪末20世纪初，

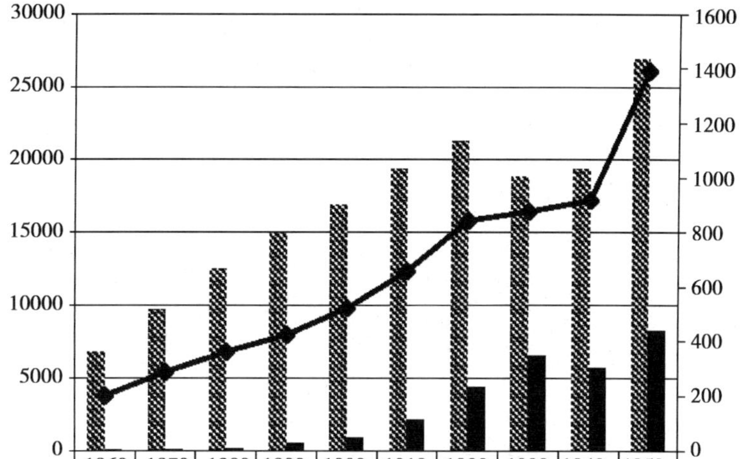

	1869	1879	1889	1899	1909	1919	1929	1939	1949	1959
8年级以下学生数	6792	9757	12520	14984	16899	19378	21279	18832	19387	26911
9～12年级学生数	80	110	203	519	915	2200	4399	6601	5725	8271
教师数	201	287	364	423	523	657	843	875	920	1393

图 3－29　1869～1959 年美国公立中小学教师数及学生数

资料来源：Institute of Education Science. *Digest of Education*, 1995, 2013.

随着社会生产水平的持续提升，仅靠初等教育培养出来的劳动力已不再适应美国经济高速发展的需要，将中学教育的发展纳入政府资助范围成为急切的问题。在 1874 年密歇根州卡拉马祖判例之后，政府资助中等教育的合法性得到承认，美国的公立中学开始进入快速扩张时期。而在当时，与基础教育扩张所带来的问题一样，公立中学的迅猛扩张也面临师资短缺问题。

19 世纪后 30 年，基础教育阶段的学生总数增加 863.1 万人，而教师总数仅增加 22.2 万人，处于极度短缺阶段。如图 3－30 所示，除去受到战争影响的时期，从 19 世纪末到 20 世纪中叶，美国公立教育的基础教育阶段一直处于扩张时期，学生的数量一直以 20% 以上的比率增长。与此同时，教师的数量也在不断增长。但在 19 世纪的后 30 年，教师数量的增长率一直低于学生的增长率。20 世纪初，教师数量的增长率才开始超过学生的增长率，但还没有显著差别。直到 20 世纪 60 年代初期，才比学生数量的增长率高出了10个百分点。

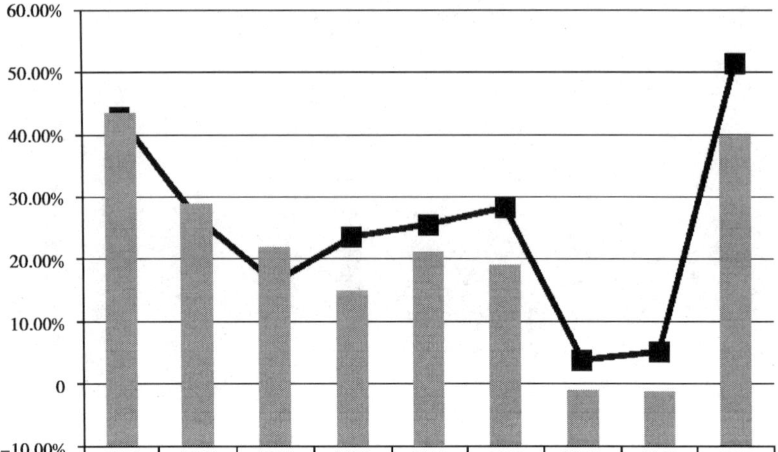

	1879	1889	1899	1909	1919	1929	1939	1949	1959
学生数增长率	43.59%	28.93%	21.86%	14.91%	21.13%	19.00%	-0.95%	-1.27%	40.10%
教师数增长率	42.79%	26.83%	16.21%	23.64%	25.62%	28.31%	3.80%	5.14%	51.41%

图3-30　1879～1959年美国公立学校学生与教师数量增长率

数据来源：Institute of Education Science. *Digest of Education*，1995，2013.

在19世纪的后30年，教师数量增长滞后于学生规模增长，美国公立基础教育阶段生师比持续上升，如图3-31所示。1899年，美国公立基础教育阶段生师比一度达到36.65的历史高峰。直到1939年，生师比才开始低于30。

20世纪后，美国基础教育阶段的生师比有所下降，但总体来说，教师短缺在整个公立教育扩张阶段一直困扰着美国教育界。同时，这种短缺在19世纪末20世纪初与20世纪中期有着不同表现。在前一时期，表现为绝对短缺，即公立教育的扩张亟需招聘大量教师。而从20世纪中期开始，教师短缺则由两种力量所牵引：一是婴儿潮带来的学龄人口的不断增多；二是随着公立教育的发展，美国社会开始对教育的质量提出要求，不断缩小班额的教育政策也导致对教师的需求不断增加（Susanna Loeb，Michelle Reininger，2004）。

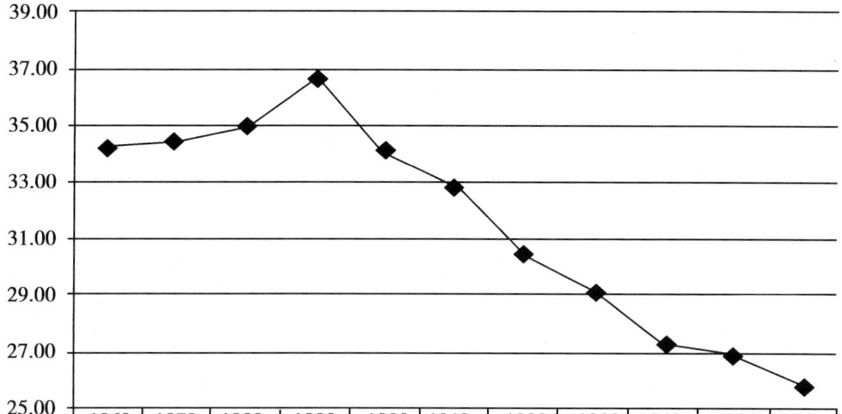

	1869	1879	1889	1899	1909	1919	1929	1939	1949	1955	1960
生师比	34.19	34.38	34.95	36.65	34.06	32.84	30.46	29.07	27.30	26.89	25.77

图 3－31　1869～1960 年美国公立基础教育阶段生师比

数据来源：Institute of Education Science. *Digest of Education*, 1995, 2013.

2. 质量低下

自 19 世纪末公立教育体系建立起，教师短缺就一直困扰着美国社会，这种数量特征又往往与教师队伍的质量特征紧密相关（Santiago, 2005）。在短缺阶段，往往伴随着教师队伍质量低下的结构特征。

尽管没有确凿的数据表明这一时期美国公立中小学教师队伍的学历结构，但从当时教师招聘的入职门槛、教师职业的社会地位以及师范教育质量等多方面综合来看，其教师队伍的总体质量的确处于较低水平。

（1）入职门槛低。公立学校建立之前，美国的中小学教师是以一种短期职业的形式存在的，大多数人仅将从事教师职业作为一种短期过渡式的谋生手段，入职门槛很低。在公立学校体系建立后，大量的教师岗位需求涌现，进一步加剧了这种趋势。尽管早在 1825 年，俄亥俄州就颁布法令推动教师资格证书考核，但从 19 世纪中后期到 20 世纪初，教师聘任、任职资格并非基于能力考察，而是基于宗教信仰、性格以及雇主（雇主社区）的政治趋同度（Kate Rousmaniere, 2005）。到 19 世纪中后期，才开始要求通过考试获得教师资格证书。

从20世纪中期开始，随着教师教育和教师任职资格制度的不断成熟，教师的入职门槛开始有所提高。但由于教师资格认证制度尚不完善以及教师短缺带来的应急或临时教师资格证书的影响，美国教师的入职门槛仍然没有提升到能够确保教师队伍高质量的水平（洪明，2008）。

（2）社会地位低下。这个时期美国中小学教师的职业特征决定了其社会地位，只有属于精英教育的私立中学的教师社会地位较高。有学者指出，美国公立学校教师职业自兴起之日起，就一直伴随着社会经济地位的不确定以及职业定位的暧昧不明。尽管公立学校在这一时期不断扩张并带来对教师劳动力的需求和诸多期望，但中小学教师仍属于经济报酬很低的职业，并不具备吸引力（Darling - Hammond，1996；Kate Rousmaniere，2005）。

（3）师范教育质量低下。较低的招聘门槛和社会地位，决定了教师教育的质量。从19世纪开始，公立教育的推动者为了保证教师的数量与质量，开始在美国兴办师范学校。但由于教师门槛很低，人们不需要接受专门的师范教育就可以担任教师，因此，早期师范学校的发展十分缓慢。到了19世纪末，师范学校才开始迅速扩张。20世纪初，随着美国社会对公立中等教育学校教师的需求增多，师范学校逐步升格为师范学院。

在整个公立教育扩张时期，尽管师范学校、师范学院蓬勃发展，但生源的质量并不好，学制为1~3年不等，课程也多是通识教育内容。20世纪20~30年代，师范学校升格为师范学院在一定程度上提升了教师教育的质量，但效果并不显著。这一方面是因为大量的教师岗位空缺，是否接受过师范教育并不是入职的关键；另一方面，这一时期的教师资格认证和师范教育发展存在一些制度性障碍（洪明，2008）。

3. 女性化

由于大量廉价的、受过一定教育的女性劳动力被视为教师劳动力队伍的理想人选，而教师职业又确实对女性劳动力更具有吸引力，所以当时从事教师职业的多为女性，教师职业呈现出更多的“女性化”特征。

这突出了教师照看者的角色，被认为与专业化人员的特质相差甚远。

自19世纪末开始，美国公立学校教师的女性教师比重一直高于55%。在公立学校蓬勃发展的20世纪初，由于教师队伍的规模急剧膨胀，女性教师比重甚至一度达到85.9%（见图3－32）。

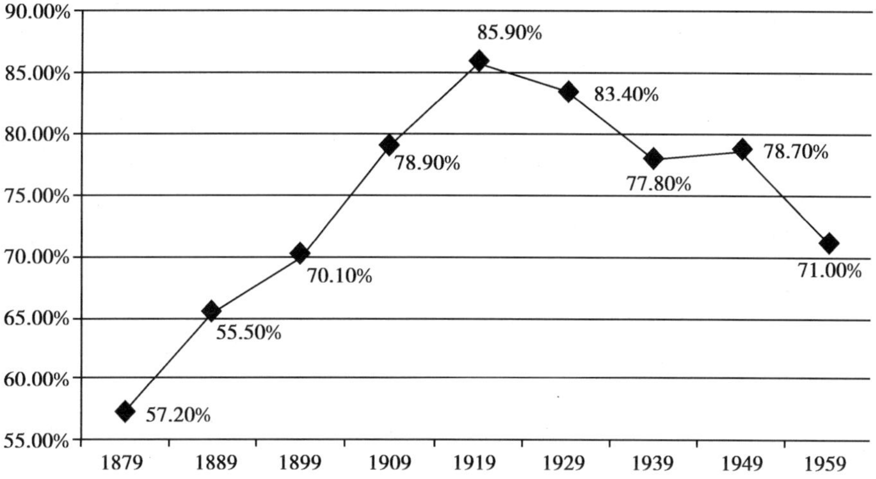

图3－32　1879～1959年美国公立学校教师女性教师比重

数据来源：Institute of Education Science. *Digest of Education*，1995，2013.

（二）扩张时期的教师质量提升趋势

公立教育扩张时期，美国教师质量提升呈现出3个趋势：（1）教学资格证书审核的重心上移；（2）专业化教育团体的发展；（3）师范教育体系的产生和发展。

1. 教师教学资格证书审核的重心上移

19世纪末期，美国教师资格的认证权力逐步由县级政府上移到州政府。俄亥俄州颁布了美国历史上第一个州级教师证书法令，将教师的专业保障提升到一个更高的层次。在此之前，美国许多县市或学区已经建立了各自的教学许可证书制度，以保障入职教师的质量，但考核都十分简单，仅对读、写、算等略高于学生水平的知识进行考察，完全不涉及教学知识。1898年，美国只有3个州建立了教师任职资格证书系统；到

1911年，有15个州；到1937年，有41个州建立了完备的系统（洪明，2008）。

教学许可证书制度的完善提升了政府对教师专业化水平的保障。而美国是一个地方自治传统非常浓厚的国家，教学许可证制度虽然建立了，但仍然面临着法律上和技术上的一些问题，如如何处理县市与州所颁发证书的关系、如何处理教学资格证书与师范学校毕业证书的关系、如何通过教学资格证书反映不同层次的教师资格水平等。对于这些难题，各地区政府采取了差异化的选择。

2. 专业化教育团体的发展

早在1829年，俄亥俄州就建立了专业化的教育团体“文实中学协会”。此后，尽管出现了不同的教育专业团体并提出各种针对教师专业性发展的建议，但社会反响不大，没有对美国的教师专业发展形成足够的影响力量。

1858年，美国师范教育协会成立。该协会致力于教育科学的标准和教师教育的标准等问题，但忽略了师范学校机构的标准和教学法研究等问题；同时，其观点的表达也仅限于个体之间，并没有形成足够强大的组织观点和立场。

1870年，全美教师协会与师范教育协会合并，成立了全美教育协会（NEA），下设师范学校部。1912年的芝加哥大会上，NEA又专门成立了“师范学校标准委员会”。此后，美国的专业化教育团体进入蓬勃发展的时期。针对教师教育的一系列专业化机构不断建立，针对其所关心的教师教育问题发出了各自的声音（见表3－7）。

表3－7　1858～1960年美国成立的专业化教育团体

年　份	1858	1870	1902	1917	1938	1942	1946	1948
机　构	美国师范教育协会	全美教育协会	中北部州立师范学校校长委员会	美国师范学院协会	教师教育委员会	教师教育合作委员会	全美教师教育和专业标准委员会	美国教师教育院校协会

注：表格内容根据洪明（2008）的研究整理。

3. 师范教育体系的产生和发展

在公立学校开始扩张之前，面向普罗大众的学校教师尤其是小学教师多由一些识字的妇女、流浪者、不称职者担任。虽然也有一些大学毕业生从事教师职业，但他们多将这一职业视为进一步深造或找到新工作之前的过渡。教师职业更像是一种短期的临时工作。而在公立教育开始扩张后，师范教育应运而生。

美国教师专业化的初始阶段以“大学化”为特征。1894 年，美国师范学校与大学关系委员会对师范学校的生源质量进行了一次调查。结果显示，只有 32% 的师范学校学生初始学历达到中等教育水平（洪明，2008）。20 世纪初期，随着中等教育的扩张，师范学校逐步升格为师范学院。师范学院要求生源必须具有中等教育水平，在学制上也统一规定为 4 年，并添加了许多教育专业的知识。可以说，教师的专业化始于教师教育的“大学化”。

（三）扩张时期教师队伍质量提升的制度障碍

在扩张时期，教师队伍的质量提升面临着诸多的制度性障碍。这些障碍主要包括：（1）美国社会对教师职业固有的观念；（2）教师队伍自身的结构特征进一步固化了社会对教师职业的定位。

1. 美国社会对教师职业的固有观念

在公立学校出现之前，美国教师的社会地位一直较为低下。人们普遍认同的观点是，只有那些能力不足的人才会去当老师。这种非制度化的社会习俗和观念对美国教师队伍的建设产生了十分深远的影响：师范教育发展艰难，教师资格认证不重视质量问题，专业化教育团体对教师专业化发展的忽略。

由于社会普遍认为教师不需要经过专门的职业训练，师范学校的发展才一直面临着诸多困难，如生源方面的问题、课程设置的简单化以及学制过短等。这些都影响了这一时期教师职业的专业化程度。而在后期师范学院开始发展时，大学对师范学院升格为高等教育的抵制也源于社会对教师职业的固有观念。

这一时期，虽然教师教学资格认证的审核重心不断上移，但总体来说，教学资格考核多为知识性内容，很少对教学知识和技能进行考察。同时，考核不重视候选者的学历，与师范教育体系也没有对接，这就造成许多没有接受过师范教育的人拥有了教师资格证书。

这一时期，专业化的教育团体虽然已初具萌芽，但受到对教师职业固有观念的影响，教师队伍的专业化发展并不是这些专业化教育团体的工作重点。一直到20世纪初期，全美教育协会都没有展开针对教师教育质量问题的实际工作。这种状况直到“二战”后才有所改善（洪明，2008）。而美国师范学院协会（AATC）、美国教师教育院校协会（AACTE）等虽然就师范学校的办学标准等问题发出了专业的声音，但其中并没有活跃在一线的教师参与，其代表性受到全美教育协会等机构的质疑。

2. 教师队伍自身的结构特征

公立教育扩张时期，影响教师专业化发展的另一个制度性障碍源于教师队伍自身的结构特征。

这一时期教师队伍的教师短缺、质量低下、女性化特征进一步强化了美国社会对教师职业的固有观念，影响到美国社会对教师质量提升的态度：由于教师短缺，整个社会都对降低入职门槛、弥补教师短缺充满了宽容；教师质量低下和女性化特征，则影响到教师职业的专业化进程——女性化特征使得教师职业更多地朝着“人性关怀的、看护儿童”的角色而不是专业化的角色发展（David F. Labaree，1995；Kate Rousmaniere，2005）。这使得师范学校培育的教师成了为适应教师劳动力的需求而批量化生产的成果。

二、公立教育质量觉醒时期的美国中小学教师队伍建设

20世纪60～80年代，美国公立教育进入质量觉醒时期。教师队伍结构特征发生变化，公立教育体系的一些制度因素对于质量提升的约束开始凸显。

（一）觉醒时期的教师队伍结构特征

在这一时期，婴儿潮回落，移民政策收紧，“供—需”间的差距逐渐缩小，开始进入相对均衡的时期，美国教师队伍的结构特征与扩张时期有了很大不同，具体表现为：教师短缺逐步缓解，质量不断提升，女性化倾向有所缓解，教师年龄呈年轻化特征。

1. 教师短缺逐步缓解

尽管“二战”后的婴儿潮带来了巨大的教育需求，但在这一时期，教师数量的增长一直高于学生数量的增长，一定程度上缓解了教师短缺。

如图 3－33～图 3－35 所示，20 世纪 60～80 年代，教师“供—需”间的压力逐渐得到缓和。尽管学生数量在 70 年代之前持续上升，但教师数量始终高于学生数量的增长率，这将生师比从 1960 年的 25.77 拉低到 1980 年的 18.71。虽然在这一时期受到小班额等政策的影响，教师短缺仍然存在，但与之前相比已经有了很大改善。

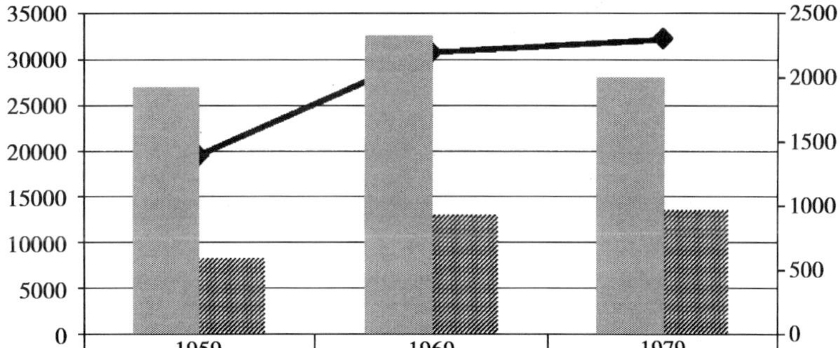

	1959	1969	1979
8年级以下学生数	26911	32513	28034
9～12年级学生数	8271	13037	13616
教师数	1393	2195	2300

图 3－33　1959～1979 年美国公立教育学生数及教师数

2. 教师质量不断提升

在教师短缺逐步缓解的同时，美国公立学校的教师质量也在不断提升。

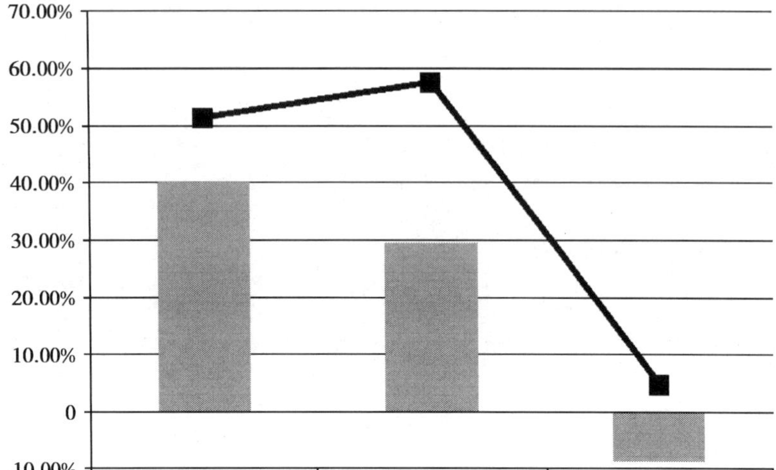

	1959	1969	1979
学生数增长率	40.10%	29.47%	-8.86%
教师数增长率	51.41%	57.57%	4.78%

图3－34　1959～1979年美国公立基础教育阶段学生与教师数量的增长率

20世纪70年代，美国的教师教育全面迈入大学化时期。教师教育机构的升格带来了教师的学历提升，教师具有高等教育阶段的学历已不再是稀有事件。而60年代末期，美国仅有20%的中小学教师由师范学院培养，32%的教师由私立高校培养，48%的则由公立高等教育学校培养（滕大春，1980）。1961年，还有14.6%的公立中小学教师没有接受过高等教育，而到1976年，这一数据则下降为0.9%（National Center for Education Statistics，1995）。

3. 女性化倾向缓解

在教师短缺缓解、质量提升的同时，教师的工资水平也在不断提升，这吸引了越来越多的男性劳动力加入教师队伍。这一时期，教师的女性化特征虽然仍明显，但与扩张时期相比已经有了一些改变（见图3－36）。

4. 教师年龄呈年轻化特征

这一时期，美国公立中小学教师队伍结构呈现的另一个特征是教师

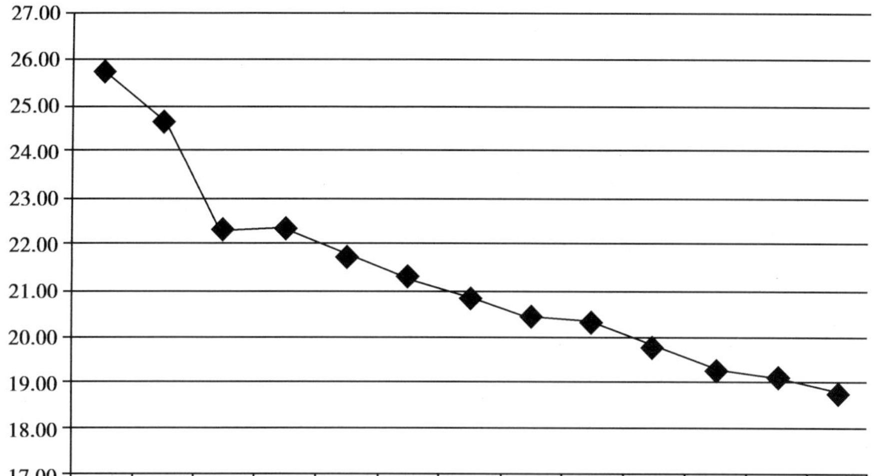

	1960	1965	1970	1971	1972	1973	1974	1975	1976	1977	1978	1979	1980
生师比	25.77	24.66	22.29	22.33	21.71	21.28	20.82	20.39	20.24	19.73	19.28	19.06	18.71

图 3－35　1959～1979 年美国公立基础教育阶段生师比变化

数据来源：Institute of Education Science. *Digest of Education*，1995，2013.

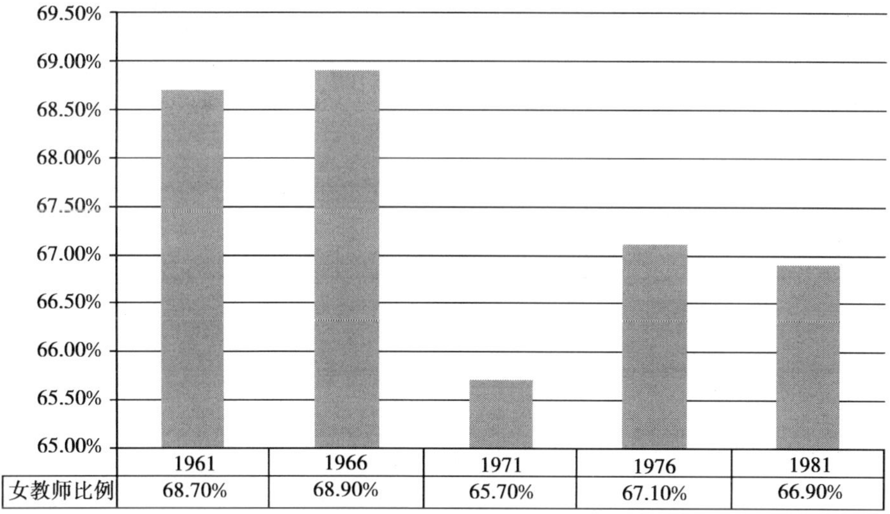

	1961	1966	1971	1976	1981
女教师比例	68.70%	68.90%	65.70%	67.10%	66.90%

图 3－36　1961～1981 年美国公立基础教育阶段女教师比例变化

数据来源：Institute of Education Science. *Digest of Education*，1995.

队伍不断补充新的劳动力，平均年龄不断下降（见图3－37）。

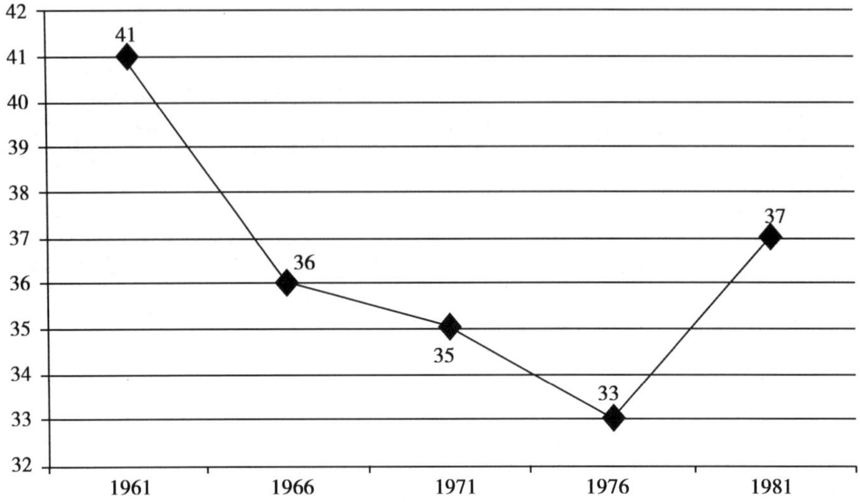

图3－37　1961～1981年美国公立基础教育阶段教师平均年龄变化

数据来源：Institute of Education Science. *Digest of Education*，1995.

（二）质量觉醒时期的教师质量发展趋势

在这一时期，美国教师专业发展有两个主要趋势：（1）教师教育机构、资格认证机构的联合；（2）一线教师的专业组织全美教育协会（NEA）参与到教师任职证书政策的制定和实践中。

1．教师教育机构、资格认证机构的联合

在20世纪50年代之前，教师教育资格的认证机构主要由师范学校、师范学院的代表组成，存在教师质量内部保障机制自我弱化的现象。NEA等一线教师实践者组织对教师教育机构的质量和教师的质量重视不够，没有形成制约力量。为了应对“二战”后教师教育大学化的转型和大量退伍军人涌入教学岗位以及不断弱化的教师标准问题，NEA发起了“教学标准化专业化运动”（洪明，2008）。在这一过程中，NEA和教师教育认证机构——美国教师教育院校协会（AACTE）都认识到，必须联合起来共同坚守教师教育机构的质量标准。这促成了1954年美国全国教师教育认证委员会（NCATE）的成立，教师资格认证与教师教育认证的并轨开始成为一种趋势（Richard，C. D. Hardy，1952）。

2. 一线教师参与教师任职资格证书政策的制定和实践

这一时期，教师质量提高的制度改进意味着一线教师专业组织 NEA 在教师任职资格证书方面发挥了更大的作用。作为专业化教学标准化运动的一部分，NEA 的下属机构在主张州级政府制定教师标准、赋予资格认证合法性的同时，倡导由一线教师参与的“教育顾问委员会”为教师任职资格证书的政策制定、实践等提供指导和建议。

（三）质量觉醒时期教师队伍质量提升的制度障碍

这一时期，影响教师队伍质量提升的制度障碍主要来自于两个方面。

一方面，是专业化与反专业化的教师观的斗争。20 世纪 50 年代末 60 年代初全美“教育大批判”时期，针对教师教育课程是否需要专业化的问题，两个派别展开了激烈讨论，这让专业化取向的教师教育改革受到质疑。直到 80 年代中期，专业化派才重新将教师教育的专业化提上议事日程。

另一方面，是专业组织的工会化转变。在这一时期，受高等教育认证机构的影响，NEA 在 NCATE 中的地位大不如前。NEA 采取引进教师工会组织 AFT 的斗争方式，其性质也从专业组织演变成集专业性与工会性于一体的教师组织。对于与自身立场存在分歧的政策，NEA、AFT 等组织通常采取对抗性姿态进行抵制，在一定程度上阻碍了美国教师队伍质量的提升。

三、公立教育改革时期的美国中小学教师队伍建设

美国的公立教育改革以 1983 年的《国家处于危险之中》为起点，是“冷战”思维的反映，而改革的思想则来自于新自由主义对公共教育的官僚主义、效率低下的批判。这种占据主导地位的社会思潮，是理解美国公立教育改革与教师专业化制度障碍的基本背景。

（一）改革时期的教师队伍结构特征

1. 基本告别教师总量短缺

美国基础教育阶段的教师短缺特征一直延续到当代。在联合国教科文组织和经合组织出版的一些报告中，美国教师队伍的教师短缺都成为关注重点（Santiago，2005；UNESCO Institute for Statistics，2006）。但与之前的教师总量短缺相比，已经有了很大不同：当代美国教师队伍的教师短缺更多地表现为科学、数学等特定科目教师的结构性短缺，而非总量的短缺。如图 3－38 所示，1981 年以来，基础教育阶段生师比持续下降。从总量来看，美国已经告别了教师短缺的时期。

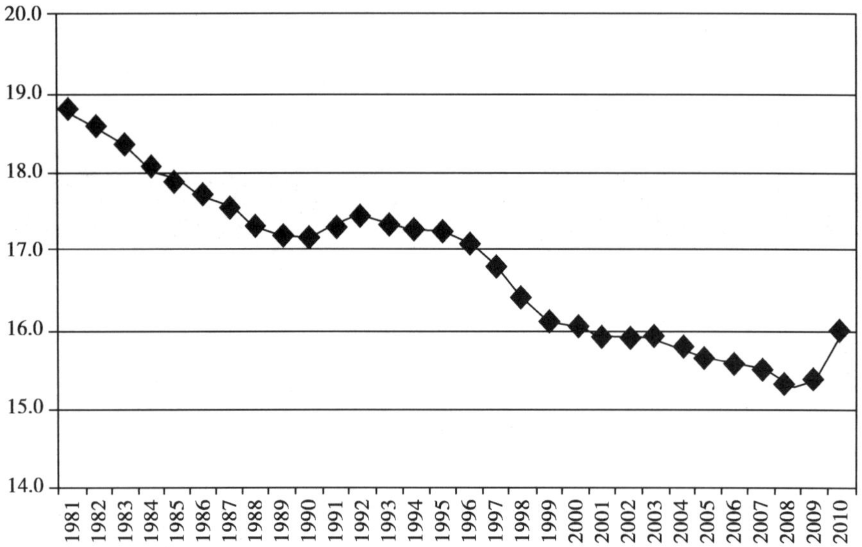

图 3－38　1981～2010 年美国公立基础教育生师比变化

资料来源：Institute of Education Science. *Digest of Education*，2013.

2. 低水平教师增多

这一时期，公立学校教师的学历水平不断提升，但呈现出两极分化的趋势——研究生以上学历水平的教师比重不断增大，没有接受过高等教育的教师比重也在不断加大，如图 3－39 所示。

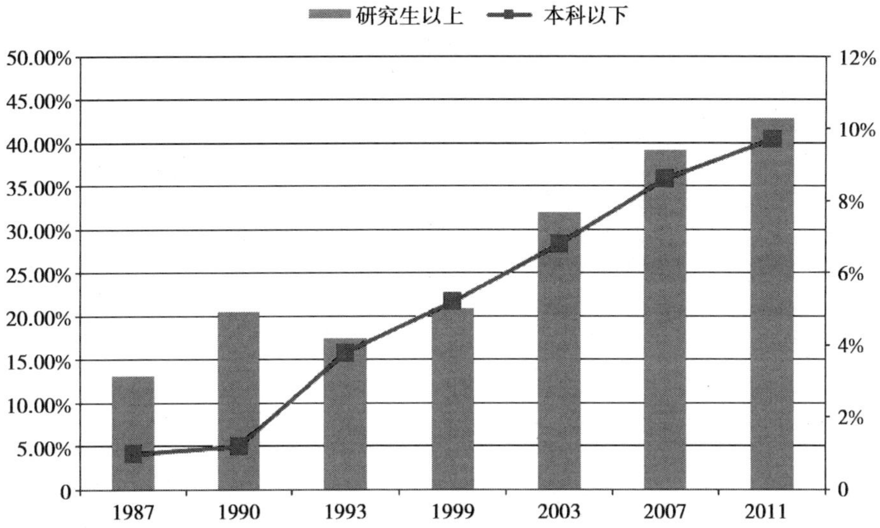

图 3－39　1987～2011 年美国公立基础教育阶段教师学历分布

资料来源：Institute of Education Science. *Digest of Education*, 2013.

3. 女性化特征强化

与上一个时期不同，这一时期教师队伍的女性比例不降反升。1987 年以来，公立基础教育阶段的女性教师比例由 70.5% 上升到 76.3%（见图 3－40）。而女性比重的增多，也在一定程度上反映出教师社会地位的弱化。

4. 高龄教师比重不断上升

这一时期，随着婴儿潮进入岗位的教师开始进入中老年阶段，美国公立基础教育阶段教师队伍中的高龄教师比重不断上升，如图 3－41 所示。

（二）改革时期的教师质量提升趋势

美国公立教育改革时期，教师质量的提升遭遇了困境：一方面，教师的专业化标准越来越清晰；另一方面，教师专业化发展的制度基础即公立教育制度改革，却无法提供这样的机会。对于改革公立学校制度、

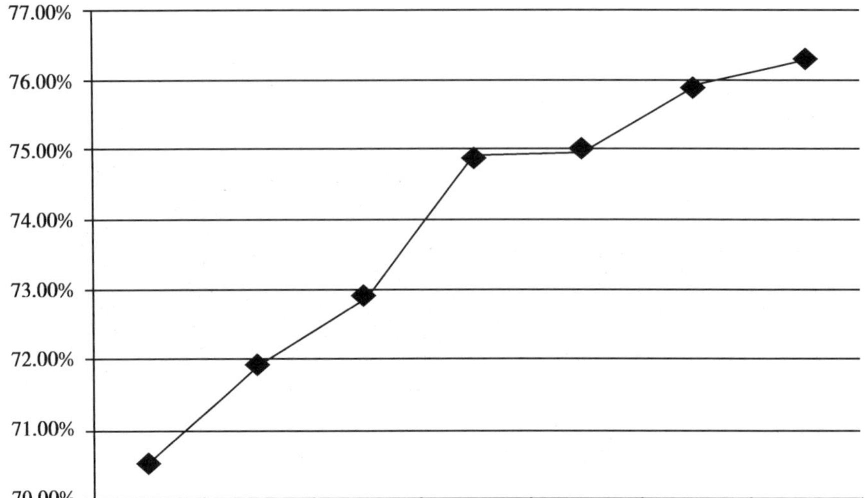

	1987	1990	1993	1999	2003	2007	2011
女教师比例	70.50%	71.90%	72.90%	74.90%	75.00%	76%	76.30%

图 3－40　1987～2011 年美国公立基础教育阶段女性教师比例

资料来源：Institute of Education Science. *Digest of Education*, 2013.

为教师的专业化发展提供合适的制度基础等问题，社会各界主张不一。

在这一时期，人们对教师的专业化发展标准有了清晰主张：(1) 开始重视反思性教学；(2) 对教师的学科专业知识与教育知识、教育技能同等重视；(3) 建立起教师职前、入职、在职三位一体的质量保障体系。

与此同时，非专业化取向的教师质量保障理念开始重新兴起。这一理念的重新兴起与美国社会一直以来对教师职业的固有观念以及教师数量的短缺密不可分。这一时期，受到“教师无须特殊培训”的传统观念影响，一些反对教师职业专业化的学者主张非专业化取向的教师质量保障理念下的教育改革，提出教师教育最重要的是学科知识，至于教学类的专业知识和技能则可以在职解决。他们认为，一味地强调教师的学业成绩和学分要求等烦琐门槛，只会将那些具有热情和才干的人挡在门外，教师岗位应当向所有具有大学学历的劳动者开放。

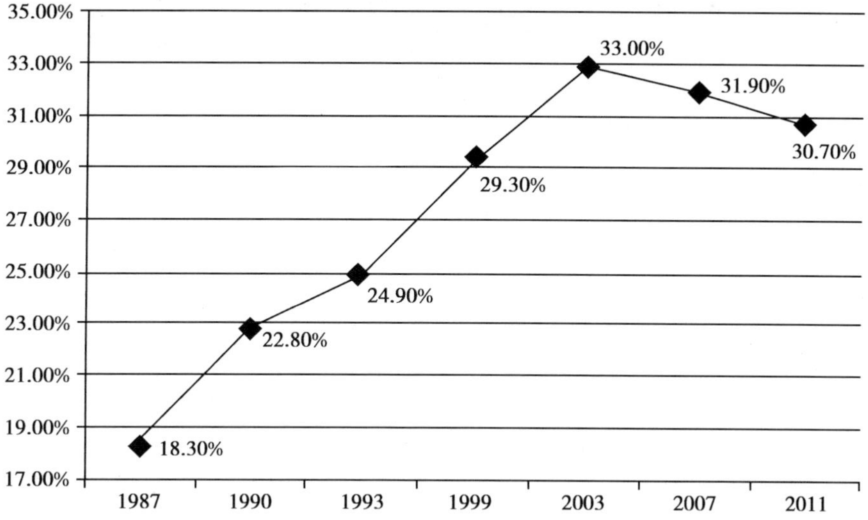

图 3-41　1987～2011 年美国公立基础教育阶段 50 岁以上教师比重

资料来源：Institute of Education Science. *Digest of Education*, 2013.

这一质量保障理念虽然有些极端，但它的兴起对这一时期的美国社会反思教师教育、反思教师队伍质量提升的方式和路径起到了一定的积极作用。

（三）改革时期教师队伍质量提升的制度障碍

教师质量提升的僵局也使得这一时期的教师队伍发展面临着巨大的制度障碍。专业化标准与非专业化标准的取向僵持不下，提出了其各自的教师质量提升主张。

在教师专业化标准的支持者看来，教师的培养应当注重学科专业知识，同时辅以专业教育课程、教育实习等知识和技能。在此影响下，美国国家专业教学标准委员会（NBPTS）、美国新教师评估与支持州际联盟（INTASC）、美国全国教师教育认证委员会（NCATE）三位一体的教师质量保障体系逐步形成。

其中，NBPTS 于 1987 年成立。该组织将教师教育改革作为实现基础教育改革目标的重要途径，并制定出了优秀教师的评估、认证系统。

这一评估系统基于教师在教学中的“表现本位”，通过档案袋评估与评估中心测试相结合的方式对优秀教师进行评估、认证（洪明，2008）。

同时，为解决教师资格认证缺乏统一标准的问题，美国成立了新教师评估与支持州际联盟（INTASC）。该联盟提出了新教师必备的十大核心原则，从教学内容、学习风格、教学安排、教学策略、专业发展、学生发展、人际关系、动机与行为、信息技术等10个维度界定教师必备的素质。

教师专业化标准取向的主张者还对教师教育机构的认证标准进行了改革。20世纪80年代，NCATE开始重建。重建后的NCATE分别于1987年、1995年、2001年提出教师教育机构认证标准。这一系列标准对教师应当具有的知识、技能基础、多样性、教师反思、结果本位的评价机制等进行了持续强化。

20世纪90年代起，教师非专业化取向的主张者开始对职前、入职、在职的三位一体式教师质量保障体系展开严厉批评，并提出了改革主张：（1）对教师标准进行解制，即不再试图寻找统的一标准作为保障和提升教育质量的有效途径；（2）明确教育的真正职能和教师的工作责任，即确保学生掌握现代社会的基本技能；（3）通过绩效制度保障教师质量，同时，教师岗位向所有具有大学学历者开放，打造教师职业的选择性路径。

在非专业化取向的改革主张下，美国的一些州开始实施教师教育选择性路径方案，鼓励多样化教师教育机构、不同学习组织方式、不同学习年限、面向不同群体不同岗位需求、弱化教育理论、强化教学实践的教师教育方案。以此为基础，美国教师教育认证委员会（TEAC）成立。该委员会并不对教师教育的认证标准进行统一设定，只要求教师教育机构提供证据证明自己的培养方案能够培养出称职的教师。

非专业化取向的主张者还建立了秉持解制思想的教师资格认证组织。2001年，美国优质教师证书委员会（ABCTE）成立。其衡量教师资格的标准主要是教学成果，即以学生学业成绩的提升与否为标准。

教师专业化与非专业化取向的路径之争，不仅带来美国公立教育体系内部截然不同的两种改革取向，也造成教师队伍建设改革路径的摇摆。20 世纪 80 年代，教师专业化标准取向占上风，成为主流的改革趋势。从 90 年代起，非专业化取向开始占上风，成为美国联邦教育部的改革意向。这种左右摇摆的改革取向虽然在一定程度上对反思教师质量提升的途径起到了积极作用，但在实践中却造成教师队伍建设方向的不明晰。

第四节　本章小结

本章从教师队伍的内部结构和外部经济的发展阶段两种不同的引导力量讨论了教师队伍人力资本发展的阶段性问题。同时，佐以美国教师队伍的建设经验收敛对教师队伍建设问题的讨论。总体来说，有以下几点研究发现。

（1）教师劳动力队伍内部结构特征的变动展示出阶段性的变化。从宏观数据的分析可以看出，在教师队伍建设早期，其内部结构呈现出短缺、低质量以及年轻化的阶段性特征。经过 30 余年的建设，其内部结构的阶段性特征转变为富余、高质量以及老龄化。内部结构阶段性特征的变动预示着教师队伍人力资本的积累途径也必须发生相应的转变：从经验来看，短缺、低质量以及年轻化的教师队伍通过扩充规模、提升学历、在职“干中学”等途径可以增加人力资本存量；一支富余、高质量以及老龄化的教师队伍，其原有的人力资本积累途径已经不足以支撑教师队伍质量的持续发展，亟须新的人力资本积累途径。

（2）人力资本的积累特征与其外部经济发展阶段密切相关。按照中国教育与人力资源报告课题组《从人口大国迈向人力资源强国》的理解，我国已经历经传统农业解体期、现代经济增长初期、经济起飞期，目前正处于经济起飞的中后期；在目前这一时期，教育发展的特点是人力资本的迅速追赶以及高等教育的大众化（中国教育与人力资源报告课题组，2003）。按照张晓阳等人的研究，目前我国应当处于“走向成熟阶段”，人力资本积累表现为科学普及、技术创新以及高等教育驱动，在制度上则表现为新的价值观开始确立（张晓阳，赵普，2008）。

然而，如前所述，这些研究都是针对一国范围内人力资本积累的阶段特征。事实上，中观视域下不同行业内部人力资本积累的阶段还存在较大差异，某个行业人力资本积累的阶段可能超前或落后于整个社会的人力资本发展阶段。教师行业作为一个劳动力具有较高教育水平的行业，其人力资本发展尤其是东部发达地区教师队伍的发展超前于其他行业是十分有可能的。其中小学教师队伍人力资本积累可能已经先于总体步入下一个阶段，而该阶段可能具有的特征是制度创新、终身教育驱动、学习型组织以及科研创新等。

（3）结合美国教师队伍建设的经验来看，教师队伍建设具有明显的阶段性。美国教师队伍建设在不同时期具有非常明显的阶段性变动主线。在公立教育扩张时期，教师队伍建设的重点是稳定的教师劳动力来源以及提升社会对教师职业的地位认同。因此，其师范教育开始萌芽，有关教师任职资格的认证也开始被纳入州政府的考虑范围。在公立教育质量觉醒时期，教师质量问题被提上议程，这推动了从职前、入职两个维度进行教师质量保障。在公立教育改革时期，美国社会对教师质量的关注空前热烈。对于如何提升教师队伍的质量，专业化与非专业化取向的主张者提出了不同的改革主张，并基于自身主张展开了一系列改革。各派主张的纠结以及美国联邦教育部对待不同主张的摇摆态度，显示出在公立教育改革阶段，美国教育界对于未来亟须新的教师质量提升路径这一观点达成了一定共识，纠结和摇摆则是尚未达成广泛共识的体现。

非专业化取向的教师队伍建设，一定程度上体现了美国教师队伍建设在公立教育改革阶段对教师质量提升新途径的反思。非专业化取向强调实际教学场景中的多元化的教学方式，主张以学生的学业成绩衡量教师的质量和水平，这反映出在这一阶段，教师人力资本水平的积累需要更多地与学校的生产过程相结合。

第四章　中小学教师队伍人力资本积累阶段性的数据验证

本章拟基于宏观数据对中小学教师队伍人力资本积累进行计量，并用数据说明，随着我国教育走向内涵式发展，教师队伍的人力资本发展走过了依靠数量规模提升人力资本存量的水平型提升阶段，也走过了依靠学历水平提升的垂直型提升阶段；一个新的阶段——人力资本存量的垂直型提升的纵深阶段，正在形成。

本章的研究分为三部分：人力资本的禀赋、人力资本的利用率以及人力资本的生产率。在有关中小学教师队伍人力资本生产率的讨论部分，仅使用北京市的数据进行分析并设计混合研究方法。其原因基于两点：（1）新阶段的特征在部分发达地区更突出；（2）中小学教师队伍人力资本发展的新阶段还处于萌芽阶段，宏观特征还正在积累和形成中，还没有明确的、公认的宏观描述指标。数据模型无法展现趋势，但通过对学校实际场景的探索，可以积累许多无法从宏观渠道获得的数据及具体信息。

第一节　人力资本计量模型设定

在第二章，已经对人力资本的计量方法进行了梳理。根据研究目标和数据的可得性，本书选定指标法对中小学教师队伍人力资本进行测量。

一、计量方法的选择

选择指标法对我国中小学教师队伍人力资本进行计量出于两点

理由。

（1）人力资本计量方法的选择取决于研究目标。在传统的人力资本测量中，收入法、成本法、指标法、特征法以及直接产出法是最为常见的方法。但迄今为止，没有哪种方法完美地解决了人力资本计量中的各种难题。对人力资本采取何种定义和测量方法实际上取决于不同的研究目标。本书是对教师队伍宏观特征的研究，这些宏观结构特征都是用统计指标来描述的；同时，本研究假设，当前教师队伍的数量和学历已经不是主要问题，其人力资本的关注点已经转向入职后的持续积累过程。正如许多研究所指出，人力资本的代理指标应比过去更为直接地与生产过程发生联系；对人力资本的使用和配置状况要特别关注，以便于衡量人力资本所带来的生产产出（Ederer et al.，2011；Kwon，Dae－bong，2009）。因此，本书对教师队伍人力资本的计量将关注教师在教学过程中的配置状况。

（2）收入法等不适用于我国教师队伍人力资本的计量。在人力资本计量的几种方法中，收入法、特征法以及世界银行近期采用的余额法，都假设劳动力所获得的收入与其所具有的人力资本水平密切相关，都需要市场化的工资决定制度为前提。但在我国，中小学教师采用统一的职级工资，绩效更多地体现地区生活成本的差异，与入职后的人力资本积累关系不大；同时，与政策密切相关，工资的市场化程度很低。因此，采用收入法或基于收入法所衍生的方法并不适用于我国中小学教师队伍的人力资本测量。

基于以上理由，本章拟在爱德雷尔等人（Ederer，Schuller，Willms，2007，2011；Ederer，2006）的研究基础上，构建我国中小学教师队伍人力资本测量的指标体系。

二、教师队伍人力资本计量模型的设定

如图4－1所示，爱德雷尔等人的研究用人力资本矩阵测量地区性人力资本（Ederer，Schuller，Willms，2007，2011；Ederer，2006）。而

我国的地区差异很大，所以构建中小学教师队伍人力资本测量的指标体系，对教师队伍的人力资本进行计量，也需要从多维度区分地区间人力资本存量特征的差异。

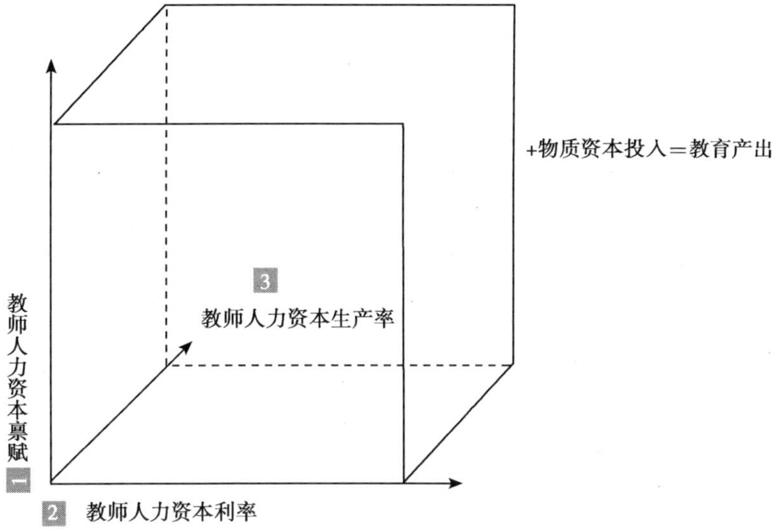

图4－1　教师队伍人力资本矩阵

其中，纵向坐标为人力资本禀赋，代表人力资本存量；横坐标为人力资本利用率和人力资本生产率，代表人力资本配置。这三个指标相乘再加上物质资本投资，即是一个地区经济体的最终产出（以GDP为代理指标）（Ederer et al.，2011）。沿袭这个思路，笔者将教育过程视为经济领域中一个微观行业的黑箱子，其投入包含两个方面——人力资本、物质资本，并生产教育产出。

这其中，教师人力资本禀赋、人力资本利用率和人力资本生产率共同构成教育过程中的人力投入。人力资本禀赋的形成途径主要包括：干中学，成人教育（工作环境之外直接或间接与工作有关的学习），大学，初等及中等教育，亲子教育（家长教给儿童一般技能以及社会适应、文化传统等）（Ederer，Schuller，Willms，2007，2011；Ederer，2006）。笔者采用大多数研究的做法，只考察其中三项：干中学、大学以及初等

/中等教育形成的人力资本。教育过程的物质资本投入包括来源于各种公共财政、社会以及家庭的物质投入。教育的最终产出为学生的数量及学生个体所具有的知识、技能、素养以及社会性程度。

在爱德雷尔等人的研究中，人力资本禀赋、利用率和生产率相乘再加上物质资本投入，即是经济的最终产出。在教育领域，最终产出受教师人力资本投入三个代理指标影响的机制及各自权重并不明晰。基于这点，在对教师队伍人力资本进行计量时，不进行加总或相乘等计算，而是分为三个不同的层次独立计量。

三、教师人力资本禀赋的计量

教师人力资本禀赋是指在教育行业内，在职专任教师所具有人力资本。人力资本形成的来源包括教师所接受的正规学校教育以及在教师工作岗位上的干中学（工作经验与培训）。

（一）正规学校教育人力资本的计量

按照我国统计标准，教师所受的正规学校教育分5个级别——研究生及以上、本科、专科、高中毕业、高中毕业及以下，并按照表4－1给予教育年限赋值。

表4－1 不同学历水平教育年限赋值

	研究生及以上	本 科	专 科	高 中	高中及以下
年限赋值	19	16	15	12	9

对于不同省区教师队伍的平均受教育年限，根据张晓雪等人的研究，有下述公式：

$$HC_{endow,tj} = L_{tj} \times Edu_{tj} \quad 式4-1$$

$$Edu_{tj} = \sum_{k} \omega_{k} L_{ktj} / L_{tj} \quad 式4-2$$

其中，$HC_{endow,tj}$是指在t时期省区教师劳动力所接受的总教育年限，L_{tj}为t时期省区专任教师数量；Edu_{tj}为t时期省区专任教师平均受教育年限，K 表示各类教育，ω_k 代表不同学历水平教育年限的赋值，L_{ktj} 是指在 t 时期省区教师各种教育水平的人数（张晓雪，周亚，李克强，2004）。

（二）干中学（工作经验与培训）积累人力资本的计量

与教育形成的人力资本计量相比，计量干中学形成人力资本的研究相对较少。一般而言，干中学所积累人力资本分为两类：在职培训形成人力资本，工作年限增加带来的经验性人力资本。

对在职培训所积累的人力资本，已有研究大都用“在职培训的成本”进行代理（Kendrick，1976）。学者谭永生采用我国 1978～2004 年职工培训经费作为干中学人力资本积累的代理指标（谭永生，2007）；钱雪亚在其博士论文中，将教育培训视为我国人力资本投资类指标，采用成本法进行了计量（钱雪亚，2005）。

对因工作年限增加而积累的经验型人力资本，大多数研究者采用收入法进行度量。他们采用明瑟收入方程，测算受教育程度不同、工作经验不同的个体的教育收益率和工作经验收益率，如拉罗奇和梅瑞特以及中央财经大学都采用这一方法进行过估算（Laroche，Mérette，2000；中央财经大学中国人力资本与劳动经济研究中心，2009）。其中，中央财经大学对 1985～2007 年（估算值延伸至 2020 年）分城乡、分性别的受教育程度和工作年限收益率进行了测算。学者沈红等人也采用这一方法，根据受教育程度和工作年限分别测算我国高校教师的人力资本存量（沈红，熊俊峰，2013）。此外，还有学者通过构建不同年龄段劳动力人力资本收入的分层方式，将工作经验对收入的影响也纳入计量之中。如道格姆和索罗梯在使用潜变量法对人力资本进行计量的研究中，就按照年龄对人口进行分组，并在此基础上，对个体收入及该年龄组占经济总收入的比例进行衡量（Dagum，Slottje，2000）。

除了通过在职培训和工作年限对干中学积累的人力资本进行度量外，还有研究采用技术等级或职称等级法进行度量。其基本思路与学历权重法类似，考虑了劳动力在工作中的经验累积效应，对不同职称进行加权处理。该方法从理论上来说能够较好地反映劳动力的工作经验积累的人力资本对实际工作产出的贡献。但正如有学者指出，这一方法受限于数据的可得性和可靠性，依赖于劳动力职称等级评定制度（王金营，2001；沈坤荣，2003）。

此外，也有学者采用成本法对我国人力资本进行计量。根据经验事实，假定我国劳动力从45岁开始进入人力资本折旧；在此之前，通过工作经验积累的人力资本与正规教育积累的教育人力资本折旧相抵消，使干中学人力资本的测量简单化（侯风云，范玉波，孙国梁，2005）。这一方法在谭永生的研究中也得到运用，其同样假设学历折旧的负效应和干中学积累的正效应相抵消（谭永生，2007）。

在本书中，形成教师队伍人力资本的工作经验包括工作年限积累和在职培训。由于收入法不适用于教师队伍人力资本测算，无法使用明瑟收入方程对教师工作经验积累的人力资本进行度量，同时，教师在职培训的经费数据也不可得，所以采用成本法将在职培训经费作为干中学人力资本的代理指标也不可行。

通过工作经验积累人力资本受到教师职业生涯周期的影响。在教师的职业生涯周期中，通过教学工作经验积累的专业技能和知识对教学生产的影响呈倒U形二次函数分布。教师在入职后，经过3年以上的经验积累，才能带来教学生产率的增加（Rivkin，Hanushek，Kain，2005）。但这种增加不会随着教学经验的增加而无限增加（Scherer，M，2001；Darling－Hammond，L.，Youngs，P.，2002）。一般而言，教学生产率在教师工作第15年左右达到最高峰，之后进入经验的固化期。正因如此，世界经合组织和联合国教科文组织出版的一系列教育报告中，15年教龄成为区分教师发展阶段的重要界限。结合教师职业生涯周期和人力资本理论中的年龄—收入曲线，本书接受这样的结论，即教师通过常规干中学所积累的人力资本并不会持续增加，而是在教师工作的前15年持续增加，从第16年开始进入一个固化期。

与此同时，与物质资本类似，通过正规学校教育形成的人力资本也面临折旧问题。贝克尔指出，需要考虑人力资本的折旧问题，但人力资本与物质资本的折旧不同，物质资本折旧通常体现在整个物质资产的使用周期中，而人力资本折旧则是立即发生的（Becker，1962）。另外，贝克尔还认为人力资本折旧的概念应当更为严格，存在为负值的折旧——当人们接受了在职培训后，可能由于干中学人力资本的提升，折旧表现为负值。在知识经济时代，新知识的不断涌现使得劳动力在学校教育中所获得的人力资本面临更快速的折旧。如果仅对教师队伍的受教育年限做出总体度量，不考虑正规受教育年限的折旧问题，对其通过学历提升获得人力资本的度量可能存在较大误差。

基于以上两点认识，本书采用侯风云等人的简化处理办法（侯风云，范玉波，孙国梁，2005；谭永生，2007），假设教师在工作15年之前的工作经验积累形成的人力资本与正规学校教育所形成的人力资本折旧负效应相抵消，则从第16年开始——教师通过传统的干中学所积累的人力资本进入固化期，计算其固有人力资本的折旧。

这样，加入对折旧问题的考察后，式4－1变为：

$$H_{tj} = E_{tj} \times L(tj) \times \varepsilon \qquad \text{式 4－3}$$

其中，ε代表人力资本的折旧。

目前，学界较为统一的意见是加入对ε的考察，但在考察方法上尚未达成共识。一些研究使用国民收入调查、劳动力调查等宏观数据对人力资本折旧进行估算，认为年折旧率在1%～1.5%（María Arrazola，José de Hevia，2005）。还有研究区分性别和教育类型，估算出1998～2008年瑞士男性人力资本的年折旧率为0.7%，女性为1.5%，且学术类教育的人力资本折旧速度低于职业类的折旧速度（Weber，2010）。另有研究认为，高科技行业劳动力的人力资本折旧速度远高于科技含量较低行业的劳动力（Neuman，Weiss，1995）。在研究方法上，这些研究都使用收入数据衡量人力资本折旧率。

由于我国教师工资决定机制的市场化程度很低，不由劳动力个体的人力资本因素决定，所以无法借鉴以上测算方法。考虑到人力资本折旧率研究的匮乏以及这一问题本身的复杂性，笔者采取较为简单的方式，分性别、按一定年限进行简化的年度折旧（侯风云，范玉波，孙国梁，2005）。

按照这一方法，假设严格执行男教师 60 岁、女教师 55 岁退休的规定，且中小学教师队伍稳定，很少流失，同时，以 25 岁为新晋教师，15 年教龄的教师年龄大致为 40 岁；这样，40 岁及以下的教师其人力资本的折旧负效应与干中学所形成的经验型人力资本相抵消，41 岁以上年龄组教师开始考虑学校正规教育人力资本的折旧问题。由此，男教师人力资本折旧的年限为 20 年，女教师则为 15 年；形成人力资本的年限从 6 岁接受正规教育开始计算，形成教师人力资本禀赋的年限为 34 年，于是有：

$$D_{gender} = Year_{gender \cdot hc} / Year_{gender \cdot de} \qquad \text{式 } 4-4$$

$$\varepsilon_{gender} = D_{gender} / Year_{gender \cdot de} \qquad \text{式 } 4-5$$

其中，D_{gender}代表不同性别教师人力资本的年度折旧额，$Year_{gender \cdot hc}$和 $Year_{gender \cdot de}$分别代表不同性别教师人力资本形成的年数和折旧年限；ε_{gender}代表不同性别教师的人力资本年度折旧率。

可以得出：

$$\varepsilon_{male} = \frac{1.7}{20} = 0.085$$

$$\varepsilon_{female} = \frac{2.27}{15} = 0.15$$

因此，女性教师人力资本年折旧率为 15%，男性教师为 8.5%。这样，得到每年考虑折旧后人力资本禀赋的公式：

$$HC_{endow,tj} = (0.85 \times L_{tj} \times Edu_{tj} \times percent_{female}) + (0.915 \times L_{tj} \times Edu_{tj} \times percent_{male}) \qquad \text{式 } 4-6$$

（三）数量与学历变动带来的人力资本禀赋变动剥离模型

为区分数量和质量对教师队伍人力资本禀赋的贡献，笔者借鉴周亚等人对我国总量人力资本考察的方法（张晓雪，周亚，李克强，姜璐，2002；李震英，周亚，李克强，姜璐，2002），分别对由劳动力数量变动、质量变动以及劳动力年龄结构不同带来的人力资本变化进行计量。这一方法对区分教师数量和质量两个渠道带来的人力资本禀赋变动非常适用，但由于2001年之前的教师变动数据不可得，所以借鉴这一区分思路，对计量方法进行了修正。

通过经验判断可知，假设人力资本禀赋为HC_{endow}，对于t时期的人力资本禀赋，就有：

$$HC_{endowt} = L_t \times Edn_t \quad 式4-7$$

到了t+1时期，则有：

$$HC_{endow,t+1} = L_{t+1} \times Edu_{t+1} \quad 式4-8$$

同时有：

$$\Delta HC_{endow,t\to t+1} = L_{t+1} \times Edu_{t+1} - L_t \times Eud_t \quad 式4-9$$

式4-9代表t到t+1时期人力资本禀赋的变动。这一变动由两部分组成：一是教师劳动力数量变动带来的人力资本禀赋增加，一是通过学历提升带来的人力资本禀赋增加。为将这两部分剥离计算，将式4-9变形，得到：

$$\Delta HC_{endow,t\to t+1} = \Delta L_{t\to t+1} \times Edu_t + L_t \times \Delta Eud_{t\to t+1} + \Delta L_{t\to t+1} \times \Delta Edu_{t\to t+1} \quad 式4-10$$

其中，$\Delta L_{t\to t+1} \times \Delta Edu_t$代表由教师数量变动带来的人力资本禀赋存量变动，$L_t \times \Delta Eud_{t\to t+1}$代表由教师学历提升带来的人力资本禀赋存量变动，而$\Delta L_{t\to t+1} \times \Delta Eud_{t\to t+1}$这一微小量则是无法解释的部分。从数学上来说，这部分变动对于整体人力资本禀赋变动来说仅仅是微小量，因此在这里对其进行忽略处理。

（四）对缺失数据的处理办法

受到宏观数据的影响，一些较早年份的数据无法通过统计年鉴得知。对于缺失数据，笔者采取估算的方式。在本部分，缺失数据主要包括学历和女性教师比例。从其他年份的趋势来看，平均受教育年限、女性教师比例基本上呈上升态势。因此，估算采用平均数的方式进行。具体为如下公式：

$$X_T = X_{T-1} + \frac{x_{1+N} - x_i}{N} \qquad \text{式 } 4-11$$

其中，T代表要估算的时期，X_T 代表要估算的 t 时期数据，X_{1+N}代表缺失年份后能够从统计年鉴中找到的第一个数据，X_i 代表缺失年份前能够从统计年鉴中找到的最后一个数据。

四、教师人力资本利用率的计量

教师人力资本利用率是指教育行业内部所有在职专任教师工作时间的配置情况，它体现的是教师工作形态的变化。

在传统的教育经济学研究中，学校内部人力资本利用率一般采用生师比作为衡量指标，但也可以采用教师的平均授课时数作为代理指标（王善迈，1996）。本书对教师人力资本利用率的衡量，实际上是在对教师人力资本发展阶段进行判断的基础上，考察新阶段下教师工作配置的特点。考虑到在阶段性判断时已经采用了生师比作为代理指标，对人力资本利用率的考察就采用教师的平均授课时数，这实际上是从教师的工作时间配置考察教师人力资本利用率。

一般来说，教师的工作时间被划分为不同的部分。除了常规的专业化教学工作外，教师一般还要承担批改作业、家校沟通、教研活动、班主任工作以及其他行政事务。但对教师其他工作时间的考察缺乏相应的宏观数据，必须通过大量的调研才能获得。因此，尽管对教师人力资本利用率的考察采用全口径的教师工作时间分配更好，但囿于数据的可得性，本部分仅考察教师平均授课时数占法定工作时间的比重。

教师人力资本利用率反映了教师队伍发展的不同阶段提升教育生产率的微观变动途径。在教师资源短缺时，教师工作中最主要的部分就是教学——为了满足不断扩张的教育需求，专业化教学工作量不断膨胀，教学成为此时最主要的工作形态。随着教师队伍逐渐由短缺走向富余，逻辑上可以判断，教师的教学工作任务应当不断下降。如果能通过数据验证这一点，很容易得出这样的结论：教学工作之外的各项工作安排才是未来提升教师教育生产率的关键要素。而在目前，教学工作之外的教师工作还缺乏合适的宏观指标作为指导，迫切需要从实践中总结出提升教育生产率的微观途径。

为考察教师人力资本的利用率，将教师在学校的法定工作时间划分为两个部分：用于专业化教学工作的时间，用于其他学校工作的时间。其中，用于专业化教学工作的时间主要是指教学时间，其他学校工作时间是指教师在专业化教学工作之外承担的所有工作任务所花费的时间。对专业化教学工作时间的考察，采用我国中小学课程标准并结合历年班级数量、教师数量进行考察。

教师在学校内部的资源配置发生的变化，有如下公式：

$$W_{tj} = P_{tj} + S_{tj} \qquad \text{式 4-12}$$

$$A_{tj} = P_{tj}/W_{tj} \qquad \text{式 4-13}$$

其中，W_{tj}代表 t 时期 j 省区专任教师的法定工作时间，P_{tj}代表 t 时期 j 省区专任教师用于专业化教学工作的时间；S_{tj}代表 t 时期 j 省区专任教师用于其他学校工作的时间；A_{tj}代表 t 时期 j 省区专任教师在法定工作时间用于专业化工作的比重。

（一）学科课时数估计标准的设定

小学阶段数据自 2000 年开始，初中、高中阶段自 1985 年开始。2001 年后的数据按照 2001 年教育部颁布的《义务教育课程设置及比例》以及 2003 年教育部印发的《普通高中课程方案（实验）》进行不同学科周课时的估计。1985～2001 年中学课程设置按照当时的相关规定进行测算。

1978 年，教育部颁发《全日制十年制中小学教学计划试行草案》，对中小学课程教学计划进行规定；1981 年，颁发《全日制六年制重点中学教学计划试行草案》《全日制五年制中学教学计划试行草案的修订意见》，这两个文件是国家教委 1990 年《现行普通高中教学计划的调整意见》、1992 年《九年制义务教育全日制小学、初级中学课程计划（试行）》之前中学不同学科课程周课时确定的主要标准。

按照相关教学计划所确定的比例系数，在曾晓东教授2003年《全国教师队伍发展报告》的研究基础上，结合各省区不同学科教师数量，可以计算出分省区、分学科教师承担的周课时数量。

$$P_{tji\delta} = \frac{c_{tji\delta} \times \alpha_{t\delta} \times \beta_{ti\delta}}{L_{ti\delta}} \quad \text{式 4－14}$$

$$P_{tji\delta} = \frac{c_{tji} \times H_{tji\delta}}{L_{ti\delta}} \quad \text{式 4－15}$$

其中，δ代表不同学段，$P_{tji\delta}$代表t时期j省区i学科教师的周课时数，$C_{tji\delta}$代表t时期j省区i学科的班级数量，$\alpha_{t\delta}$代表t时期j省区规定的各学科周总节数标准，$\beta_{ti\delta}$代表t时期i学科课时比例；$L_{ti\delta}$代表t时期j省区i学科教师的总数，$H_{tji\delta}$代表t时期j省区该学段一周i学科各年级平均课时数。

表4－2～表4－5是不同年份、各教育阶段课程教学计划安排。

表4－2　1981年全日制六年制重点中学教学计划

	初　中			高　中			上　课 总时数
	一年级	二年级	三年级	一年级	二年级	三年级	
政　治	2	2	2	2	2	2	384
语　文	6	6	6	5	4	4	1000
数　学	5	6	6	5	5	5	1026
外　语	5	5	5	5	5	4	932
物　理	/	2	3	4	3	4	500
化　学	/	/	3	3	3	3	372
历　史	3	2	/	3	/	/	266
地　理	3	2	/	/	2	/	234
生　物	2	2	/	/	/	2	192
生理卫生	/	/	2	/	/	/	64
体　育	2	2	2	2	2	2	384
音　乐	1	1	1	/	/	/	100
美　术	1	1	1	/	/	/	100
每周课时数	30	31	31	29	26	26	5554
选修课	/	/	/	/	4	4	240
劳动技术	2周			4周			432

表 4－3　1990 年普通高中教学计划

	高　一	高　二	高　三	总课时
政　治	2	2	2	184
语　文	4	4	5	392
数　学	5	4	5	426
外　语	6	4	/	/
物　理	3	3	/	/
化　学	3	3	/	/
生　物	/	3	/	/
历　史	2	2	/	136
地　理	3	/	/	102
体　育	2	2	2	184
劳动技术	每学年 4 周			432
社会实践活动	每学年安排 2 周，在劳动技术课、课外活动或学科教学活动时间进行			
每周必修课总课时数	29	27	14	2240
选修课	3	4	16	/
课外活动	6	6	6	/
每周活动总量	38	37	36	/

表 4－4　1992 年义务教育阶段课程计划

	一年级	二年级	三年级	四年级	五年级	六年级	初一	初二	初三	小学总课时	初中总课时
思想品德	1	1	1	1	1	1	/	/	/	204	/
政　治	/	/	/	/	/	/	2	2	2	/	200
语　文	10	10	9	8	7	7	6	6	5	1734	568
数　学	4	5	5	5	5	5	5	5	5	986	500
外语 I	/	/	/	/	/	/	4	4	/	/	272
外语 II	/	/	/	/	/	/	4	4	4	/	400
社　会	/	/	/	2	2	2	/	/	/	204	/
历　史	/	/	/	/	/	/	2	3	2	/	234
地　理	/	/	/	/	/	/	3	2	/	/	170
自　然	1	1	1	1	2	2	/	/	/	272	/
物　理	/	/	/	/	/	/	/	2	3	/	164
化　学	/	/	/	/	/	/	/	/	3	/	96

续表

	一年级	二年级	三年级	四年级	五年级	六年级	初一	初二	初三	小学总课时	初中总课时
生　物	/	/	/	/	/	/	3	2	/	/	170
体　育	/	/	/	/	/	/	3	3	3	/	300
音　乐	/	/	/	/	/	/	1	1	1	/	100
美　术	/	/	/	/	/	/	1	1	1	/	100
劳　动	/	/	1	1	1	1	/	/	/	136	/
劳动技术	/	/	/	/	/	/	2	2	2	/	200
周学科课时	23	24	24	25	25	25	32	33	27	3074	8038

表4－5　2001年义务教育课程设置及比例

年级	一	二	三	四	五	六	七	八	九	九年课时总计（%）
课程门类	品德与生活	品德与生活	品德与社会	品德与社会	品德与社会	品德与社会	思想品德	思想品德	思想品德	7～9
	/	/	/	/	/	/	历史与社会（或选择历史、地理）			3～4
	/	/	科　学	科　学	科　学	科　学	科学（或选择生物、物理、化学）			7～9
	语　文	语　文	语　文	语　文	语　文	语　文	语　文	语　文	语　文	20～22
	数　学	数　学	数　学	数　学	数　学	数　学	数　学	数　学	数　学	13～15
	/	/	外　语	外　语	外　语	外　语	外　语	外　语	外　语	6～8
	体　育	体　育	体　育	体　育	体　育	体　育	体育与健康	体育与健康	体育与健康	10～11
	艺术（或选择音乐、美术）									9～11
	/	/	综合实践活动							16～20
	地方与学校课程									
周课时数（节）	26	26	30	30	30	30	34	34	34	274
学年总时（节）	910	910	1050	1050	1050	1050	1190	1190	1122	9522

注：表格内的数字一般为各门课的周课时数，九年总课时按每学年平均35周上课时间计算；综合实践活动主要包括信息技术教育、研究性学习、社区服务与社会实践以及劳动与技术教育。

资料来源：《教育部关于印发〈义务教育课程设置实验方案〉的通知》（教基［2001］28号）。

在高中教育阶段，从 2003 年起，课改方案中高中阶段改为模块式学习。因此，除公式 4－9 外，还可以按照以下公式进行测算：

$$P_{tji\delta} = \frac{c_{tji\delta} \times \gamma_{ti\delta} \times \frac{2}{4}}{L_{ti\delta}} \qquad \text{式 } 4-16$$

其中，δ 代表不同学段，$P_{tji\delta}$ 代表 t 时期 j 省区 i 学科教师的周课时数，$C_{tji\delta}$ 代表 t 时期 j 省区 i 学科的班级数量，$\gamma_{ti\delta}$ 代表 t 时期各学科学分数标准，$L_{ti\delta}$ 代表 t 时期 j 省区 i 学科教师的总数。

按照课程计划，高中阶段实施学分制，每 2 学分为一个模块、36 学时，按每周 4 学时计算。语文、数学、外语必修模块各占 10 学分，每学期 2 学分。高中阶段除必修学分外，还有选修 I、选修 II 两个部分。其中，选修 II 必须达到 6 学分，总学分必须达到 144 学分，方可毕业。选修 I 模块中，需要学习的各学科模块数量由各地教育部门制定。

对每个省（区市）教育部门制定的模块选择规定进行统计十分困难。因为尽管各省（区市）之间的差别不大，但仍有部分省（区市）的相关信息无法获取；同时，教育水平发达地区的教师工作方式也发生了很大变化。因此，本书选择在北京市教委 2007 年颁布实施的教育部《普通高中课程改革方案（实验）》的课程安排指导意见（试行）和 2010 年北京市教委关于调整普通高中课程安排通知的基础上，对各学科选修模块数量进行设定。

根据北京市的安排，语文学科，高中阶段不分文理都需要 2 个选修模块；英语学科，高中阶段不分文理需要选择 3 个选修模块；数学学科，高中阶段文科至少选择 2 个模块，理科 3 个模块。由于对高中班级数量的统计并不涉及文理分科，而高中阶段理科班级一般较理科班级多很多，所以按照语文 2 个选修模块、英语 3 个选修模块、数学 3 个选修模块设定（见表 4－6）。

表4－6　普通高中课程设置及其说明

<table>
<tr><th>学习领域</th><th>科　目</th><th>必修学分（共116）</th><th>选修Ⅰ</th><th>选修Ⅱ</th></tr>
<tr><td rowspan="2">语言与文学</td><td>语文</td><td>10</td><td rowspan="15">根据社会对人才的多样化需求，适应学生的不同潜能和发展需要，在共同必修课的基础上，各科课程标准分类别、分层次设置若干选修模块，供学生选择</td><td rowspan="15">学校根据当地社会、经济、科技、文化发展的需要和学生的兴趣，开设若干选修模块，供学生选择</td></tr>
<tr><td>外语</td><td>10</td></tr>
<tr><td>数学</td><td>数学</td><td>10</td></tr>
<tr><td rowspan="3">人文与社会</td><td>思想政治</td><td>8</td></tr>
<tr><td>历史</td><td>6</td></tr>
<tr><td>地理</td><td>6</td></tr>
<tr><td rowspan="3">科学</td><td>物理</td><td>6</td></tr>
<tr><td>化学</td><td>6</td></tr>
<tr><td>生物</td><td>6</td></tr>
<tr><td>技术</td><td>技术（含信息技术和通用技术）</td><td>8</td></tr>
<tr><td>艺术</td><td>艺术或音乐、美术</td><td>6</td></tr>
<tr><td>体育与健康</td><td>体育与健康</td><td>11</td></tr>
<tr><td rowspan="3">综合实践活动</td><td>研究性学习活动</td><td>15</td></tr>
<tr><td>社区服务</td><td>2</td></tr>
<tr><td>社会实践</td><td>6</td></tr>
</table>

注：表格内为每学科在高中三年的总学分数；每学分通常为18学时，每个模块通常为2学分、36学时，按每周4学时计算。

资料来源：《教育部关于印发〈普通高中课程方案（实验）〉和语文等十五个学科课程标准（实验）的通知》（教基［2003］6号）。

（二）不同学段学科选择

中小学阶段设置了不同的学科。如果能考察全部学科的教师在法定工作时间内用于专业化工作的时间固然很好，但涉及的数据十分庞大；同时，虽然学科之间有所差异，但总体上来说，教师用于专业化工作时间的资源配置方式受学科影响较小，更多的是受教师政策取向的影响。因此，本书仅选择部分学科为代表，考察教师的人力资本利用率。

按照2001年教育部颁布的课程计划，小学阶段开设语文、数学、外语、品德与生活（社会）、科学、体育、艺术、综合实践活动、地方和学校课程 9 类课程。小学阶段的学科教学特征不强，除语文和数学外，其他学科教学往往由语文、数学教师兼任（多见于农村小学），或一个教师兼任几门课程的教学。只有在规模比较大的小学才有能力进行分科教学。因此，在小学阶段，仅分析小学教师在语文、数学、外语三科中的分布。需要说明的是，小学主科教师兼任不同学科教学，会使估算 3 门主科教师的人力资本利用率的方法产生重要的系统性偏误。因此，对小学阶段 3 门主科教师人力资本利用率的估算仅有比较意义，在比较中剔除了偏误，但不存在绝对水平的描述意义。

在初中阶段，我国的中基报表统计了 14 门课程的教师分布。按照学科的性质，可以分为 4 种类型：(1) 以语文、数学、外语为构成的主干课程；(2) 以物理、化学、生物、地理为构成的科学课程；(3) 文科类课程，包括历史和政治；(4) 其他课程，包括音乐、美术、劳动、信息技术、体育。初中教师的教学工作因学科不同，工作的内容也有很大不同——主干课程教师一般不承担本学科教学课时之外的教学工作，但在教学之余批改作业的任务相当繁重；物理和生物教师批改作业的数量和教学课时相对于主干课程有所减少；历史和政治一般没有批改作业的任务，但周课时数往往较多（曾晓东，2004）。为了更好地体现可比性，减少学科差异带来的影响，在初中阶段选择语文、数学、外语、物理、政治 5 门课程进行比较。

在高中阶段，根据 2003 年教育部颁布的《普通高中课程方案（实验）》分为 8 个领域共 15 门课程，包括：(1) 语言与文学类：语文、外语；(2) 数学；(3) 人文与社会：思想政治、历史和地理；(4) 科学：物理、化学和生物；(5) 技术；(6) 艺术；(7) 体育与健康；(8) 综合实践活动：研究性学习活动，社区服务，社会实践。在中基报表中，统计了语文、数学、外语、政治、历史、地理、生物、物理、化学、体育、美术、音乐、劳动、信息技术 14 门课。高中教师的教学工作与初中阶段一样存在学科间的差异，并且高中存在分科教学问题，但我国的报表统计中并无文理科班级数量，因此在高中阶段，仅选择语文、数学、外语3门课程进行分析。

五、教师人力资本生产率的计量

教师人力资本生产率是指教师人力资本投入教育过程的生产效率或教师人力资本投入教育过程的有效性。

本书将近年来教育科学规划课题中中小学课题数所占比例作为中小学教师人力资本生产率的代理指标，同时，使用这一代理指标的范围主要是国家教育科学规划办和北京市教委近年来的数据，这种安排主要出于以下考虑。

（1）创新和科研是新阶段教师生产率提升主要推动力量。在知识经济时代，创新与科技研发已经成为提升生产率的最主要推动力量，这意味着提升教师生产率的最主要方式已经不再是物质投入或学历的提升。随着时代的发展，教师职业需要变成终身学习、不断汲取新知识的职业，单凭对教师资格和学历的重视并不足以提升教师在教育中的工作有效性（Santiago，2005）。在教师队伍的自身结构、教育技术以及社会背景整体发生变革的大背景下，教师生产率更多地体现在教师在教育过程中的创新与改革。在微观场景的教育过程中，表现为教师通过各种校本课程改革、教学方式创新与改革等方式提升自身工作效率，并积累创新型人力资本。

（2）教师在微观学校场景中的改革数据不可得。教师在实际教学场景中的教学改革与创新虽然非常重要，但是对此进行统计和计量却工程浩大且不易实现。因此，必须寻找一个合适的代理指标描述教师在微观教学场景中的教学创新行为。教育经费中用于教育科研的比例是一个较好的代理指标，但在教育部编撰的《中国教育经费统计年鉴》中，科研经费数据仅涉及高等教育及其他各类型的教育和科研机构，并不涉及中小学阶段。因此，依靠中小学教育经费中用于科研部分的占比数据也无法实现。考虑到教育领域的科研课题主要是申请不同级别的教育科学规划课题，所以改为寻求中小学教育科研课题正式申请到国家、省（区市）级教育科学规划课题的数量及其比例作为代理指标。

（3）中小学教师科研是新兴事物。在对中小学教师申请教育科研规划课题的数量进行统计以及对我国西部地区中小学校进行调研的过程中，笔者发现，针对中小学教师的教育科学规划课题还属于新兴事物。在北京、上海等地区，数据能够追溯到2002年左右，但在教育水平较为落后的西部地区，中小学教师参与科研课题的数量较少，并且开始得较晚。以贵州省为例，直到2013年，才有首届教育科学规划课题的相关立项。因此，对全国范围内、分省（区市）进行教育科学规划课题中中小学课题数量进行统计，不仅难度较大，意义也不大。

出于以上理由，笔者仅对国家教育科学规划领导小组办公室2006年以来、北京市教委教育科学规划办公室2002年以来立项的课题数据进行梳理和统计。具体到中小学教师人力资本生产率的计算，如下述公式：

$$\varphi_t = \frac{N_{tb}}{N_{te}} \qquad \text{式 } 4-17$$

其中，φ_t 代表t期教育科学规划课题中中小学课题的比重，N_{tb}和N_{te}分别代表在t期中小学教育科学规划课题和全部教育科学规划课题的数量。

第二节　我国中小学教师队伍人力资本禀赋

本节采用宏观数据对1978年以来我国中小学教师队伍人力资本禀赋积累以及积累速度的变化进行测量。

一、小学教师人力资本禀赋计量

在本部分的相关计量中，是不考虑折旧的影响的，这样，得出的结论是基于正规教育对小学阶段教师队伍人力资本禀赋所造成的影响。

（一）全国整体小学教师队伍人力资本禀赋

利用式4－7、式4－10对人力资本禀赋存量及变动影响因素进行计量，得出以下结果（见图4－2）。

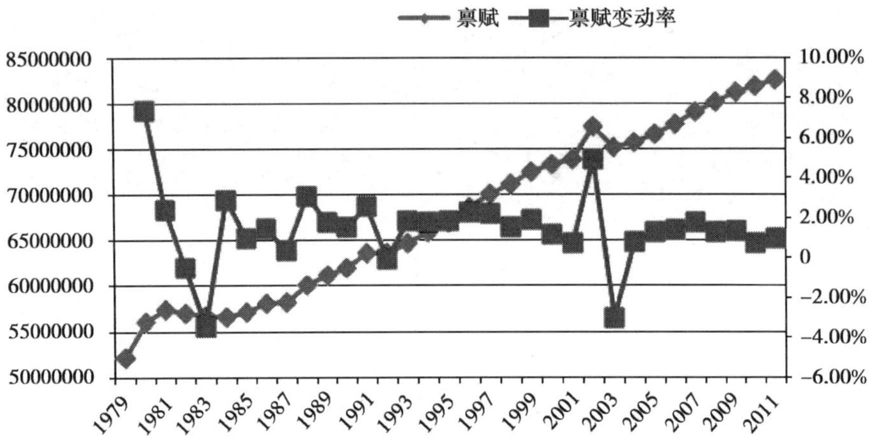

图4－2　1979～2011年小学教师人力资本禀赋及其变动率

如图4－2所示，在过去30余年，小学教师队伍人力资本禀赋一直在持续增长，但其变动率则发生了一些变化：在20世纪90年代之前，小学教师队伍人力资本禀赋的变动较大，1993年开始变缓；经历了2002～2003年的较大变动后，从2004年开始，变动一直非常小。

那么，这种变动主要源自什么因素呢？通过式5－10进行测算，结果如图4－3～图4－4所示。

不难看出，1985年、1997这两年是转折点：在1985年之前，教师队伍人力资本禀赋中数量变动比质量变动带来更大贡献，而从1985年开始，绝大部分年份中质量变动带来了更大贡献；1997年，质量变动的贡献开始稳定地大于数量变动的贡献。

2000年之后，数量变动对教师队伍人力资本禀赋的影响开始呈现负值趋势。这也与这一时期教师队伍富余程度、年龄结构密切相关——随着教师富余的出现以及年龄结构的老化，短缺时期进入的教师开始退

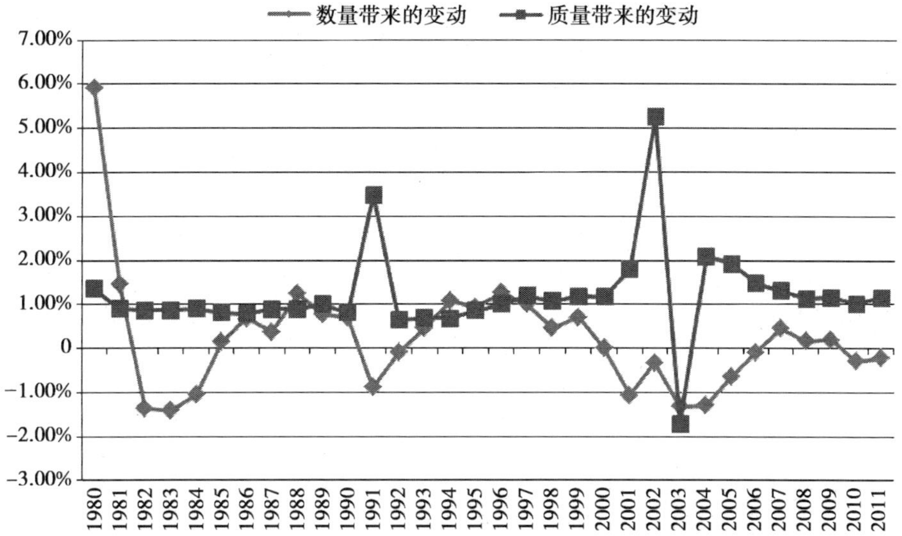

图 4－3　1980～2011 年小学教师人力资本禀赋变动各因素贡献率

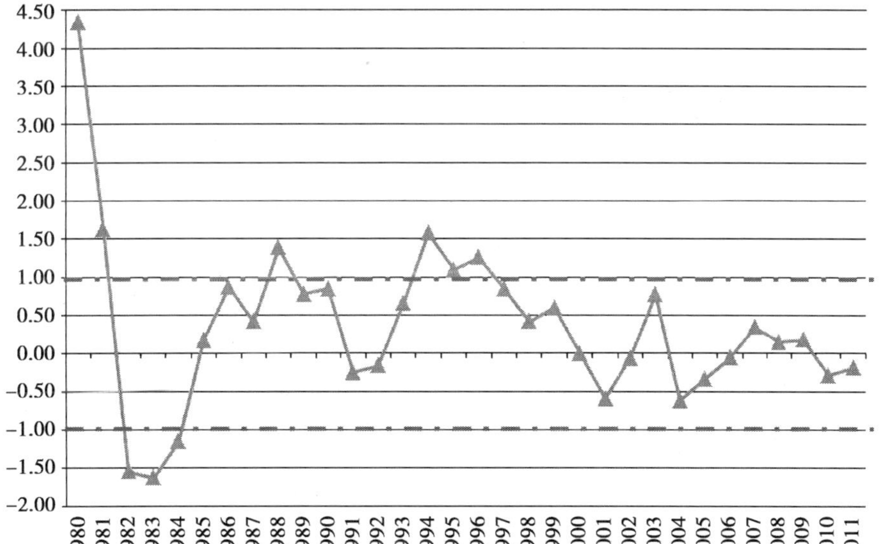

图 4－4　1981～2011 年小学教师队伍人力资本禀赋中数量与质量贡献之比

休，而新晋教师数量少于退休教师数量。

如果考虑折旧之后的小学教师队伍人力资本禀赋变化，根据公式4－6测算，在过去的30余年，其折旧率不断上升（见表4－7）。

表4－7　1979～2011年小学教师人力资本禀赋及其折旧

年　份	折旧前禀赋	折旧后禀赋	折旧额	折旧率（%）
1979	52182518.06	46505581.92	5676936.14	10.88
1980	56027771.20	49914300.95	6113470.26	10.91
1981	57363407.44	51086674.72	6276732.72	10.94
1982	57082328.68	50818542.05	6263786.63	10.97
1983	56762643.94	50516596.13	6246047.81	11.00
1984	56675703.00	50421904.06	6253798.94	11.03
1985	57209386.08	50874930.55	6334455.53	11.07
1986	58053201.00	51595115.44	6458085.56	11.12
1987	58794040.60	52231518.98	6562521.62	11.16
1988	60058389.00	53332362.05	6726026.95	11.20
1989	61127358.00	54240030.12	6887327.88	11.27
1990	62043276.00	55029260.31	7014015.69	11.31
1991	63635362.00	56414952.34	7220409.66	11.35
1992	63569095.44	56327602.69	7241492.75	11.39
1993	64710460.00	57310714.02	7399745.98	11.44
1994	65854499.00	58296499.74	7557999.26	11.48
1995	67044163.00	59314187.94	7729975.06	11.53
1996	68577509.00	60635487.42	7942021.58	11.58
1997	70091076.00	61933565.95	8157510.05	11.64
1998	71159781.00	62849022.51	8310758.49	11.68
1999	72505428.00	64002586.59	8502841.41	11.73
2000	73354684.00	64705328.31	8649355.69	11.79
2001	73878965.00	65094633.92	8784331.08	11.89
2002	77512180.05	68257892.56	9254287.49	11.94
2003	75177568.00	66170379.03	9007188.97	11.98
2004	75758272.00	66649100.96	9109171.04	12.02
2005	76712760.00	67460237.74	9252522.26	12.06
2006	77783405.00	68379610.95	9403794.05	12.09
2007	79155751.00	69560224.83	9595526.17	12.12
2008	80184345.00	70431073.75	9753271.25	12.16
2009	81276978.00	71351501.51	9925476.49	12.21
2010	81867149.00	71824842.40	10042306.60	12.27
2011	82635394.00	72459704.14	10175689.86	12.31

表4－7展现的是全国的整体情况。接下来，根据2001年以来的数据对小学阶段人力资本禀赋进行分省（区市）、分城乡的计量。

（二）分省（区市）小学教师队伍人力资本禀赋

从省际差异看，东、中、西部省（区市）的小学教师人力资本禀赋大致可以分为三种水平。从2001年开始，人力资本禀赋一直在变动，再加上32个省（区市）的数据量很大，容易使人陷入数据之中而忽略其典型特征。因此，笔者按照2012年地区人均GDP对32个省（区市）进行排序，将其分为高、中、低三种水平；从每种水平的省（区市）中随机抽样，每一水平抽取两个省市，如表4－8所示。

表4－8 按照人均GDP分类、抽取的省（区市）

按GDP水平分类	高	中	低
抽取省份	北京 山东	陕西 湖南	云南 河南

考察这6个省（区市）10年来小学教师人力资本禀赋变动的影响因素，结果如表4－9、图4－5～图4－7所示。

表4－9 2001～2011年六省（区市）小学教师人力资本禀赋变动因素贡献率（%）

省份 / 年份	北京		山东		湖南		陕西		河南		云南	
	数量	质量	数量	质量	数量	质量	数量	质量	数量	质量	数量	质量
2001	-5.57	3.87	-4.37	1.70	-4.83	1.15	0.64	2.27	3.54	2.06	3.40	1.34
2002	-3.53	3.15	-1.68	5.42	-5.16	5.32	2.69	6.63	4.34	5.96	2.39	6.14
2003	-5.67	1.77	-0.98	-2.73	-5.72	-1.14	1.36	-3.25	-1.55	-3.56	-0.57	-2.98
2004	-2.16	2.32	-0.33	1.65	-4.74	2.31	-1.52	2.22	-2.05	1.68	-1.18	2.68
2005	-1.68	1.64	-0.28	1.72	-0.90	1.93	-0.75	2.22	-0.62	1.72	0.12	2.94
2006	0.54	1.02	1.04	1.52	0.59	1.46	-1.11	1.77	0.56	1.56	1.27	2.39
2007	-0.03	1.14	1.30	1.21	0.98	1.46	-0.88	1.49	1.02	1.42	0.29	2.16
2008	1.05	1.12	0.34	1.08	0.09	0.91	-1.12	1.35	0.47	1.31	1.85	1.41
2009	1.15	1.12	0.52	1.30	0.05	1.23	-1.43	1.12	0.79	1.33	3.09	1.08
2010	0.45	0.82	-0.64	0.88	-0.13	1.03	-1.76	1.13	0.26	1.11	1.59	1.05
2011	2.80	0.63	-0.30	1.34	0.12	1.40	-2.38	1.14	1.10	1.46	-1.17	1.10

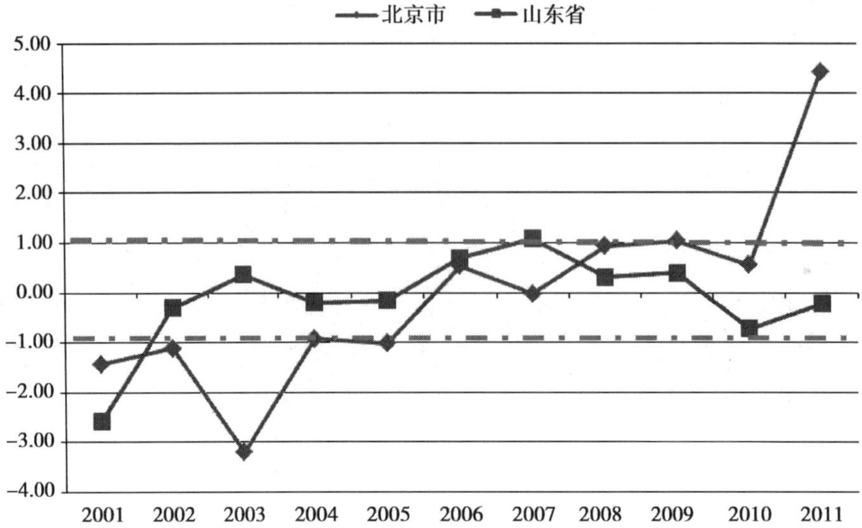

图 4－5　2001～2011 年北京市、山东省小学教师数量、质量对人力资本禀赋变动的影响

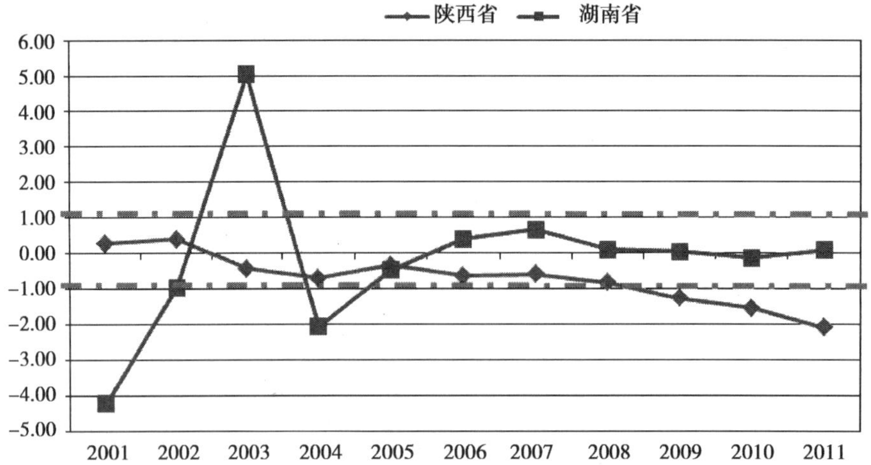

图 4－6　2001～2011 年陕西省、湖南省小学教师数量、质量对人力资本禀赋变动的影响

上述图表清晰地呈现出不同经济发展水平省（区市）小学教师队伍

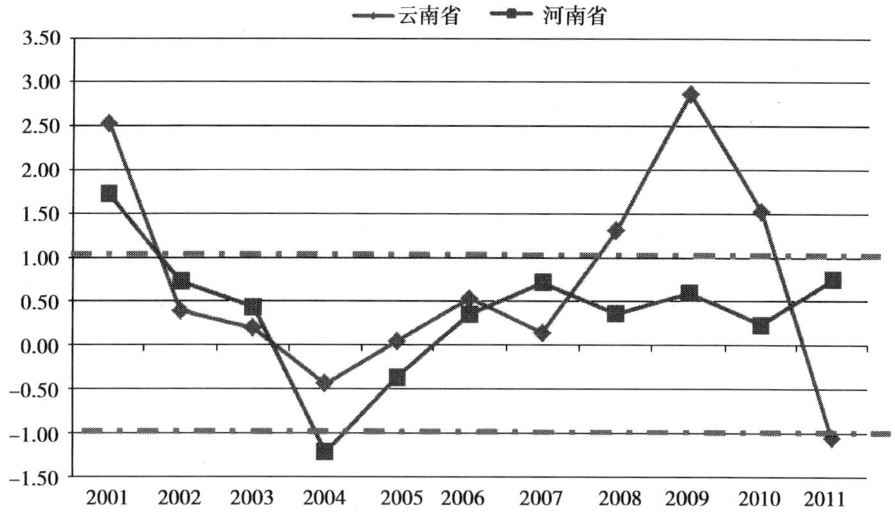

图 4－7　2001～2011 年云南省、河南省小学教师数量、质量对人力资本禀赋变动的影响

数量和质量变动带来的人力资本禀赋变动差异。总体而言，教育扩张最早的、经济发达的地区更早出现扩张时期教师大量退休的问题。因此，早期的数量和质量变动带来的人力资本禀赋变动率比值大多大于1，说明教师数量变动带来更大的人力资本变动。而在 2004 年之后，这些较为发达的省（区市）在大部分年份都是质量变动大于数量变动；仅有北京市 2011 年数量增长变动显著，达 2.8%，而质量变动仅为 0.63%，远低于其他省市。这与两点因素相关：(1) 北京市小学教师队伍平均受教育年限已经很高，很难通过学历提升带来更多的人力资本禀赋变动；(2) 北京市外来人口的激增带来了基础教育的缺口。而在人均 GDP 水平低的代表省（区市）云南省和河南省，前期数量变动和质量变动都较大；后期，两者带来的变动都在 1% 左右。

二、初中教师人力资本禀赋计量

（一）全国整体初中教师队伍人力资本禀赋

如图4－8所示，初中阶段教师队伍人力资本禀赋在过去30余年同样稳步上升，但变动时间与小学阶段略有差别。由于初中阶段教育机会扩张较小学阶段晚，所以教师队伍禀赋变动在2003年之前一直高于2%。自2004年起，变动才开始放缓——除2004年、2009年出现了超过1%的变动外，最近几年的变动率均在0.5%左右。

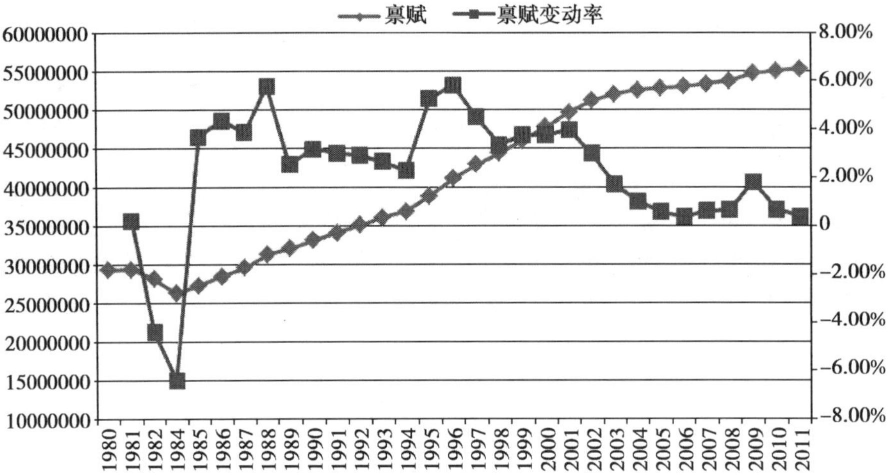

图4－8　1980～2011年初中教师队伍人力资本禀赋及其变动率

那么，初中教师队伍人力资本禀赋变动的原因又是什么呢？按照式4－10进行计量，结果如图4－9～图4－10所示。

如上图所示，初中阶段进入教师质量变动占优的时间明显晚于小学阶段——约从2004年开始，并且这种优势并不明显，比值一直围绕0做微小波动。总体来说，从2000年开始，由教师质量提升带来的禀赋变动基本持平且略有下滑，由数量带来的变动则进入绝对下降时期。

加上折旧后，根据公式4－6进行计量，初中教师队伍人力资本禀

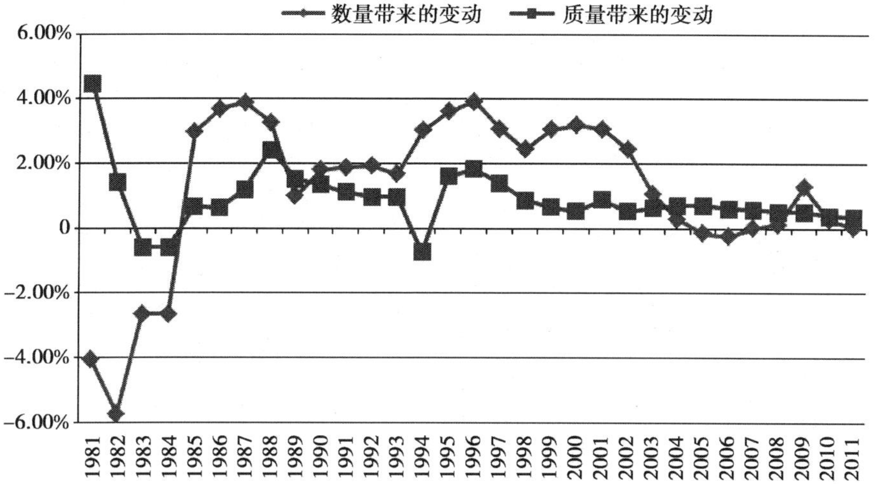

图 4－9　1981～2011 年初中教师队伍人力资本禀赋变动各因素贡献率

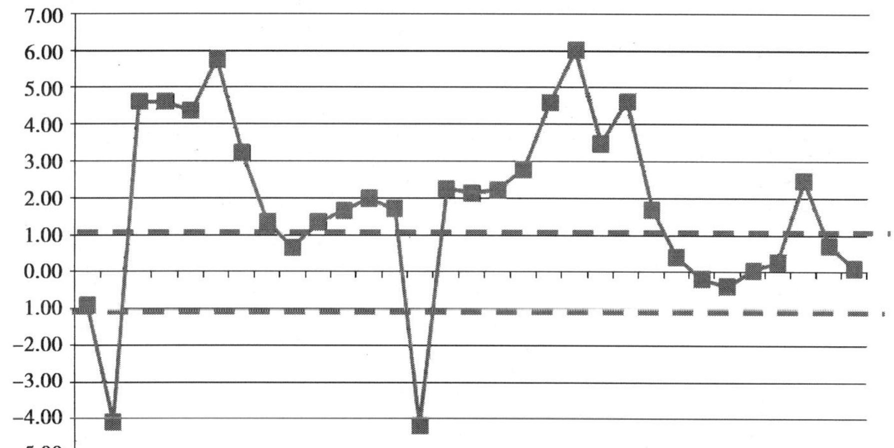

图 4－10　1981～2011 年初中教师队伍人力资本
禀赋变动中数量与质量贡献之比

赋变化如表 4－10 所示。与小学阶段一样，在过去 30 余年初中教师队伍人力资本禀赋的折旧率不断上升。

表4-10　1985～2011年初中教师人力资本禀赋及其折旧

年　份	折旧前禀赋	折旧后禀赋	折旧额	折旧率（%）
1985	27304656.62	24367972.37	2936684.25	10.76
1986	28493214.71	25529743.28	2963471.42	10.40
1987	29598901.84	26508504.27	3090397.56	10.44
1988	31309383.00	28026665.71	3282717.29	10.48
1989	32101788.00	28709552.88	3392235.12	10.57
1990	33121607.00	29602777.93	3518829.07	10.62
1991	34122324.00	30475513.44	3646810.56	10.69
1992	35113280.00	31338590.05	3774689.95	10.75
1993	36048904.00	32155811.47	3893092.53	10.80
1994	36872346.00	32875352.90	3996993.10	10.84
1995	38812265.00	34577969.32	4234295.68	10.91
1996	41069386.00	36556630.15	4512755.85	10.99
1997	42919467.00	38170338.22	4749128.78	11.07
1998	44358424.00	39417465.77	4940958.23	11.14
1999	46020296.00	40865061.60	5155234.40	11.20
2000	47741820.00	42361384.51	5380435.49	11.27
2001	49643207.00	44007074.24	5636132.76	11.35
2002	51126265.00	45298590.26	5827674.74	11.40
2003	51994409.00	45981158.00	6013251.00	11.57
2004	52518508.00	46488328.51	6030179.49	11.48
2005	52818632.00	46734488.08	6084143.92	11.52
2006	53012606.00	46887964.09	6124641.91	11.55
2007	53334432.00	47154323.31	6180108.69	11.59
2008	53686045.00	47441697.28	6244347.72	11.63
2009	54658003.00	48277911.10	6380091.90	11.67
2010	55030031.00	48582612.06	6447418.94	11.72
2011	55245184.00	48749057.27	6496126.73	11.76

（二）分省（区市）初中教师队伍人力资本禀赋

考察六省（区市）初中教师队伍人力资本禀赋变动的影响因素，结果如表4－11、图4－11～图4－13所示。

表4－11　2001～2011年六省（区市）初中教师人力资本禀赋变动各因素贡献率（%）

年份＼省份	北京		山东		湖南		陕西		河南		云南	
	数量	质量	数量	质量	数量	质量	数量	质量	数量	质量	数量	质量
2001	0.72	1.18	0.78	0.92	4.57	0.79	6.33	0.97	5.64	0.90	2.96	0.44
2002	－1.05	0.68	0.23	0.76	3.33	0.57	4.91	0.58	4.54	0.46	2.97	0.28
2003	－4.56	0.53	－2.11	0.65	2.13	0.61	3.37	0.80	0.45	0.55	2.34	0.50
2004	－5.33	0.77	－2.25	0.66	－2.25	0.61	1.69	1.16	－0.72	0.60	0.93	0.76
2005	－4.15	0.72	－2.81	0.83	－2.73	0.74	1.36	1.05	－0.17	0.46	2.29	0.93
2006	－3.66	0.53	－3.18	0.75	－4.84	0.67	0.54	0.83	－1.56	0.48	2.45	0.61
2007	－0.61	0.45	－1.11	0.57	－3.12	0.63	0.80	0.93	－1.28	0.55	1.82	0.70
2008	0.86	0.43	－0.86	0.51	－2.47	0.42	0.28	0.76	－1.68	0.46	3.76	0.57
2009	1.31	0.39	1.78	0.55	0.30	0.50	0.17	0.76	0.67	0.57	4.68	0.56
2010	－0.55	0.31	0.28	0.37	－0.87	0.36	－0.49	0.48	－0.50	0.42	3.75	0.44
2011	0.94	0.39	1.02	0.34	0.39	0.35	－0.94	0.42	2.01	0.40	－0.46	0.31

不难看出，近10年来初中教师队伍在不同经济发展水平地区都呈现出数量变动大于质量变动的特征。同时，数量变动与质量变动比值较大，这说明数量与质量带来的变动差异非常大。而在经济发展水平不同的地区，情况也有所不同：在经济较为发达的地区如北京、山东，差异更多地源自教师数量的急剧减少，而在经济发展程度中等以及落后的省（区市），差异更多地来自于教师数量的快速扩充。但相同的是，初中教师队伍通过质量提升带来的人力资本禀赋变动非常小，在6个省（区市）均不足0.5%。

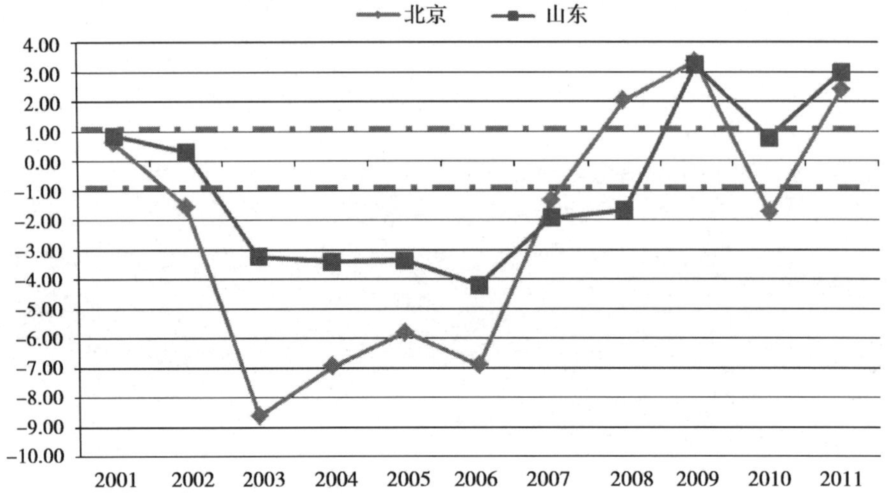

图4－11　2001～2011年北京市、山东省初中教师数量、质量对人力资本禀赋变动的影响

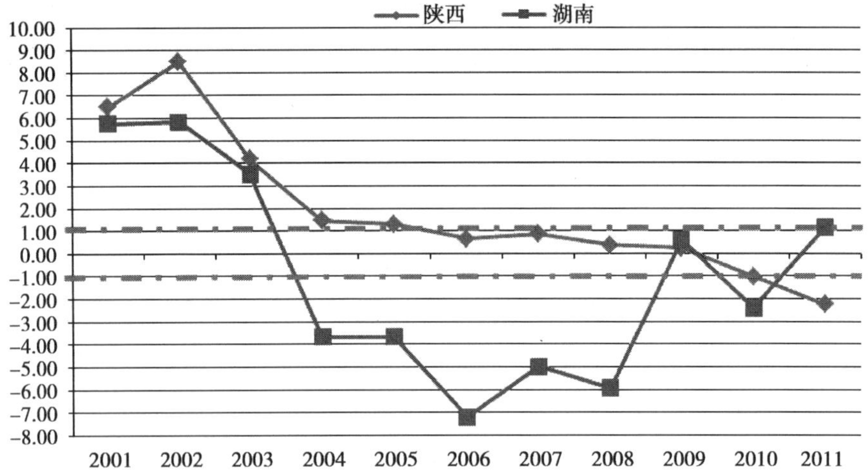

图4－12　2001～2011年陕西省、湖南省初中教师数量、质量对人力资本禀赋变动的影响

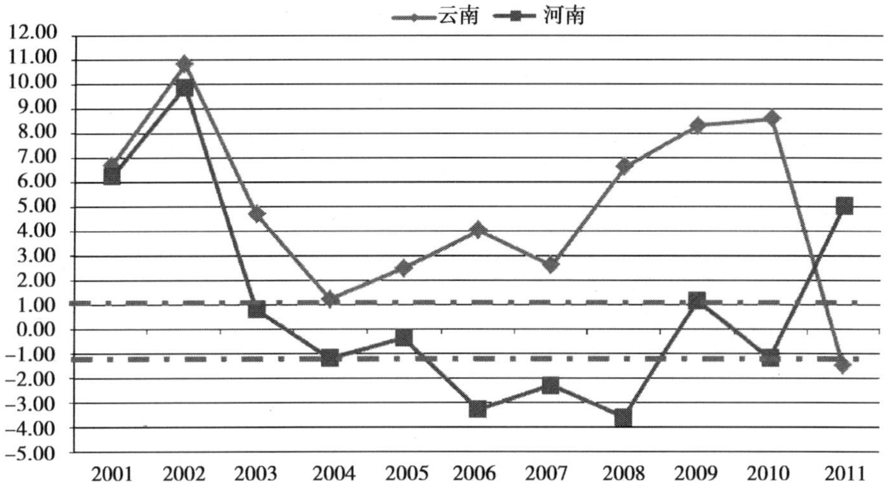

图 4-13　2001～2011 年云南省、河南省初中教师数量、质量对人力资本禀赋变动的影响

三、高中教师人力资本禀赋计量

（一）全国整体高中教师队伍人力资本禀赋

高中教师队伍人力资本禀赋及其变动的计量结果如图 4-14 所示。

高中教育机会扩张最晚，因此其人力资本禀赋的变动一直呈现出剧烈振荡的特征。一直到 2009 年，其变动率才开始进入较低水平。

高中教育机会扩张大致从 20 世纪 90 年代中期开始，在很短的时间内就完成。因此，教师队伍数量带来的人力资本禀赋增加从 1993 年左右开始经历非常大的变动，在 2003 年达到顶峰；之后，伴随着高中教师队伍逐渐进入饱和阶段（曾晓东，周惠，龚爱芋，龙怡，2011），数量带来的人力资本禀赋增加也开始逐步减少。但由于高中教师队伍尚未达到富余，因此以数量形式贡献的人力资本禀赋变动一直是正值。

同时，高中教师队伍质量从本书考察的起点 1981 年开始就一直较高，当年的平均受教育年限为 14.47 年，相当于两年制大专的学历水平。因此，在过去 30 余年，尽管高中教师队伍学历水平一路提升，并在 2011 年达到 16.08 年，但总体来说，通过学历变动带来的人力资本

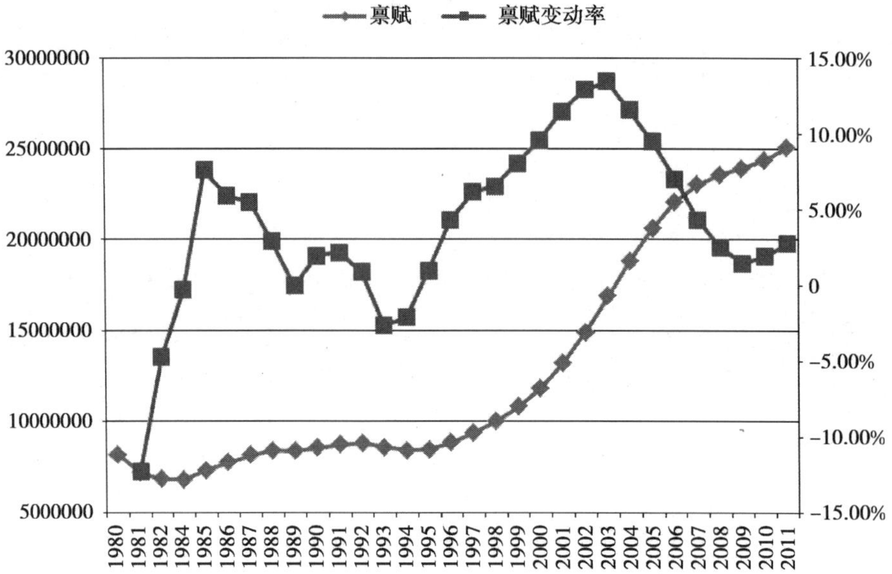

图 4－14　1980～2011 年高中教师人力资本禀赋及其变动率

禀赋增加并不多，贡献率自 1983 年后一直低于 0.6%（见图 4－15～图 4－16）。

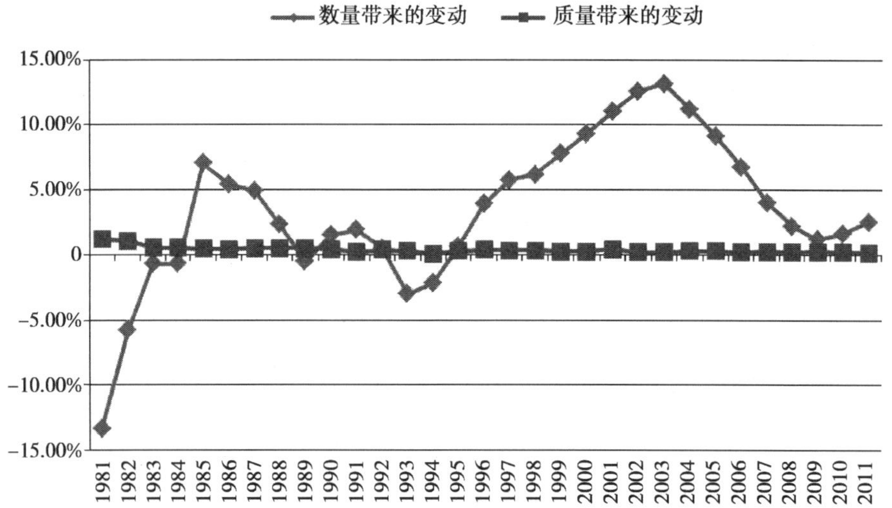

图 4－15　1981～2011 年高中教师队伍人力资本禀赋各因素贡献率

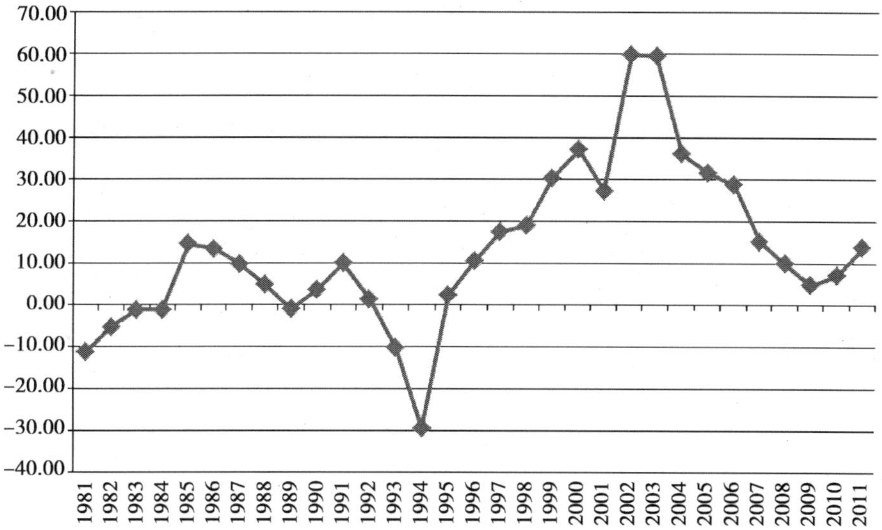

图 4－16　1981～2011 年高中教师人力资本禀赋变动中数量与质量贡献之比

加上折旧后，根据式 4－6，高中教师队伍人力资本禀赋变化如表 4－12 所示。与小学、初中相比，高中教师队伍折旧率相对较低。同时，其折旧率总体呈上升趋势，只是在部分年份中有所波动。

表 4－12　1985～2011 年高中教师队伍人力资本禀赋及其折旧

年　份	折旧前禀赋	折旧后禀赋	折旧额	折旧率（%）
1985	7308316.00	6570877.87	737438.13	10.09
1986	7735575.00	6955385.97	780189.03	10.09
1987	8157948.00	7334588.35	823359.65	10.09
1988	8394700.00	7544335.38	850364.62	10.13
1989	8390015.00	7536407.72	853607.28	10.17
1990	8552636.00	7678817.85	873818.15	10.22
1991	8737060.00	7842832.66	894227.34	10.23
1992	8813011.00	7907227.44	905783.56	10.28
1993	8574943.00	7691023.24	883919.76	10.31
1994	8394939.00	7527911.65	867027.35	10.33

续表

年　份	折旧前禀赋	折旧后禀赋	折旧额	折旧率（%）
1995	8475836.00	7595438.39	880397.61	10.39
1996	8840486.00	7915238.20	925247.80	10.47
1997	9382374.00	8391278.15	991095.85	10.56
1998	9993304.00	8927392.35	1065911.65	10.67
1999	10798729.00	9635879.23	1162849.77	10.77
2000	11832862.00	10549525.31	1283336.69	10.85
2001	13186370.00	11744491.50	1441878.50	10.93
2002	14881168.00	13242157.95	1639010.05	11.01
2003	16878214.00	15068626.12	1809587.88	10.72
2004	18830106.00	16719017.14	2111088.86	11.21
2005	20609864.00	18282127.08	2327736.92	11.29
2006	22053140.00	19545235.25	2507904.75	11.37
2007	23002964.00	20372588.49	2630375.51	11.43
2008	23573211.00	20863355.34	2709855.66	11.50
2009	23917177.00	21155522.19	2761654.81	11.55
2010	24372311.00	21545640.23	2826670.77	11.60
2011	25038629.00	22123295.39	2915333.61	11.64

（二）分省（区市）高中教师队伍人力资本禀赋

考察六省（区市）高中教师队伍人力资本禀赋变动的影响因素，结果如表4－13、图4－17～图4－19所示。

表4－13　2001～2011年六省（区市）高中教师人力资本禀赋变动各因素贡献率（%）

省份/年份	北京		山东		湖南		陕西		河南		云南	
	数量	质量	数量	质量	数量	质量	数量	质量	数量	质量	数量	质量
2001	10.46	0.77	11.05	0.33	10.24	0.30	10.89	0.32	12.09	0.55	9.30	0.13
2002	8.71	0.00	13.14	0.22	13.00	0.31	13.99	0.38	17.70	0.21	15.37	0.17
2003	11.13	0.24	14.00	0.27	13.76	0.26	14.30	0.35	11.40	0.21	16.52	0.27

续表

年份＼省份	北京		山东		湖南		陕西		河南		云南	
	数量	质量	数量	质量	数量	质量	数量	质量	数量	质量	数量	质量
2004	8.69	0.36	11.62	0.24	10.99	0.31	10.65	0.46	13.01	0.20	16.65	0.34
2005	6.44	0.29	5.67	0.23	9.56	0.38	8.23	0.48	10.63	0.15	18.68	0.36
2006	3.55	0.19	3.50	0.26	5.77	0.31	7.07	0.38	9.31	0.26	14.40	0.25
2007	-1.20	0.37	0.69	0.23	1.58	0.15	5.37	0.33	6.58	0.29	8.05	0.15
2008	-2.38	0.31	-0.33	0.16	-1.09	0.16	4.95	0.31	4.88	0.21	4.05	0.23
2009	-0.18	0.37	0.32	0.20	-4.07	0.22	1.62	0.21	2.11	0.32	3.79	0.16
2010	-0.99	0.33	-1.07	0.19	-2.62	0.13	1.66	0.29	-0.50	0.30	3.62	0.13
2011	3.56	0.39	1.82	0.20	-0.41	0.05	2.77	0.26	-0.04	0.16	4.30	0.05

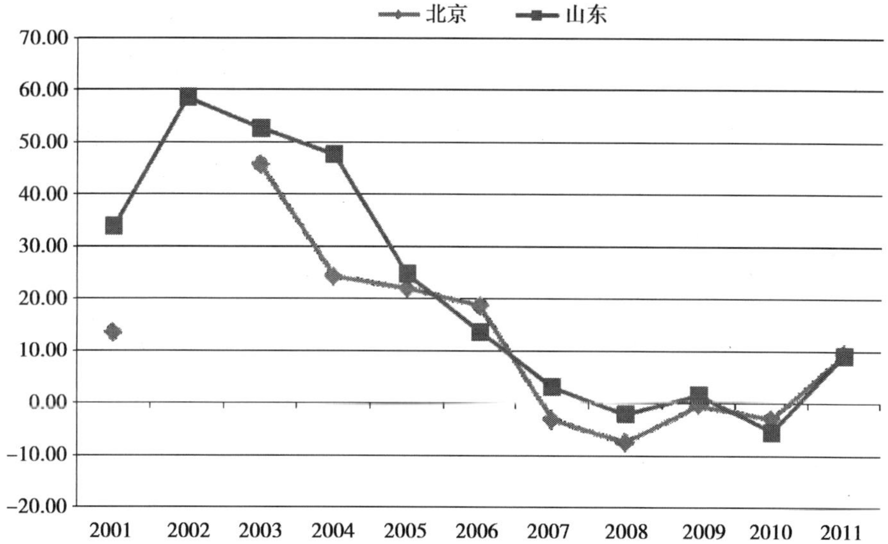

图 4-17　2001～2011 年北京市、山东省高中教师数量、质量对人力资本禀赋变动的影响

注：2002 年北京市由质量带来的人力资本禀赋变动仅为 0.003%，与数量带来的变动形成的比值高达 -2461.90，数据处理过程中视为极端值去除。

与小学、初中阶段不同，高中阶段的教育机会在过去的 10～15 年

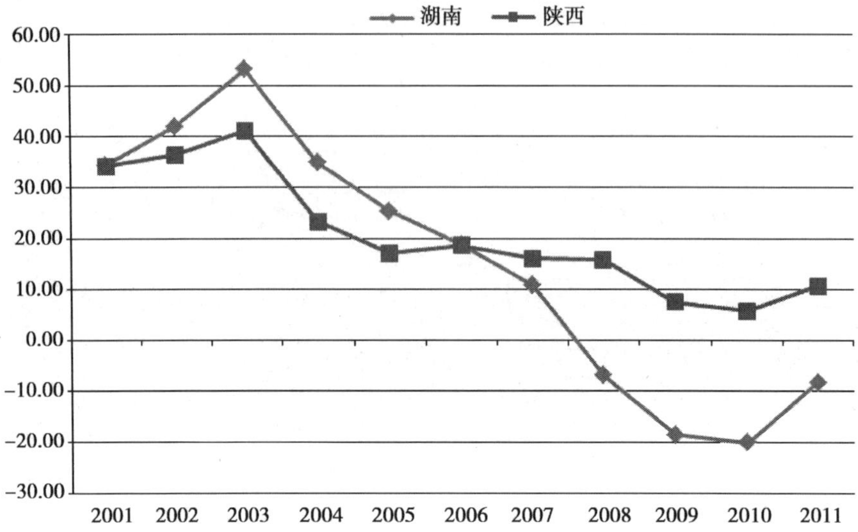

图 4－18　2001～2011 年湖南省、陕西省高中教师数量、质量对人力资本禀赋变动的影响

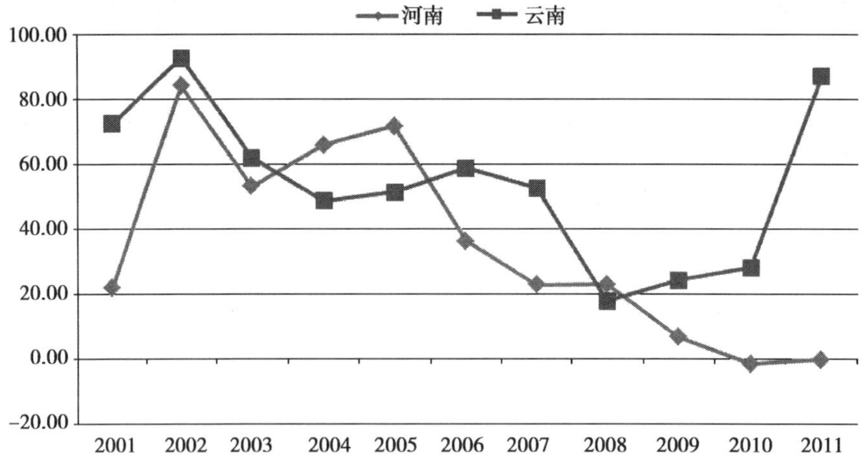

图 4－19　2001～2011 年河南省、云南省高中教师数量、质量对人力资本禀赋变动的影响

经历了快速扩张。因此，数量增加带来的人力资本禀赋增长非常迅速，与高中阶段微小的学历提升所带来的人力资本禀赋增加相比，差距非常巨大。

在经济发展水平不同的地区，呈现出阶段性差异：在经济发展较好地区，高中教师队伍更早饱和，数量与质量带来的人力资本禀赋增加差值在2007年左右实现收敛；在经济发展水平中等的省（区市），这种收敛稍晚几年。在经济、教育文化水平都相对落后的云南省，数量与质量带来的人力资本禀赋变动差值一直很大，这可能是由于两种力量的牵引：一是云南省高中教师队伍与其他地区相比还较为短缺，教师数量扩张仍能带来较大的人力资本禀赋变化；二是受到近年来整个社会对教师学历要求的影响，云南省的高中教师队伍已达到一个较高的学历水平，通过学历提升带来的人力资本禀赋变动幅度很小。

第三节　人力资本利用率

本部分采用宏观数据对1978年以来我国中小学教师队伍人力资本利用率进行测量，使用的公式是式4－13～式4－16。

一、小学教师人力资本利用率

按照课程计划，小学阶段除一、二年级的周课时为26节外，均为30节。其中，语文科目所占比例为20%～22%，数学为13%～15%，外语为6%～8%。下面，分别按中间值进行计算，即语文为21%、数学14%、外语7%。

对小学阶段不同学科教师的数量统计开始得较晚，能够获取的数据不早于2000年。因此，本测算从2000年开始，外语学科从小学三年级开设起计算。

从整体情况来看，小学阶段教师在过去10年经历了教学工作形态的巨大转变，2001年新课程改革极大地改变了小学教师的工作形态。如图4－20所示，2000年小学教师84.66%的时间用于专业化教学工作，这一比例在课改后的2001年下降为42.16%，之后持续下滑，到

2011 年仅为 32.85%。

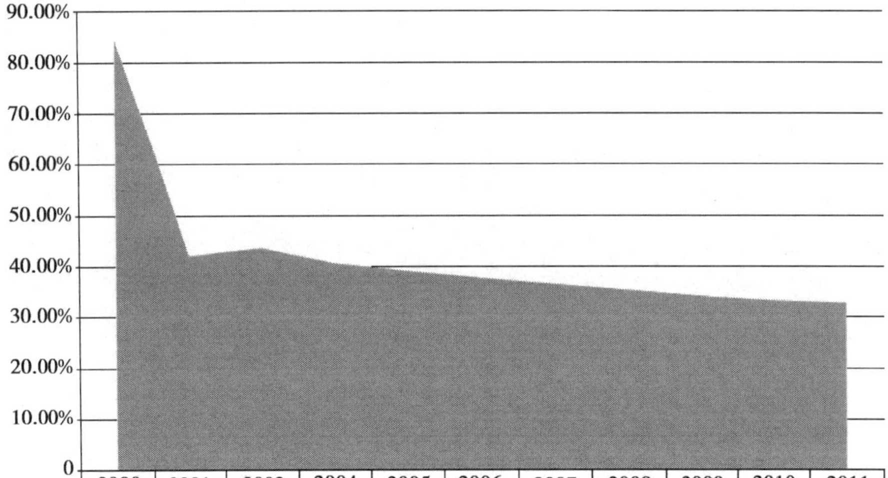

	2000	2001	2002	2004	2005	2006	2007	2008	2009	2010	2011
	84.66%	42.16%	43.69%	40.74%	39.20%	37.81%	36.60%	35.40%	34.18%	33.29%	32.85%

图 4－20　2000～2011 年小学教师工作时间中教学时间所占比重

具体到不同学科，语文、数学、外语教师在 2000～2011 年专业化教学工作占总体工作时间的比重如图 4－21～图 4－23 所示。

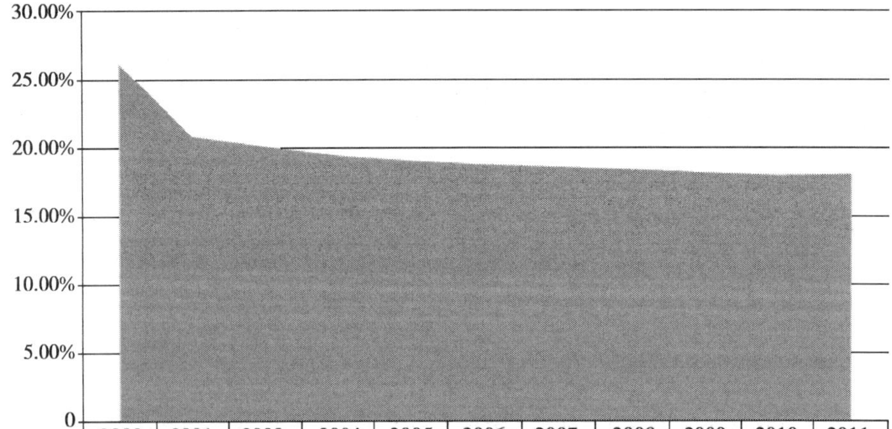

	2000	2001	2002	2004	2005	2006	2007	2008	2009	2010	2011
	26.10%	20.85%	20.11%	19.44%	19.06%	18.80%	18.59%	18.42%	18.19%	18.00%	18.08%

图 4－21　2000～2011 年小学语文教师工作时间中教学时间所占比重

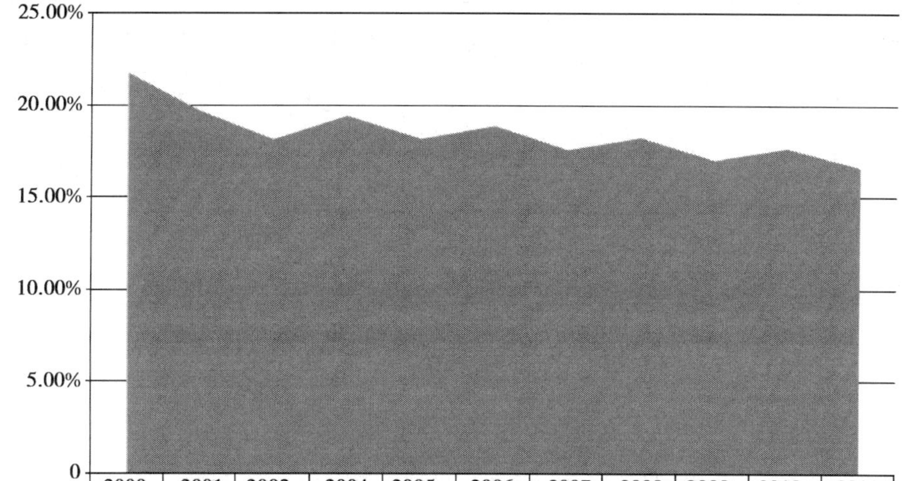

2000	2001	2002	2004	2005	2006	2007	2008	2009	2010	2011
21.77%	19.70%	18.17%	19.45%	18.20%	18.91%	17.61%	18.29%	17.07%	17.71%	16.65%

图 4－22　2000～2011 年小学数学教师工作时间中教学时间所占比重

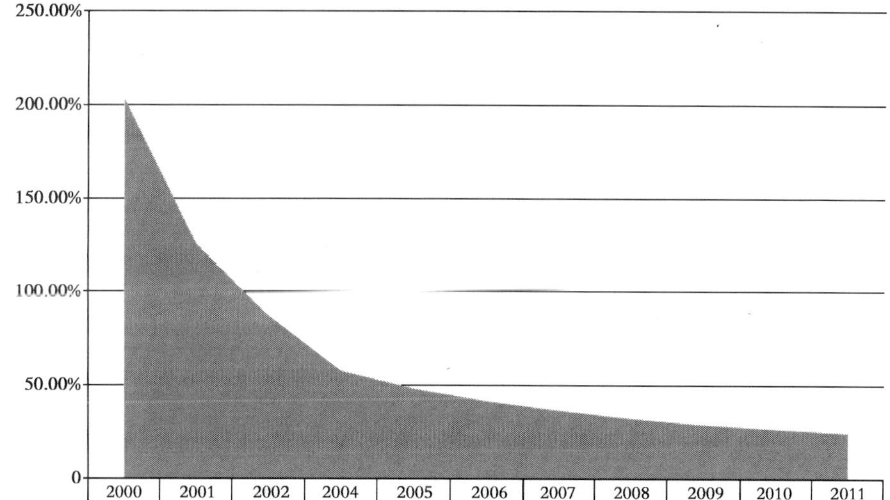

2000	2001	2002	2004	2005	2006	2007	2008	2009	2010	2011
203.47%	125.81%	87.22%	57.61%	48.17%	41.49%	36.53%	32.38%	29.03%	26.66%	24.64%

图 4－23　2000～2011 年小学外语教师工作时间中教学时间所占比重

在过去 10 年，小学各学科教师工作时间资源配置的方式发生了很大转变。早期，本学科教学工作所占比重还较大，尤其是教师非常短缺的外语学科，教师超负荷情况非常严重。到2002年，小学外语教师还有87.22%的时间用于专业化教学工作，但到2011年，这一比例下降为24.64%。考虑到小学外语学科的课程设置2001年才在城市、县镇小学逐步推广，因此前期数据可能存在一定误差。但总体而言，教师用于专业化教学工作的比重逐步降低十分明显。

二、初中教师人力资本利用率

我国从1985年开始统计初中阶段分学科教师数量，本部分就从1985年开始讨论。

根据1981年的教学计划，1981～1991年，初中全学段语文每周课时数为18节，数学17节，外语15节，物理5节，政治6节。按照1992年的教学计划，1992～2000年，初中全学段语文周课时数为17节，数学15节，外语12节，物理5节，政治6节。

按照2001年的课程计划，初中阶段的周课时为34节，语文科目所占比例为20%～22%，数学为13%～15%，外语为6%～8%，物理为7%～9%，政治为7%～9%。下面，分别按中间值进行计算，即语文为21%、数学14%、外语7%、物理8%、政治8%。

整体而言，初中教师的工作形态变动与小学阶段专业化教学工作比重持续下降的趋势略有不同。由于初中阶段的可考察时间较小学阶段更长，能够通过数据清晰地看到历次课改带来的教师工作形态的变动。如图4－24所示，1992年之前，专业化工作所占比重缓慢下降；1992年之后，则几乎没有变化。2001年，教师专业化工作占比有了较大提升，但这种提升很明显是由于课程改革所带来——2001年之后，专业化工作占比实际上呈下滑趋势。

如图4－25～图4－29所示，历次课程改革对初中教师的工作形态都造成了不同程度的影响。除语文、数学外，其他学科在1992年之前都经历了教师专业化教学工作占比下降。1992年课改后，在1993年出现了教师工作中专业化教学占比下降，但很快被初中教育机会扩张所带

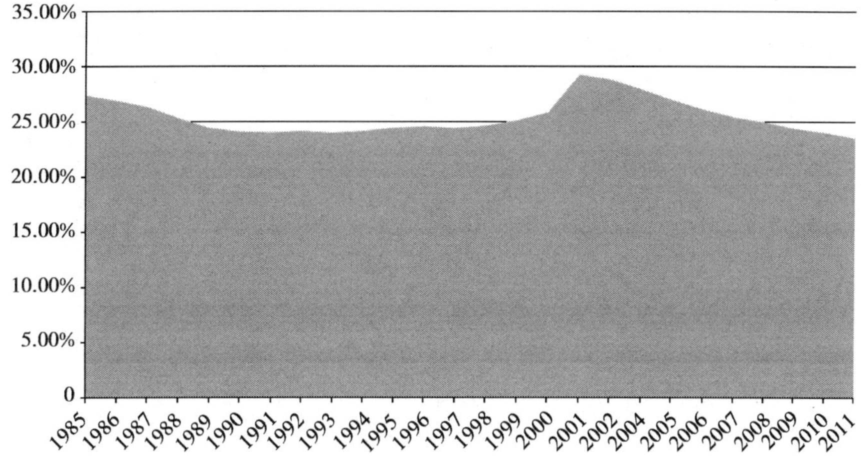

图 4－24　1985～2011 年初中教师工作时间中教学时间所占比重

来的教学压力增加所抵消。在 2001 年课改之前，除外语学科外，初中各科目教师尤其是语文、数学教师专业化教学占比持续上升。2001 年之后，由于初中教师队伍逐步进入富余阶段，这 5 个学科教师的专业化教学工作占比也逐步降低。

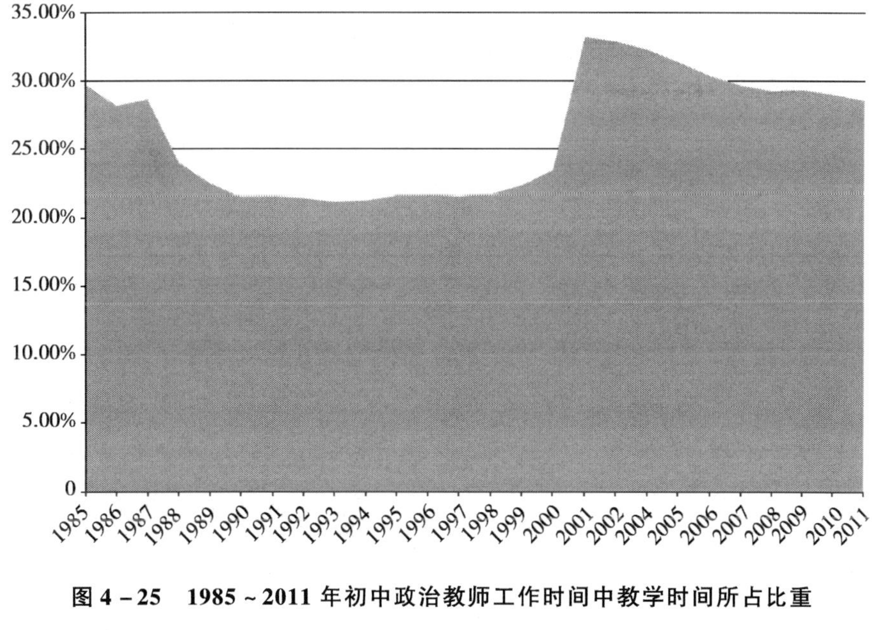

图 4－25　1985～2011 年初中政治教师工作时间中教学时间所占比重

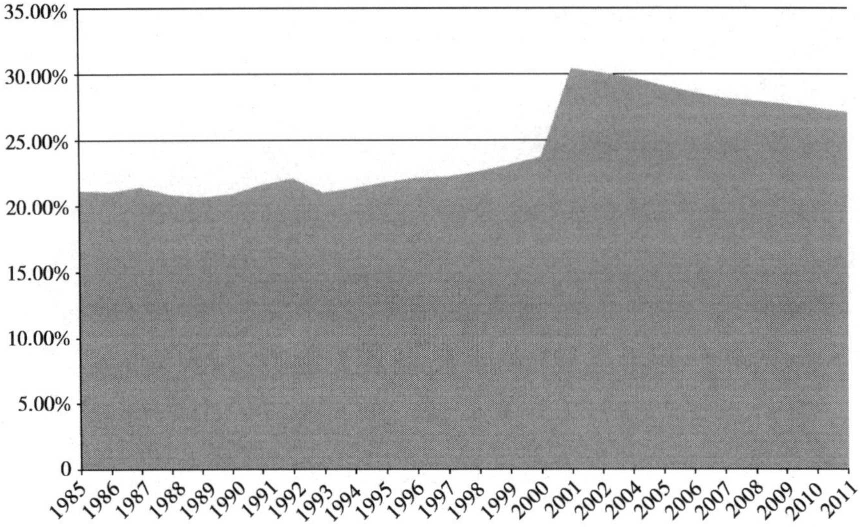

图 4－26　1985～2011 年初中语文教师工作时间中教学时间所占比重

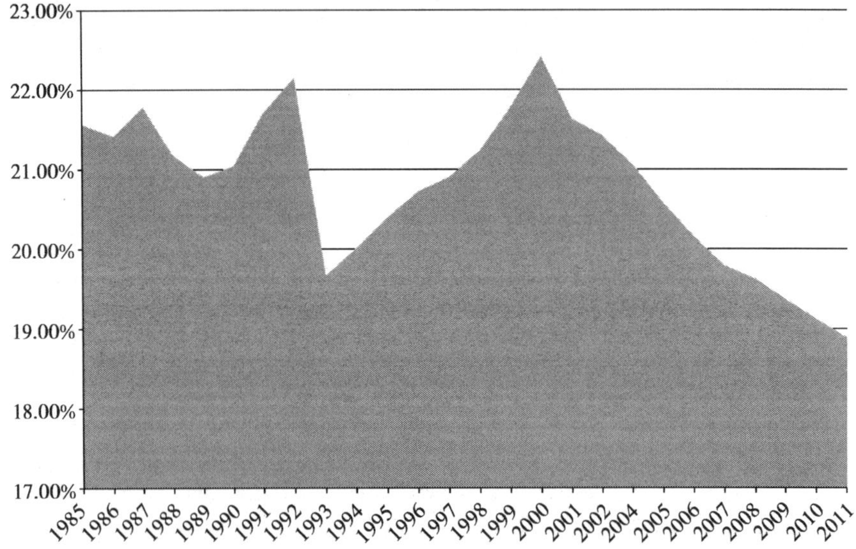

图 4－27　1985～2011 年初中数学教师工作时间中教学时间所占比重

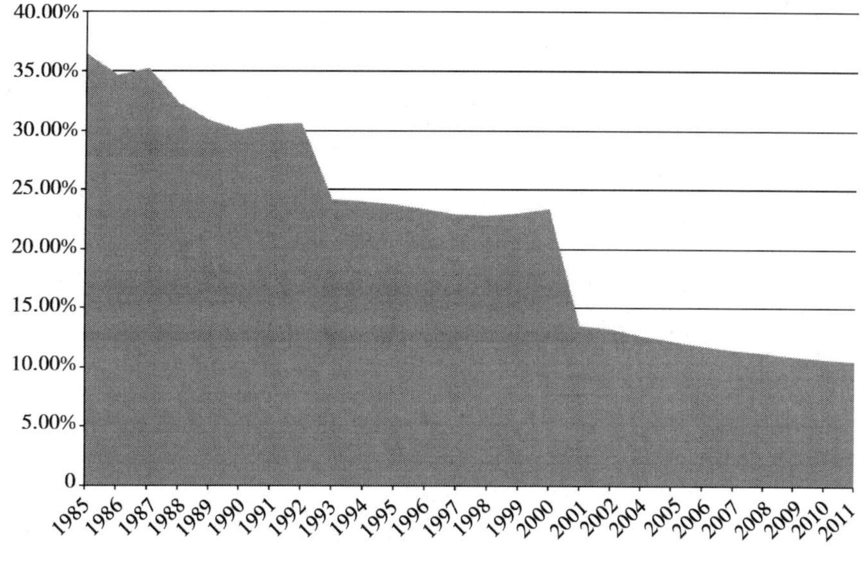

图 4－28　1985～2011 年初中外语教师工作时间中教学时间所占比重

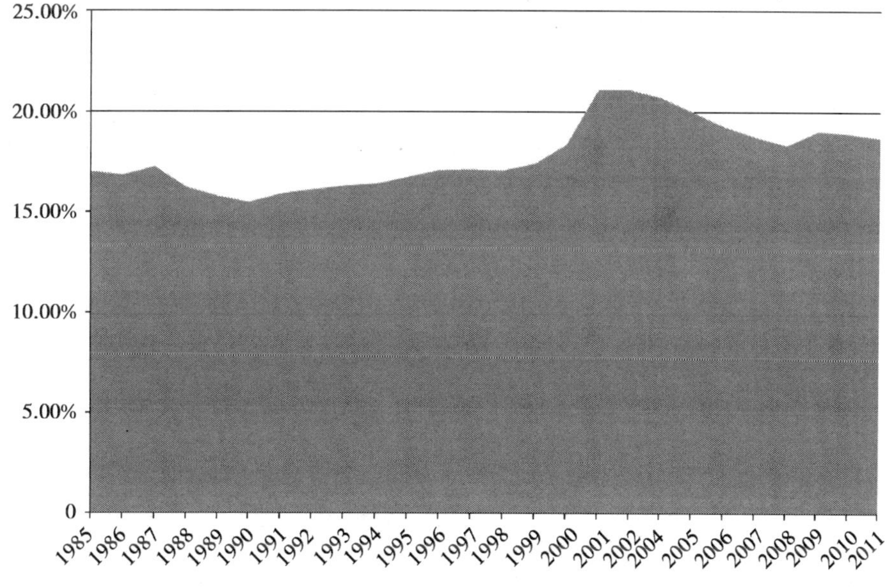

图 4－29　1985～2011 年初中物理教师工作时间中教学时间所占比重

三、高中教师人力资本利用率

高中阶段从1985年开始进行测算，先对全国整体数据进行考察。

如图4－30所示，高中阶段教育机会扩张发生在20世纪90年代，这使得高中教师的工作形态变动与义务教育阶段有较大差别。1998年，高校开始扩招。而在1993年，高中教师专业化教学的工作占比就开始持续上升，由1993年的19.17%上升到2004年的28.01%。2004年之后，随着高中教师队伍逐渐步入均衡阶段，专业化教学工作占比也逐步下滑，到2011年为24.47%。

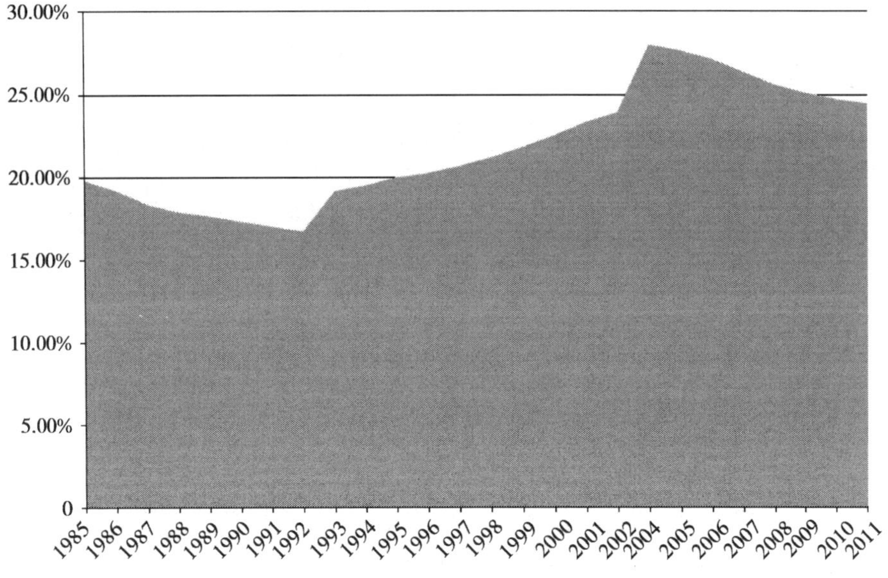

图4－30　1985～2011年高中教师工作时间中教学时间所占比重

再测算分学科的情况，结果如图4－31～图4－33所示。

由于在1990年的高中课改中削减了课时量，外语学科在整个90年代的专业化教学工作占比上升幅度都较小，与80年代相比也有所下降。而语文、数学学科在2004年之前则经历了教师专业化教学工作占比的上升。总体而言，从2004年开始，专业化教学占比开始下降。

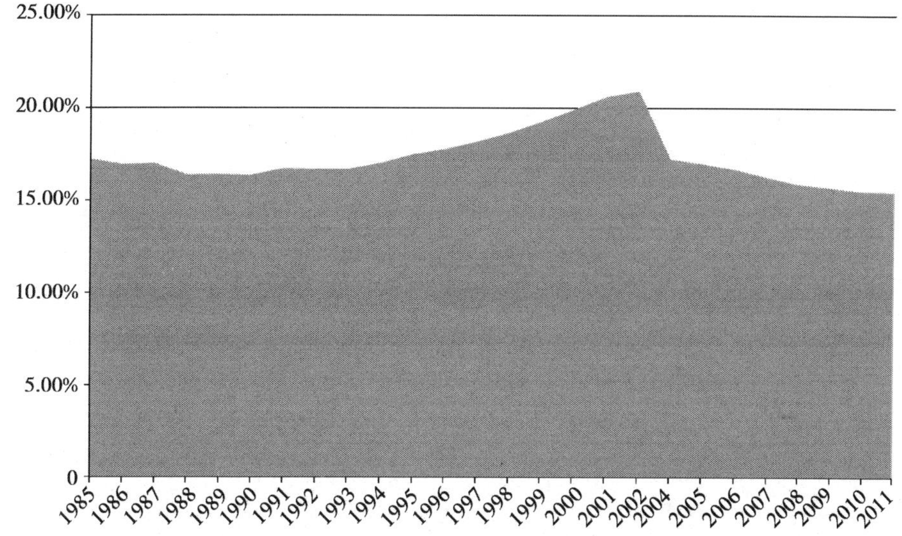

图 4 – 31　1985 ~ 2011 年高中语文教师工作时间中教学时间所占比重

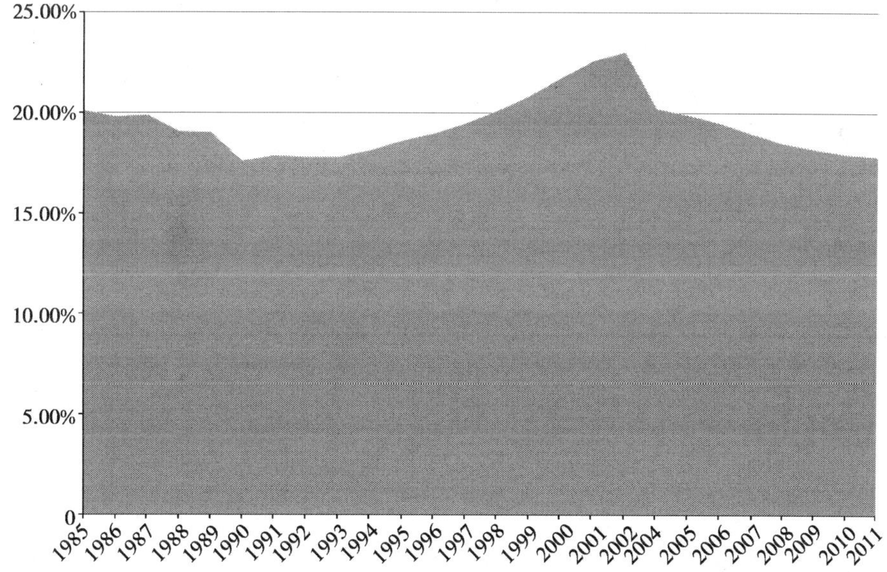

图 4 – 32　1985 ~ 2011 年高中数学教师工作时间中教学时间所占比重

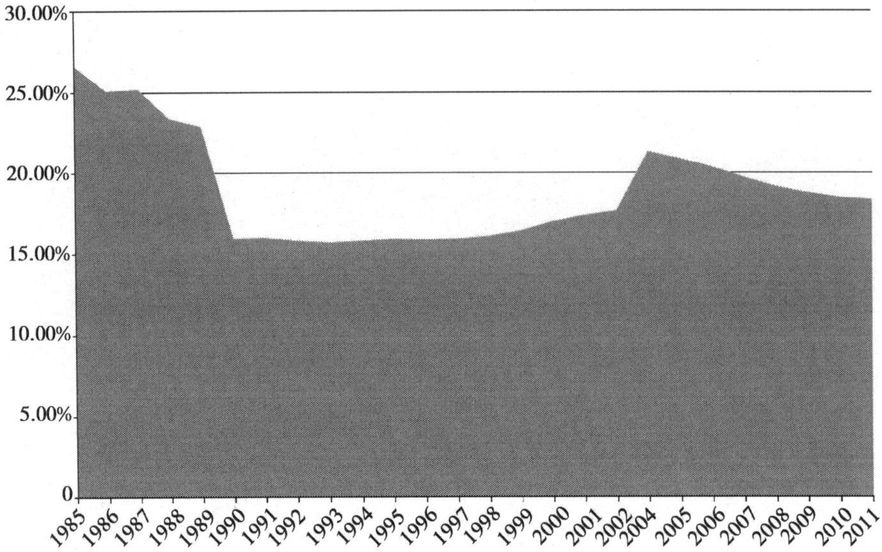

图 4－33　1985～2011 年高中外语教师工作时间中教学时间所占比重

四、教师队伍人力资本利用率部分小结

由上可知，我国中小学教师队伍的工作形态已经发生了巨大转变——在教师队伍由短缺走向富余后，课程标准所规定的学科教学任务仅占教师法定工作时间的25%～30%，课程标准中规定的教学工作已经不再是教师工作的主要内容，教师大部分的工作时间用于教学工作之外的任务。这意味着教学工作之外的各项工作安排才是提升教育生产率的关键。

除了教学工作，还可以通过什么途径提升教育生产率？对这一问题的回答，目前还缺乏合适的宏观指标加以指导。但是在微观场景中，许多学校已经展开了行之有效的实践：围绕学校教育、教学科研、校本课程，提供多样化的教育服务……微观场景实践中有哪些创新的教师工作安排、如何将这些实践凝练为可借鉴的制度经验，成为摆在教育部门面前的难题。

第四节　人力资本生产率

教师人力资本生产率衡量的是教育领域教师人力资本投入教育过程的生产效率或有效性，在此用来说明未来持续提升教师队伍生产率的潜在途径。

如前所述，在当前教师队伍人力资本禀赋的积累中，数量和质量带来的影响均已式微，人力资本禀赋的持续增长面临生产方式的转变。再从教师队伍人力资本利用率来看，课堂教学之外的其他工作是未来不断积累教师人力资本、提升教育生产率的关键。本节试图说明，学校内部已经有许多有效提高教师人力资本禀赋的方式。从实践来看，包括教师科研、教师异地参与教学研修、长时间的听课等。但由于宏观数据的不可得，本节只考察教师参与科研的情况。同时，人力资本生产率以近年来教育科学规划课题中中小学课题所占比例为代理指标。其中暗含的假设是，参与课题研究能够提升教师在教学岗位上的教学生产率。

一、全国中小学教师人力资本的生产率情况

本部分考察以2006年以来教育部教育科学规划立项课题中中小学课题数量及其所占比重为指标。

从总体趋势来看，近年来中小学获得国家教育科学规划课题经费的数量不断上升。如图4－34所示，在2010年之前，教育科学规划课题中中小学承担的非常少，仅有极少数学校能够获得课题经费。2011年之后，虽然总体比例仍然很低，但与之前相比已经有了很大提升。

2006年以来获得规划课题的中小学名单，参见附录4。具体到其区域分布，如表4－14所示。

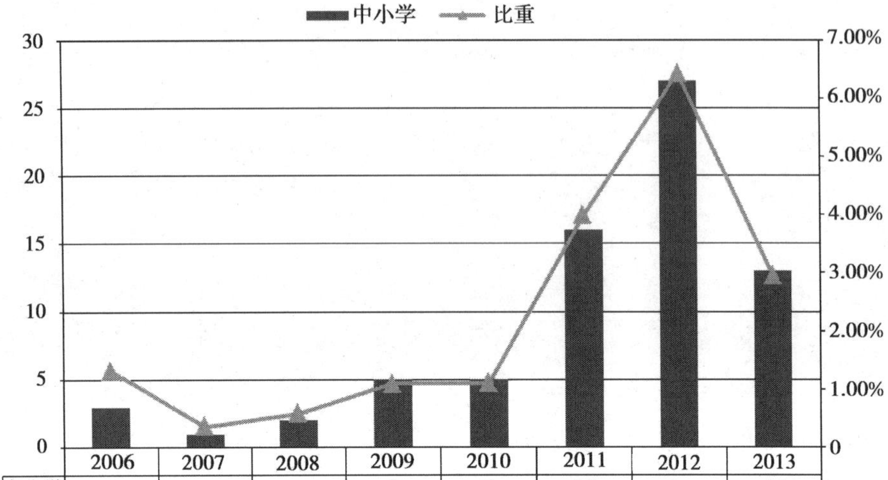

	2006	2007	2008	2009	2010	2011	2012	2013
中小学	3	1	2	5	5	16	27	13
比重	1.32%	0.36%	0.58%	1.09%	1.11%	3.98%	6.43%	2.95%

图 4－34　2006～2013 年国家教育科学规划课题中中小学承担数量及其比重

表 4－14　2006 年以来获得教育科学规划课题中小学地域分布

年　份	东部地区	中部地区	西部地区	合　计
2006	3	/	/	3
2007	1	/	/	1
2008	2	/	/	2
2009	5	/	/	5
2010	5	/	/	5
2011	12	/	4	16
2012	22	2	3	27
2013	10	1	2	13

正如笔者在研究设计部分提出的，2011 年之前，所有获得规划课题的中小学都来源于东部发达地区；2011 年起，虽然中西部也有学校获得课题，但比例仍然很低。这样的地域特征也符合各地教育水平以及教师队伍的发展状况。

二、北京市中小学教师人力资本生产率情况

对北京市中小学教师队伍人力资本生产率的考察，以 2002 年以来教育科学规划课题中中小学课题数量及其所占比重为指标。

如图 4－35 所示，与全国相比，北京市的中小学校承担了相当数量的课题，早在 2002 年这一比例就高达 40.93%，而 10 余年来一直保持在 20% 以上。尽管统计数据中包含自筹经费的中小学课题数量，仍能说明北京市中小学学校教师已经具备相当的科研能力。

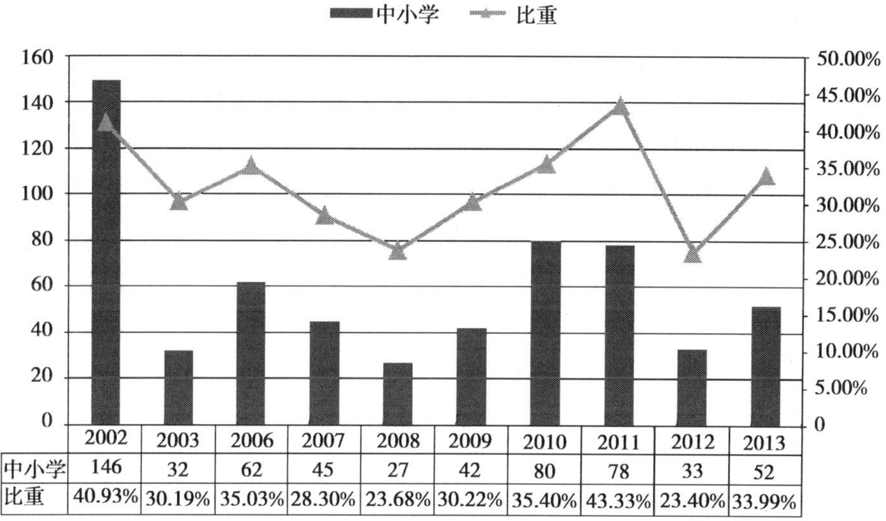

	2002	2003	2006	2007	2008	2009	2010	2011	2012	2013
中小学	146	32	62	45	27	42	80	78	33	52
比重	40.93%	30.19%	35.03%	28.30%	23.68%	30.22%	35.40%	43.33%	23.40%	33.99%

图 4－35　2002～2013 年国家教育科学规划课题中北京市中小学承担课题数量及其比重

第五节　本章小结

本章通过宏观数据对 1978 年以来我国中小学教师队伍人力资本禀赋、人力资本利用率和人力资本生产率进行了测算，得出以下研究结论。

（1）通过规模和质量变动带来的教师队伍人力资本水平变动已微乎其微，未来亟须新的人力资本发展形式。从相关分析中可以看出，当前我国教师队伍人力资本禀赋的变动率已经相当低，人力资本禀赋的变动率在小学、初中阶段已微乎其微，在1%左右波动。高中阶段的人力资本禀赋变动率虽然高于小学、初中，但也呈现出非常明显的下降趋势。

从教师规模的角度来说，教育扩张阶段教师数量的增加带来人力资本禀赋的增长；当这一阶段的教师集体进入退休年龄时，会带来总体人力资本禀赋的下降。当然，考虑到早期进入教师队伍的教师学历水平相对较低，这种大规模的退出会带来人均人力资本禀赋的上升。结合生师比以及未来学龄人口减少的趋势，可以说，由规模带来的人力资本禀赋变动已经进入下降通道，未来通过教师规模扩张带来教师总体人力资本禀赋存量上涨的空间几乎不存在。

从学历水平和工作经验的角度来看，由于我国中小学教师队伍的学历水平已远高于法定最低水平，所以通过学历提升所带来的人力资本禀赋增加在近年来一直很低。但学历的提升不是无止境的，许多研究也证实，在满足教师学历要求后，过度追求学历水平的提升并不能带来教学水平的提升，教师的角色转变以及专业发展反而更为重要（Santiago，2005）。教师队伍未来通过学历水平提升增加人力资本禀赋存量的空间也被压缩。

（2）中小学教师的工作形式已经发生转变，专业化教学不再是教师工作的主要内容；如何更好地利用教师人力资本资源，是未来政策制定者、学校管理者需要着力考虑的问题。

从相关分析中可以看出，无论是小学、初中还是高中阶段，随着教师队伍整体需求由短缺走向均衡或富余，教师的工作形式都发生了巨大的转变：在教师短缺时期，专业化教学在教师的工作时间中占很大比重；在教师富余时期，专业化教学在教师的工作时间中所占比重不断下滑，学校内部的其他工作所占比重逐渐上升。

毫无疑问，教师的工作时间资源分配是提升学校效率和质量水平的重要途径。在教师均衡乃至富余阶段，什么样的工作内容构成其主要的工作任务就成为一个重要议题。在教育整体由扩张式发展走向内涵式发展的背景下，如何在教师的工作时间配置中通过新的教学服务、教育科研提升教学质量，是需要政策制定者考虑的问题。

（3）东部发达地区的教师队伍通过科研课题等创新式的工作组织形态，不断提升教学生产率。从获得的宏观数据来看，东部发达地区中小学教师队伍参与教育科学规划课题的比例更高。在北京地区，这一比例已超过20%。这意味着在这些发达的省（区市），中小学教师通过参与科研课题等创新形式提升自身教学生产率已经具备良好的基础。

在中小学教师专业标准颁布后，发达地区的许多学校都进行了有益的探索。对这些探索的考察，采用定性的研究方法如访谈、观察等更为合适，因此，在下面的章节中，将对实践场景中中小学教师参与教学改革、科研课题等创新工作形式进行探讨。

第五章　微观场景下教师人力资本积累新途径及其制度意义

前面两章分别从理论和数据的层面探讨了我国中小学教师队伍人力资本发展的阶段性。本章转向现实场景，探讨中小学教师能否通过参与教学改革和科研等方式提升专业化水平并积累人力资本。同时，这种积累人力资本的方式是否与目前的学校制度存在“摩擦”？对于这两个问题，拟采用质性的方法进行研究。具体来说，第一部分对北京市第X中学教师参与科研和教学改革的情况进行描述和分析。在学校工作的微观场景下，探讨教学改革是否带来教师知识和技能的持续发展，是否构成人力资本积累的新形式，进而判断这是否是创新工作形式积累异质型人力资本在学校场景下的表现。在第二部分，进一步探讨不同制度环境下教师在参与教学改革和科研过程中的异同，分析制度如何影响教师参与教学改革和科研的行动。

第一节　质性研究设计

教师如何将所接受的教育转化为工作岗位需要的专业能力，已有的研究并没有给出清晰的图景。本节拟通过学校生产的微观机制，寻找教师在实践中将所接受的教育转化为教育生产力的现实途径。在一些较为发达地区的学校中，已经推出一系列课程改革、班主任专业化以及家校合作等教育创新。但目前，这些创新还多是零散的努力。为此，本部分的质性研究即是要通过对案例学校的教学创新进行讨论，找出教师专业能力提升的微观途径，并回答两个主要问题：（1）在学校的现实场景中，教师参与科研、教学改革等创新工作能否带来专业能力/人力资本的提升；(2) 如果 (1) 的答案是肯定的，那么，这些改革又具有怎样的制度意义？

一、案例学校的选择

本部分对学校生产的微观场景研究共涉及三省（区市）13所高级中学，具体情况如表5－1所示。

表5－1　案例学校整体状况

学　校	地　区	学校等级	学校水平
北京市第X中学	北京	市级示范校	中
淄博a中	淄博	省级规范化学校	中
淄博b中	淄博	农村高中	差
淄博c中	淄博	区属高中	中
淄博d中	淄博	省级规范化学校	中
淄博e中	淄博	市属重点	好
淄博f中	淄博	新建普通校	差
大理a中	大理	一级一等	好
大理b中	大理	一级一等	好
大理c中	大理	一级一等	好
大理d中	大理	二级一等	差
大理e中	大理	一级三等	中
大理f中	大理	二级完中	差

如表5－1所示，本质性研究部分共涉及13所高级中学，其中6所位于西部地区大理，6所位于中部城市淄博，1所位于东部发达地区北京。

(一) 抽样方法

质性研究通常是立意抽样，而不是随机抽样。其抽样类型一般取决于抽样目的，在研究开始时还无法进行详细的设计，而是随着田野工作的发展持续不断地进行抽样（Matthew B. Miles，A. Michael Huberman，

2008）。因此，在不同的研究阶段，本研究采用不同的抽样类型，具体如图 5－1 所示。

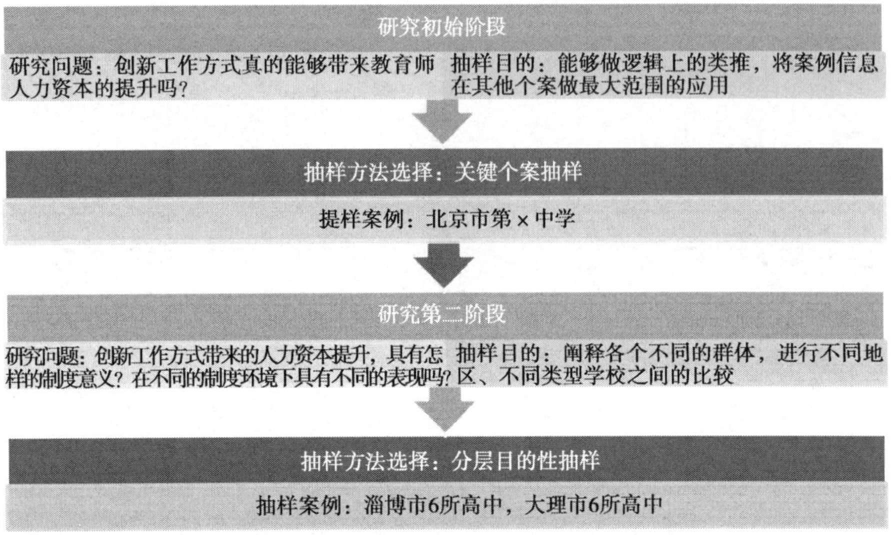

图 5－1　本质性研究部分抽样路径

在研究的第一阶段，主要采用关键个案抽样法，这能让案例展示出典型结果（罗伯特·K. 殷，2009）。在第二个阶段，为了阐述不同区域、不同类型学校的教师参与创新工作所带来的制度意义的不同，选择了分层目的性抽样方法，因为这样的抽样标准能涵盖不同的地理区域及层次结构。

（二）案例范围选择

有必要指出的是，本书的研究范围是中小学，而案例部分仅涉及高中。之所以这样安排，主要出于两点理由。

（1）研究场景介入的便捷性。北京市第 X 中学与本研究团队早在 2003 年就建立起合作关系，具有良好的合作基础。研究者进入这一研究场景十分便捷，能够更大程度地减少对场景的干预。

此外，双方曾多次共同开展课题研究。本书的质性研究正是在与该校合作开展“综合课程改革”项目田野观察时发现的——在研究中，小组成员发现改革对参与教师的知识和技能起到了促进作用，便将此问题带入场景中展开质性研究。

（2）案例学校选择的滚雪球效应。在北京市第X中学的田野观察结束后，研究者希望进一步了解在不同区域、不同类型学校，教师参与创新工作积累人力资本的制度影响。这也是质性研究抽样的特点之一，即随着田野工作的展开，一些事件的发生引导研究者去寻找另外一些事件进行比较（Matthew B. Miles，A. Michael Huberman.，2008）。在质性研究的第一阶段，选择的典型案例北京市第X中学是一所高级中学，因此在第二阶段的选择中，为方便比较，选择的都是高中学校。

二、质性研究程序

质性研究的资料通过多种途径收集，包括定期参加会议、课堂观察、课堂录像以及访谈等。研究分两个阶段：第一阶段，对北京市第X中学进行观察、课堂录像、访谈以及会议讨论等；第二阶段，对其他12个案例中学进行访谈（见图5－2）。

图5－2　质性研究程序

第一阶段开始于2012年6月。笔者作为研究小组成员，对该校创建学习型学校的相关材料进行编辑。在这一过程中，了解了其办学目标、办学理念以及一系列正在进行中的改革。

2012年8月，该校与研究小组的专家合作开展“综合课程改革”。小组成员作为课堂观察者和改革参与者进入课改课堂，每周旁听1～2次课堂教学，并承担录像、撰写教改日记等工作。同时，为了推动改革顺利进行，小组成员每周都与任课教师进行沟通、讨论，对课堂中出现的问题、改进方案以及教师的想法和反馈等进行充分交流。

对北京市第X中学的课程改革观察一直持续到2013年5月。尽管改革并非一帆风顺，存在诸多的制度障碍，但在逐步克服的过程中，清晰地展示出其对教师专业能力带来的挑战与提升。同时，也来了第二个问题：类似的改革在不同区域、不同类型的学校，是否会由于制度环境的不同而存在差异？

为了回答这一问题，质性研究进入第二个阶段，研究小组在山东、云南两省展开实地调研。通过向当地教育部门相关负责人了解情况，对校长、教师进行访谈，研究小组获得了研究资料。同时，小组成员在征得访谈者同意的情况下进行了录音。

在这一阶段，研究小组对山东淄博、云南大理两个城市的12所高级中学进行了调研。2013年6月24～26日，笔者与另一位成员对淄博的6所中学进行了调研。由于正值高考分数公布，学校校长都被集中“隔离”，所以访谈对象多为主管教学的副校长和相关教师。2013年7月3～5日，笔者与其他4位成员对大理的6所中学进行了访谈，访谈对象与淄博类似。

三、资料分析方法

在原始资料的收集上，第一个阶段采用的是观察、会议讨论、课堂录像、问卷调查以及档案资料，第二个阶段采用的是访谈资料。

对于第一个阶段的原始资料，研究小组采用多个研究者合作的三角验证法、多重数据来源、中长期观察三种方法，以保证资料分析的信效度。在此基础上，采用质性分析软件Nvivo的编码处理、日记记录分析、逻辑模型分析、问卷数据分析等方法对原始资料进行研究，并以描述性案例的形式呈现出研究成果。

对于第二个阶段的质性资料，小组成员进行了转录，并就一些关键问题、概念、排序、图表进行初步分析并撰写了报告。在此基础上，笔者使用诺斯提出的制度结构与变迁的分析框架进行制度分析。

第二节　北京市第 X 中学综合课程改革对教师质量的影响

本节主要讨论北京市第 X 中学教师参与教学改革和科研的情况，采用质性研究中的个案研究法，对历时约 1 学年的课程改革进行分析。❶

一、北京市第 X 中学改革的背景与改革设计

（一）改革背景

北京市第 X 中学是新中国成立后北京市政府专门为南城普通劳动人民建立的中学，是新中国成立后北京市建立的第一所公立高中。2005 年，该校成为区级高中示范学校。

> 专栏 1　　北京市第 X 中学改革历程
>
> 北京市第 X 中学于 2003 年与研究小组建立起合作关系。在合作的 10 年中，第 X 中学锐意改革，以“学习型学校”作为办学目标，先后开展了一系列改革。
>
> 在早期改革中，X 中学依托“十五”期间申请的市级规划课题，在学校文化重塑、组织建设、教师职业发展设计、学校信息化平台等方面进行改革，并未触及教育教学内部的改革。

❶ 本部分观察记录均属于团队成果，特此说明。

"十五"期间，围绕规划课题的改革为第X中学带来了一系列显著的变化。2002年，在区级示范学校建设中，原属示范学校的第X中学由于软硬件条件不达标，将被区教委取消示范学校资格。在这一事件的触发下，第X中学围绕规划课题开展了一系列改革，并通过这些改革成功地保住了区级示范学校的荣誉。

尝到改革甜头的第X中学在"十一五"期间进一步强调，学校组织课题要与学校的发展战略规划一致，围绕学习型学校建设这一主题展开。学校申报并立项市教育规划校本专项课题——教育信息化环境下教师共同学习的实践研究。学校各教师小组围绕此课题，申请立项"学校导学中心建设研究""主题班会序列化研究""学习型教师团队文化研究""高中语文自主阅读课""高中生涯教育"等区级及区级以上课题7项。

围绕这7项课题，第X中学自2007年起在学校展开针对教育教学活动的一系列改革。这些改革均由学校教师与研究小组合作展开，共同完成，取得了良好成效。

在这些改革的基础上，"十二五"期间，研究小组与第X中学进一步展开教育教学改革，并以"学术性高中建设的理论和实践研究"获得国家社会科学基金一般项目资助。以"学术性高中"建设为中心，第X中学通过课题研究带动课改实践；以"提高教师学术能力，培养学生学术素养"为目标，实施"发现计划"，以系统化地推进课程、教学方式改革，持续地将实验成果推广、普及。

——北京市第X中学档案资料

改革在第X中学取得了良好成效，提升了学校的荣誉感，营造了良好的校园氛围。在第X中学，教师对校本科研形成了广泛认同。这里所讨论的综合课程改革，就是第X中学"发现计划"的重要组成部分，是在之前合作的基础上，在教学领域提出的纵深化改革。

（二）改革设计

2012年8月，研究小组开始对第X中学综合课程改革进行参与式研究。作为学校“发现计划”的重要组成部分，小组专家对课程改革给予全程指导。同时，研究小组分批次地派出研究者作为课堂的观察者，一方面听课，一方面在课后与教师交流。课程改革中期，小组成员与相关教师已达成良好的合作关系，这使得双方的讨论更为真诚。

综合课程改革是小组专家基于国际IB课程（International Baccalaureate）和综合课程改革理念为第X中学专门设计的，其具体目标见专栏2。

专栏2　　北京市第X中学课程改革目标

“发现计划”以“提高教师学术能力，培养学生学术素养”为目标，是教师将学科知识的内在逻辑与学术认知、情感发展联系起来，重新发现知识的教育价值的过程；是学生将好奇、质疑的心理准备，与发现和分析的能力相结合，实现认知、情感和价值观发展的过程。前者是教师教育、学术能力的体现，后者是学术素养的培育过程。

研究小组专家认为，学科将人们生活的完整世界分解为由不同角度看到的不同侧面。知识的分解和融合如何进行合适的处理，是教育者面临的两难选择。而以IB课程为代表的知识论，提供了“学科群”的认识论基础；它按照学科特点，将学科群划分为推理、社会、实验科学、艺术、语言、人文六大学科领域，强调其共同的认知方式。这种课程体系，能让学生感受不同学科群具有不同的理解周围世界的方式，是培养学生全面而有专长的学术素养的突破点。

基于以上认识，第X中学的课程改革立足于吸收IB课程的国际经验，探索有效方式让理科倾向的学生掌握人文和艺术修养，具备国际和区域文化、政治视野；让文科倾向的学生掌握科学思维和推理分析，具备理解现代社会的科技动力。考虑到实验技术要求，“发现计划”从理科学生的人文修养开始改革。

——北京市第X中学“发现计划”方案资料

第X中学的改革推出之前，教育部已于2010年颁发《国家中长期教育规划纲要（2010～2020）》，提出普通高中多样化发展的总体战略，为普通高中教育教学改革奠定了良好的政策基础。而十来年的高中课改以及第X中学的改革经验，使得第X中学已经形成了良好的改革氛围和专业准备。对于第X中学来说，将改革的触角纵深推进到教学领域，顺理成章。

第X中学的“发现计划”分两个阶段（实验和总结推广），针对两个群体（实验组学生和其他学生），通过三个途径（人文综合、艺术总论、修学）实施。本书所谈及的综合课程改革针对的是人文综合与艺术总论两门课程。

在改革内容上，涉及4门课程，包括人文科学类的历史、政治，艺术类的音乐、美术。其中，历史与政治合并为人文综合课，音乐与美术合并为艺术总论课。综合课程将代替并超越历史、政治等学科导向的知识体系，以问题为单位，组织相关知识，使用多种知识和信息收集办法，选择合适的手段和途径，采用多样化的范式组织学习过程，用恰当的方式呈现学习结果。

根据“发现计划“的实验原则，在改革班级的选择上，高一年级随机选择了高一（6）班作为理科实验班，力图通过综合课程改革发现提高学生人文、艺术素养、开阔其视野的有效途径和方法。之所以这样选择，是出于渐进式改革的理念，即在高考大环境无法改变的情况下，改革不能以学生的高考成绩或学校的总体评价为代价。

二、改革对教师人力资本影响的分析策略设计

对于课程改革的效果，研究小组采用案例研究法进行了分析，并以此作为工作内容与形式的创新能够带来教师专业能力增长、在新阶段积累教师异质型人力资本的微观佐证。

任何一项基于教学的学校改革，其理想的目标都是提升教师的专业能力、提高学生的学习兴趣和学习质量。然而，课程改革不会马上带来

教师专业能力、学生学习兴趣和学习质量的提升，课程改革与理想目标之间实际上包含一系列复杂的过程。

（1）改革的设计，由学校校长、研究小组专家共同完成。

（2）教师对改革的理解与改革的具体实施，这是非常关键的。在改革过程中，教师并不是发起的主体，他们对改革的接受与理解程度，将极大地影响改革的实施及成效。

（3）学生对改革的态度。学生的态度是接受还是抗拒，不仅直接影响他们学习的兴趣和质量，也会影响教师的态度和行动。

（4）组织内部对改革的支持或阻碍。作为一级组织，学校的力量会对改革产生支持或阻碍的影响，这些影响对于改革的参与者来说会形成正向或负向的作用。而各种来自组织的影响，其大小及方向（支持或阻碍）会构成合力，最终对改革的参与者造成影响。

（5）组织外部制度对改革的影响。作为一级社会组织，学校的运作必然受到各项相关制度的影响，如高考制度对现行改革方案的影响。这不仅影响到改革的设计，也会对教师的态度和行为造成影响。

（6）如果上述过程都能够顺利完成，才能达到改革的理想目标。

根据质性研究的逻辑模型分析，可以构建出如图5－3所示的逻辑顺序图。同时，根据质性研究的三种分析策略（罗伯特·K·殷，2004），在图中加入了竞争性解释。

根据图5－3所示的逻辑模型及竞争性解释，可以对研究过程进行描述性案例分析；再通过分析第X中学案例与该逻辑模型的假设顺序是否一致，就能证明第X中学的课程改革能否实现其理想目标。

根据图5－3的逻辑顺序，对第X中学的案例描述主要关注以下几个方面：（1）参与改革的教师主体的态度和行为；（2）参与改革的教师专业知识、能力的变动情况——这是本书的关注要点，体现教师在微观场景下的人力资本变动情况；（3）参与改革的学生在学习兴趣、效果上有何变化；（4）针对以上三个方面的、可能的竞争性解释做出分析，厘清改革对教师人力资本的可能性影响。

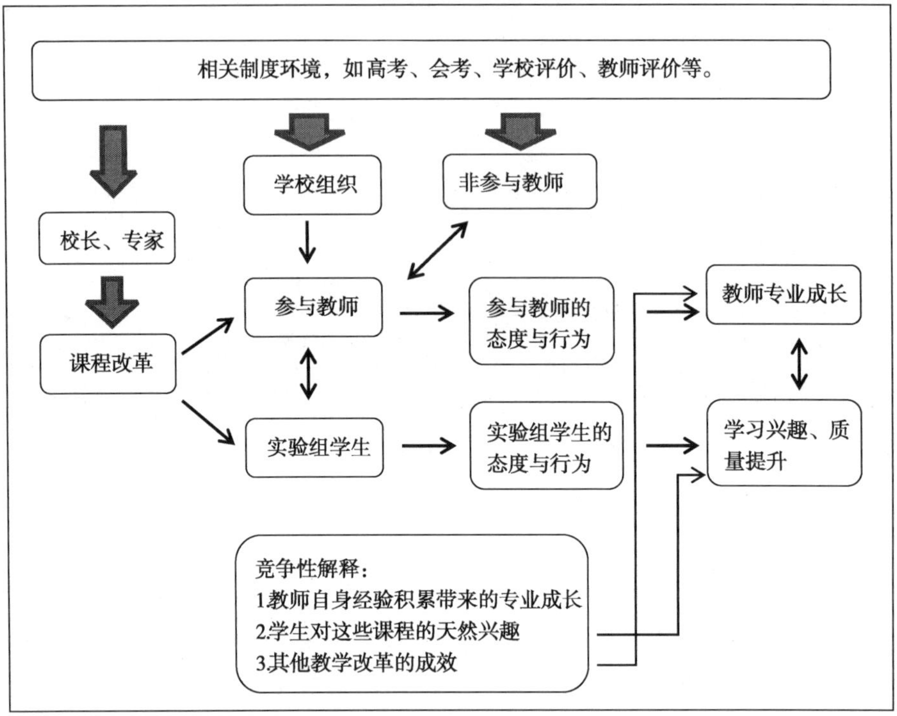

图 5－3　改革的逻辑顺序

三、基于时间顺序的第 X 中学改革主体态度与行为分析

正如在课程改革设计部分所言，第 X 中学的改革设计并非自下而上地展开，而是由学校领导层、研究小组专家基于 IB 课程理念、围绕该中学的研究课题进行的总体设计。之后，又根据“发现计划”进行了实验班级的选择。

那么，这种自上而下展开的课程改革对改革的主体——教师与学生产生了怎样的影响呢？接下来，基于图 5－3 的逻辑模型，根据改革展开的时间顺序以及教师的态度和行为进行描述性案例分析。

从持续一年的观察以及与教师的谈话记录来看，参与改革的教师无论其个体差异有多大，对待改革的态度和行为都经历了如图 5－4 所示的历程。

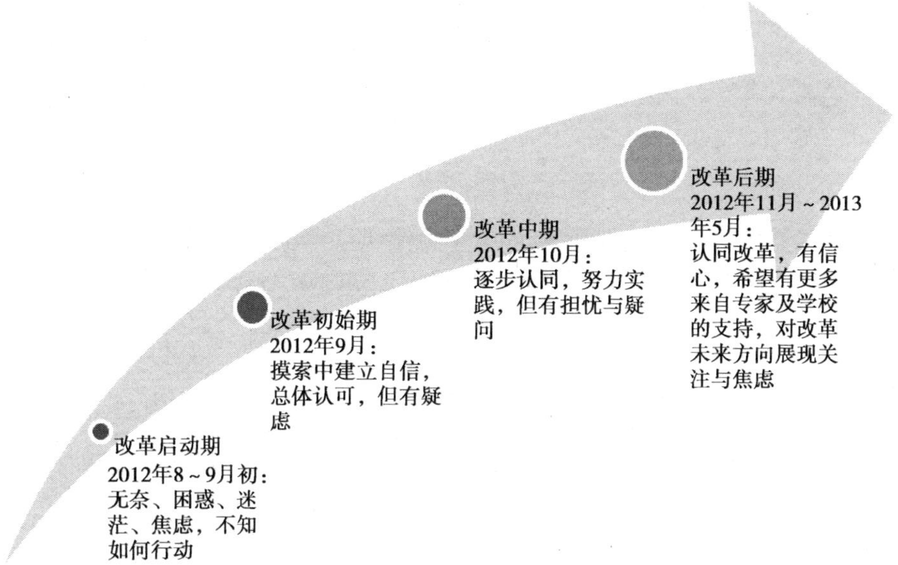

图5－4　北京市第X中学参与课程改革教师对待改革的态度和行为变化

（一）改革启动期

在改革启动期，参与教师大多表现出困惑、迷茫，这使得其行为带有“不知如何行动”的特征。2012年8月23日，在研究小组成员、学校相关领导、参与教师参加的改革动员会上，教师们问得最多的就是：“有没有相关的教材可以参考”。得知没有后，他们对课改目标、不同学科知识的融合、教学形式等表现出极大的困惑。这种困惑在其行为的方方面面体现出来：

> 在老师们呈现的课程提纲中，艺术课和人文综合课的老师都表现出不自信和困惑。艺术老师的困惑在于课程内容的重新组织和课堂组织形式两方面。而人文课老师的困惑更偏重于课程内容方面，特别是知识点教学与主题讨论的冲突，没有区分课程改革的最终目标和阶段性目标。

困惑的同时，参与教师还表现出高度地紧张：

即使有行政上的支持，两位老师还是认为上好这门课有很大的压力，因为这次课改是一次（翻天覆地）的变化。上次开会后C老师整晚没睡着，今天这节课之前也吃不下中午饭。

上课之前，W老师和Z老师仍然在就民主的概念进行争论。

（二）改革初始期

困惑、紧张的状态一直持续到第一次综合课程实践。在上完两门综合课中的第一堂课后，教师的行为和态度都发生了改变。在摸索中，教师们逐渐有了组织课程改革的信心，也对改革有了一定认可。某历史老师说：

Z老师虽然对课程改革存有疑惑，但还是认为这是件好事。这促使他查阅了更多资料，进行了更多思考。他觉得课改还是很有希望的，不过他期待专家能够就“把课上成什么样子”进行更详细的指导。

某艺术综合课的老师说：

相比于上一次讨论课程提纲时的忐忑，艺术综合课的两位老师这次上课显得自信了许多。她们对于艺术课要达成的目标有很清晰的认识：让学生认识到艺术不是只意味着自己擅长某种艺术形式的表达，而更多是会欣赏艺术作品，能够拥有自己对艺术的观点，而且能够自己去表现。为了让学生理解这个目标，两位老师设计了两项活动。

课下花了很多心思来思考课改目标，准备课程内容，对课改目标形成了比较清晰的概念。C老师说，之前认为这次改革很难，但是真正去准备之后又发现会简单一点。她们在课下（费了很多心思准备）。

教师态度的变化也部分地来自于学生的激励：

在今天的课上，她让学生用不同的形式把艺术表达出来，而且觉得（学生的创意太好了）。我问她其他班的课怎么上，她说也增加了活动。她上了艺术综合课，反而（不知道其他班的课怎么上了）。

政治课无疑是一节很成功的课，课堂气氛非常活跃，而且学生也在惊讶中学习到不同的民主共和政体以及中国的国家机关到底包括哪些。

教师的态度虽然在这一时期发生了变化，但并不意味着他们对课程改革完全认同。他们对课改目标、课改形式的认识还比较模糊，再加上担心与相关考试发生冲突，疑虑仍然存在。而这种疑虑在未参与改革教师的担忧中又进一步被强化。

首先，W老师是认可目前的政治课课程目标的，而目前课改目标的模糊让她无所适从。其次，W老师认为课改与考试也是冲突的，面对会考，老师不敢完全放开教材和课标中的知识点。由于至今这个班的学生是否被免除参加会考的问题还没有定论，她和Z老师显得非常担忧。他们在此次课改中尝试了小组讨论的教学形式，但是担心这只是热闹的表面，而知识点（不落实）。这也是其他老师听过文科综合课程之后的担忧。

这种担忧、疑虑也对教师的行为造成影响，他们在努力地探索课程改革与原有课程标准之间的空间。

但是从今天的上课情况看，她和Z老师都做了非常充分的准备，显然并未因为怀疑课改而有任何消极的行为。两位老师对人文综合课程进行了调整。从课程的内容、呈现方式和课堂效果来看，两位老师都颇费了一番苦功。他们虽然强调课标中要求掌握的知识点，但是没有完全依赖教材，自己寻找了很多的补充材料，拓展了教材中的内容，希望能引起学生的思考。

(三) 改革中期

改革进行到第二个月，参与教师的态度又发生了转变。在这一时期，参与教师非常积极地参与课程改革，并为改革做出了极大的努力。

她说和我这样讨论一下挺好的，能有一些思想的火花，她（还是想把事儿干好）。

之前C老师已经提到过她对现在艺术课教学的一些想法。她对教材从细节处着手去教学生欣赏一幅视觉艺术作品感到有一些厌烦。上次她主要说到这样其实没有什么效果，学生并没有学会欣赏艺术作品，一问仍是三不知。……不论如何，两位老师在艺术综合课的准备上都下了很多工夫，希望能改变传统艺术课堂上那种学生不学的局面。C老师告诉我，其实现行教材的理念与“发现计划”的理念是相悖的。“发现计划”从各种主题的艺术作品欣赏、活动和创作中来回答“艺术是什么”这个问题，让学生去体验、思考艺术，但是现行教材的前言提到，本书就是要“回避艺术是什么这个抽象的问题，而从欣赏具体的作品开始”，让学生掌握很多具体的知识点。她更倾向于前者，而且她对于现在的高中生缺乏想象力非常痛心。她提到现在的高中生没办法去欣赏抽象的现代艺术，而只能去看一些写实的作品。

在这一过程中，参与教师明显地有了自己对课程目标的思考，如政治课教师对学生思维品质的强调。而学生在这一过程中则表现出明显的不适应，虽然积极性有所提升，但仍缺乏独立思考。

他强调学生思维品质的培养。他试图让学生自己整理教材上的知识点、梳理思路，不只简单地记忆，而是通过自己的理解去展现知识的脉络。他强调，让学生做PPT是训练学生的（思维，用自己的想法把知识串起来）。

有学生这样做了，比如上台发言的学生。他对教材上的美国三权分立图示做了修改，说是按照自己的意思做的。虽然他的发言并没有让我感受到他自己的思考，但是他对教材上现成图示的修正本身就表明了一种主动的思考。然而，也有一些学生所做的类似“复制＋粘贴”，中间没有自己的思考过程。有一个女生说（自己做的自己看不懂），正好表明了没有经过消化而仅仅记住知识的一种学习状态。

Z老师在课上并没有批评这样的学生，他强调就是要训练学生的思维。

教师在这一时期的努力逐渐见到了成效，实验班级的学生对于课程改革表现出极大的热情，这进一步激励了参与教师对课程改革的热情。

除了再次说到这个原因，这次她提到了另外一个原因。由于美术课不考试，高中生在每天疲于应付各种课程之后只想把这次课当成是放松和休息的时间，而教师对每幅画一个一个知识点去细讲让学生更无心上课，打瞌睡的大有人在。增加了活动之后，她发现课堂气氛好了很多，打瞌睡的、玩的学生少了，认真融入课堂的多了。学生在艺术课上表现出的积极性和创造力，增加了她对课程改革的认同。

尽管如此，在这一时期教师仍然有一些担忧和疑问。这是由课程改革推进的不确定性造成的——教师对于如何进一步开展课程改革仍然没底，对专家的一些建议有些不解或理解误差。这一时期，教师迫切需要专家和学校团队的支持。

但是对于课程改革，两位老师还是有些担忧。她们特别提到学校没有专业的课程开发团队来设计整套艺术综合课程，只能靠她们俩人自己摸索，“老是觉得心里没谱”。特别是当专家提到要把这门课整理成校本课程时，她们把“没谱”重复了好几遍。

C老师认为专家希望她们教授艺术哲学，而她们自己都不懂艺术哲学是什么，只是在课程改革准备的过程中才看了两本书。此外，C老师明白课程需要向学生传达“体验艺术”“艺术可以表达各种情绪和情感”这类理念，但是她认为专家就是希望她们在课堂上讲这些理念，而不是具体的作品欣赏。而她和L老师的设想是通过对艺术形式甚至是具体艺术作品的欣赏来总结出这些理念，她们觉得只讲理念根本上不了课。

（四）改革后期

在改革后期，研究小组专家持续的指导让教师对于课程改革有了更多理解；同时，历经数月的改革实践也让教师从被动的接受者变为主动的思考者。参与教师对于课程改革的各方面明显有了自己的思考，对于如何结合课程改革与考试制度有了更为深入的探讨和实践。这些探讨和实践是创新的，但也夹杂着疑虑和困惑。

W老师试图寻找第三条道路，既不放弃教材内容，又能让学生对现实问题进行反思。这在此前的人大代表选举课上有所体现，也是渐进式改革的典型做法。

W老师告诉我她的课堂设计思路：Z老师已经讲了全球化，而且他一个人讲，学生都不爱听，我就干脆让学生自己查资料，进行展示。学生已经学习了全球化的历史发展，我这堂课就是把他们拉回现实，让他们来学习、讨论相关问题，如经济全球化是历史发展的必然趋势、生产全球化、贸易全球化、资本全球化、全球化的利弊以及我们该如何应对。

W老师说上课学生不爱听，让他们自己查找资料，反正也要看资料，好歹还能落下点儿东西。午餐的时候W老师又谈到要让学生学会思考，而不是记住一个个的点，能一层一层深入下去才好。

在这个过程中，还可以非常明显地看到，实验班级的学生对课程改革的反应和态度极大地影响到参与教师的态度和行为，也引导着教师不断探索新的改革道路以激发学生的学习兴趣，提高其积极性。

C老师对于课程改革的基本理念一直是认同的，这种认同来源于新课程与旧课程教学效果的对比。从中她看到了高中学生强大的创造力，而这是她所认同的艺术课培养目标。

但是几次课之后，有学生向她表达了艺术课太费脑子的想法，而且有几个学生的课堂参与度不高。C老师逐渐觉得学生对这种方式感到疲惫了，她对于如何组织课堂有了一些怀疑。特别是上次和专家讨论学生的评价方式时听了体验式阅读L老师的介绍，她更对此前的课程内容和组织形式感到怀疑，认为自己的方向走错了，想着在以后的课上修正。

四、课程改革对教师专业知识与技能的影响

总体上来说，参与教师对待课程改革的态度经历了由怀疑、困惑到在实践中摸索前行的复杂过程。这一过程正如富兰的描述：教育变革的过程中充满着复杂性，更像是一场旅程，而不是一张蓝图；教育变革往往是非直线、充满着不确定性的一个过程。

那么，如此复杂的过程对教师的专业知识、能力等人力资本要素产生了何种影响？这种影响体现在哪些方面？为了回答这些问题，研究小组对教师在改革进程中的专业知识与能力发展进行了观察。研究者发现，教师的专业知识与能力的变化更多地依赖于具体的问题场景，即参与教师在改革进程中通过不断地发现问题、思考问题、解决问题的过程获得新的知识和技能。

（一）改革启动期：专业知识与专业能力的挑战

改革启动之初，教师们忧心忡忡：如何在没有教材的情况下将不同的学科内容进行重新组织，课堂组织形式应当如何变革，如何引导学生的问题分析意识和能力……这些层出不穷的问题成为教师们的巨大困惑。

关于跨学科知识的融合与课程内容组织：

> 对于这些老师而言，没有现成的教材是一件大事。他们必须重新组织学习的内容，而不只是专注于课堂组织的问题。
>
> 虽然历史和政治都涉及政治体制和经济的话题，但是还有很多知识点没办法进行综合。老师们认为学生对知识点的掌握还是非常重要的。那么，这些知识点是删减掉，还是安排出几节课单独讲授？
>
> 历史和政治可以共同探讨的主题有：(1) 民主；(2) 中国政治制度；(3) 国际社会。但是，老师们依然很纠结，这样的讨论课会忽略很多课程标准要求掌握的知识点。
>
> 起先我并不明白他们在争论什么，课后和Z老师进行了交流，方知他认为古希腊民主和现代民主不是一个概念：前者意味着参与政治权利的均分，而后者则与自由、平等联系在一起。但是他不知道是否能把这层意思传递给学生。

关于如何引导学生：

这个问题的讨论过程持续得很长，尽管Z老师一再引导，但是学生还是没能很好地提取出材料中的信息去回答这3个问题。

Z老师一一给出了答案。可以看出学生其实有很强的问题意识，但是他们没有试图自己去寻找答案，也没有想到这些问题的答案可能就是Z老师提出的问题的答案，学生主动探寻问题的意识还没有发展起来。讨论还没有结束下课铃就响了。

解决这些问题有赖于教师的专业能力，即我国《中小学教师专业标准》所规定的教师作为专业化工作人员应该具备的能力。该《标准》从教育知识、学科知识、学科教学知识、通识性知识、教学设计、教学实施、班级管理与教育活动、教育教学评价、沟通与合作、反思与发展10个方面对教师的专业知识、专业能力做出了具体规定。

然而，教师在职前教育中很少能获得这些专业知识与能力，即便获得了也需要与具体的教学场景结合才能真正内化。同时，课程改革中遇到的问题，恰如富兰所言："问题是我们的朋友。"正是通过问题的不断解决，参与教师实现了专业知识与能力的发展。

（二）改革前期：反思与行动

在改革的过程中，参与教师对于层出不穷的问题并没有采取回避的态度。尽管存有一些困惑，但教师们都采取了较为积极的态度。在最初的两个月，参与教师更多的是对改革所带来的一系列专业问题进行深入思考；在具体的教学场景中，尽管教师们结合自己的思考做出了一系列改革，但从实际效果来说，改善还较为有限。并且，在这段时间里，新的专业问题仍然在不断涌现，对教师的专业知识、专业能力提出挑战。

如何结合中学生的思维能力及其发展特点，开发课程资源：

虽然与专家的谈话让她明白了这次课改的目的和教给学生什么，但是仍觉得非常困难（把握不住）。

首先，她认为课改中想要传递给学生的观念是不可能让学生理解到位的。人的发展就是从感性到理性的过程，但是高中阶段学生的理性发展并不成熟。虽然她昨天和曾教授聊过后（很受触动），觉得教授（说到她的心里去了），但是觉得30多岁的她还是问了两三遍才明白教授的意思，又如何把这些她都觉得理解起来相对困难的哲学思考传递给十几岁的学生。以学生的认知阶段和理性程度是不可能在教师的引导下得出那些哲学思考的结论的。

其次，W老师承认把这些思考教给学生对教师而言也是极大的挑战。她特意提到了她对教师专业发展瓶颈期的思考：在中小学环境中，教师都教授有标准答案的、不需要教师作更多思考的课程，这种工作渐渐（磨平了人的锐气和敏锐性），让教师很难静下心来阅读，思考更多课程标准之外的东西；于是渐渐只懂得教材上的那些知识，变得（和中学生一样）。

W老师很清楚教授所认为的政治课要囊括的内容应该具有更多的逻辑思辨色彩和批判性，但这样是否意味着要完全脱离高中政治课的课标和教材？如果课标和教材中的内容还能用，那么需要以什么方式组织起来？如果要完全脱离课标和教材，那么需要重新选择哪些内容纳入政治课？这都是急于要解决的问题。

如何在教学实施中营造良好氛围：

一上课，Z老师就让学生打开自己制作美国政治体制的PPT，向全班同学进行介绍。起初没有学生愿意上台，在大家的起哄下终于有一个男生在讲台上做了展示。他一直低着头看电脑屏幕，声音很小，动作和语气都表现出不自信。

如何科学计划教学目标与教学计划：

这次课给我的感觉是信息量太大。一节课的内容包括了对美国的三权分立、两党政治、联邦和州之间权力划分的介绍，而且还加入了大量关于美国独立战争（包括大陆会议和第一部《宪法》）和内战的信息。这就导致了两个问题：一是50分钟内无法完成课堂内容，好在这节课后是30分钟的大课间，学生也愿意听这堂课，所以稍微延迟一些下课没有关系；二是太细节的东西也带给老师很大的挑战，偶尔会出现一二点解释错误，当然学生可能接受的信息量大，也不会注意到。

在对问题进行反思、新问题不断涌现的过程中，参与教师对前一个阶段的问题开始有了“破冰”行动，对学科知识融合、学生引导等问题进行了尝试。

学科知识融合：

听了两节课，我看到了文科综合课程越来越成熟的地方……两位老师都打破学科边界，把两门课的内容进行融合的意图也在课中有很好地反映……

历史和政治学科的融合首先体现在两位老师在同一个时间节点开始“民主”的讨论，又在同一个时间节点结束“民主”的讨论、开始新的话题“政治体制”。历史和政治教材中给予这些话题的课时并不一致，所以要做到同步教学需要老师之间的良好沟通以及对课程内容的适时增删。

学科融合还体现在两位老师都会在自己的课上提到对方课程中的内容。比如W老师在讲中国的政体之前就对西方主要国家的政体进行了一遍复习，这恰恰是前几次历史课涉及的内容。

学生引导：

W老师让学生讨论“你心目中的人大代表是什么样的”之后，

把学生的回答一一写在黑板上，并尝试对这些答案进行合并和解释。在某些回答中，W老师还引导学生进行了深入思考。例如，人大代表需要代表“选民的利益”，但这些选民只是小部分群体，他们的利益与“人民利益”冲突吗？如果冲突，人大代表还要将这些利益诉求表达出来吗……

老师对学生回答的反馈是一一进行的，有些略过了，有些详细讨论，但是仍缺乏概念层面上的提纲挈领，从而让学生对思考的框架有更清晰的认识。

（三）改革中后期：持续改善的教学行动与新的挑战

在改革的中后期，参与教师在前一阶段基础上，不断改善教学行为；在教学过程的设计、实施以及知识点的选择上，已经明显地表现出教师的自信与能力的提升。同时，对于课堂上如何运用多元评价法评价学生的发展，参与教师们也有了各自的技能。

对学科知识进行重新设计，按照主题式设计提取知识概念：

Z老师的历史课程设计是主题式的，确定了“中国古代政治体制和官制”之后，他以秦汉开场，一直延续到清朝的体制设计。同时，从中提取出“中央权力与地方权力”“皇权与相权”“集权与分权”三对概念，让学生思考政体设计中所体现的权力制衡思想。

上次课Z老师讲了秦朝的政治体制、汉武帝的削藩和改革政体以及隋唐的三省六部制，这次课一开始，Z老师领着学生进行了复习。在复习的过程中，Z老师强调了汉武帝削藩是为了削弱太过强大的地方势力，以维持中央和地方权力的均衡，指出“中央和地方权力的划分和制衡是中国和世界各国都面临的问题”，并用前两年重庆“打黑、唱红歌”的事例来引导学生思考当今中国的地方权力以及中央和地方的关系；让学生意识到权力集中会使国家强盛但同时使地方失去活力和积极性，而强调地方权力既会激发地方活力又可能威胁到国家的稳定和统一，任何政治体制设计都是在集权和分权之间寻找均衡点。

在复习过程中，Z老师提取了“中央权力与地方权力”“集权与分权”两对概念，并联系当今社会实际进行分析，让学生学会从历史素材中形成概念框架，然后用它来理解和解释当今的社会问题。

……

从Z老师的授课过程中，可以清晰地看到他试图从历史素材中提取出概念并让学生从概念层次上看待历史，同时，又用历史中的概念来解释社会现实，真正地讲出了历史学的味道。

教师多元评价与过程评价能力的提升：

上次课后我和C老师交流了学生作品展示之后老师的反馈和总结，看得出两位老师在这方面颇费了一些工夫。今天的课主要是由学生展示假期收集整理的关于各种情绪的艺术作品，两位老师在学生的作品展示时都进行了记录，并且在完成之后进行了总结。

L老师主要针对学生展示作品中的音乐类型、乐器与情感表达的关系进行了总结。C老师则从学生对艺术作品的感受和理解方面进行了总结，她指出第二组学生的展示很好，原因在于这个学生把自己曾经经历的焦虑和痛苦与他找到的画作联系起来，并且结合高中生渴望爱情的心理对凡·高的《向日葵》进行了解读。虽然不一定所有人都和他有同样的感受，但是他把自己的生活体验和对艺术作品的体验完成了对接，这充分说明艺术是人类表达情感的一种方式。而且C老师针对第四组展示的流行音乐也进行了点评，让学生思考流行音乐算不算艺术，进而加深学生对艺术以及艺术体验的理解。

如果说能够让学生在热闹的展示后落实一些艺术方面的修养和

思考，在很大程度上依赖于教师从热闹展示的背后抽离出一些可供学生思考的素材和问题。从概念上对课程进行总结对教师而言是一个挑战，但是两位老师已经开始了实践。

当然，新的问题与挑战仍然在不断涌现。在改革中期，期中考试开始被提上日程，而在改革的最开始，专家并没有为第X中学提供综合课程的具体评价方案。这使得参与教师对于如何进行考核毫无概念。2012年10月中旬，专家提出了期中考试的评价方式改革。尽管在课堂评价方式上教师们已经掌握了一定技巧，但对于期中考试评价的改革方案，仍然倍感压力与困难。

对于课程评价方式的改革，两位老师一开始是有些害怕的。当专家说到期中考试让学生写论文的时候，Z老师明显地吓了一跳，说了句“相当难”。但是专家马上向他解释了论文题目大体有哪些，如何进行评估以及字数要求（1 000字）。而且，专家特别提到，需要给学生提出一些具有智力挑战的真问题，即使学生够不着，也只说明他们目前的能力只能达到较低的层次；通过课程的长期实施，学生的能力可以逐步提升。不能因为学生目前不能对问题进行深入思考就提出一些简单问题，因为那难以度量出学生的能力。能力的评价与知识点的评价还是存在很大差异的。专家解释完，Z老师感觉轻松了一些，说：“终于放心了。”

课程评价方式改革是由专家提出来的，并且要在人文综合课程和艺术综合课程的期中考试中落实。这需要两位老师列出一些可供学生选择的话题和要求（如学生作品需要包括视觉和听觉这两个方面的艺术表现形式），然后让学生选择话题进行准备和呈现。由两位任课老师加上一位教研员以及另一位非艺术课的任课老师组成评价委员会为学生打分。评价的标准由专家开发，再与两位老师商议后决定。

两位老师认为最好不要以学生个体为单位进行展示和评价，可以以小组为单位，并且解释说课堂作品展示时小组成员一般都是一起上台的。专家接受了两位老师的建议，但是强调如果以小组为单位进行评价，需要把评价分成两个部分：一是根据小组的总体表现给每个成员一个综合分数；二是根据小组成员的分工和贡献给出个人分数。

在这一评测框架下，参与教师于2012年11月中下旬设计出“人文综合课程期中测评方案”和“艺术总论课程期中测评方案”，规定了测试结构、测试时间、测试内容、评价方法和评价细则；人文综合课程和艺术总论课程的测试均由个人独立完成的论文和分小组的口头展示两部分组成，前者给予论文更大的权重（60%），而艺术总论更看重口头展示（60%）。

课程评价方式的改革无疑为参与教师的教育教学评价能力提供了学习和展示的舞台。按照《中小学教师专业标准》，教师应当“能够利用评价工具，掌握多元评价方法，多视角、全过程评价学生发展”。但什么是多元评价方法，如何具体实施？教师在职前教育、普通的教学评价中是很难获得概念和相应的技能的。在课程评价方式的改革中，参与教师通过资料查阅、专家指导、交流合作等多种方式习得了多元评价方式的知识和技能。他们设计的评测方案虽然不是尽善尽美，却是教育教学评价方式在教师实践微观场景中的巨大进步。

（四）小结：干中学的缄默知识与技能习得

按照波兰尼的观点，除了书本知识以外，还存在一种只可意会不可言传的缄默知识。石中英将其应用在教学过程中，认为教学过程中存在关于教学内容、教授行为等对教学活动有益的缄默知识（石中英，2001）。

教师缄默知识的提出说明，教育领域对“半结构化”知识的认识有了新的进展。在实践领域，知识论的进步给教师专业化制度建设和教师教育也带来了新的启示。《中小学教师专业标准》中的许多教师专业知识和技能就具有缄默知识的特征——这些知识和技能很难通过正规的形式传递，只能通过特殊的问题或任务情景“干中学”，通过直觉综合、把握习得。

毫无疑问，这种通过干中学途径积累缄默知识和技能的过程是一种重要的人力资本积累途径。缄默知识的研究在一定程度上回答了教师知识的独特性。近年来的教育改革也在努力根据教师的知识和技能的特征开发相应的教育课程，如案例教学和更多的实习。但是，教师的知识对于场景的依赖，在更大程度上说明学校作为知识和技能进一步发展的环境极端重要。北京市第X中学的教学改革在实践方面证实了教师场景性知识和技能的发展过程——伴随着课程改革进程中问题的不断涌现以及解决，参与教师的知识和能力得到了提升。这些能力包括不同学科知识的融合、根据学生思维特点进行恰当的引导、教学内容的选择与组织、多元评价方式的掌握和运用等，正是《中小学教师专业标准》中所要求的教师素质。目前，我国只出台了该《标准》，对于教师如何获得这些知识和能力缺乏具体的指导。北京市第X中学的实践研究，给出了学校教师人力资本积累过程的相关细节。

五、课程改革对实验班级学生学习兴趣与质量的影响

在改革过程中，研究者和参与教师都注意到实验班级的学生学习兴趣的提升。尽管仍有部分学生消极对待课程改革，但总体而言，课程改革是有效的。

为了在课堂观察之外寻找其他途径了解实验班级学生对待课程改革的态度，研究小组在2013年第一学期期末考试后向参与课程改革的实验班级发放了课程改革自我认知的调查问卷。问卷共发放35份，回收35份，有效率100%。

调查问卷借鉴了国际学生评估项目（PISA）的设计，并根据艺术总论、人文综合课程的内容进行了调整。调查问卷对学生的学习动机（内

部、外部）和自我信念（自我概念，自我效能感，学习焦虑）两大主题5个维度进行评估，如表5-2所示。

表5-2　第X中学课改实验班级学生自我认知调查问卷结构

	指　标	课　程	题　号
学　习 动　机	内部动机	人文综合	A3，A6，A10，A17
		艺术总论	B3，B6，B10，B17
	外部动机	人文综合	A2，A4，A7，A15
		艺术总论	B2，B4，B7，B15
自　我 信　念	自我概念	人文综合	A1，A8，A12，A14*，A18
		艺术总论	B1，B8，B12，B14*，B18
	自我效能感	人文综合	A19~A25
		艺术总论	B19~B25
	学习焦虑	人文综合	A5，A9，A11，A13，A16
		艺术总论	B5，B9，B11，B13，B16

注：*表示反向计分。

研究者对问卷进行了信度分析，结果显示克朗巴哈系数（Cronbach's α）为0.881，这说明调查数据很可信。

问卷中的内部动机是指对特定学科的兴趣，它影响着学习的参与度、连续性以及理解深度。从调查结果来看，实验班级学生对这两门课程的内部学习动机都很高。两门课程的内部学习动机部分均有4道题，从“非常不同意”到“非常同意”，分值为1~5。按照加总办法得到分值，最低为4分，最高为20分。按照李克特量表（Likert scale）的一般处理原则，认定分值达到12分及以上（每题达到3分及以上）为高分组，12分以下为低分组。问卷其他指标值的测算与分组也按照这一原则进行。

如图5-5所示，两门课程的高分组人数均远远高于低分组人数，这说明实验组学生对两门课程具有很高的学习兴趣。

外部动机也被称为工具性动机，是指学生如何评估课程与自身生活的相关性，即学生并非出于兴趣或喜爱，而是为了外部奖励（如好成绩

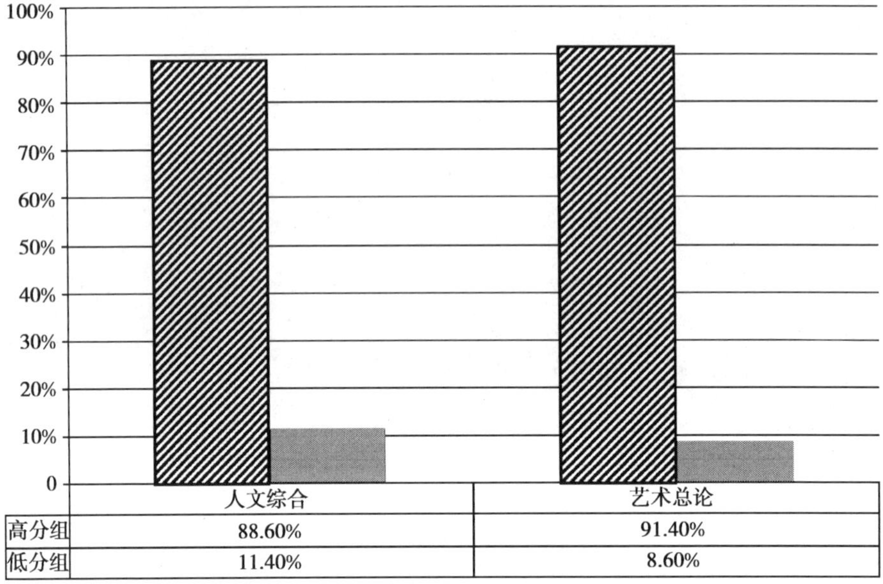

图 5－5　第 X 中学综合课程实验班级学生内部学习动机高低分组比例

或工作前景）而学习。

由于选择的不是理科生高考的考试课程，研究小组原以为参与学生的外部动机会很低，但结果却很高（见图 5－6）。这或许是因为综合课程对思维方式的训练以及将知识点与现实生活联系起来的改革更符合学生的特点。对此，还需要做进一步研究。

自我概念是指学生对自己学业能力的信念。它既是教育的重要成果，又是学生能否成功的预测指标。

如图 5－7 所示，实验班级学生对艺术总论课程的自我概念要高于人文综合课程。但总体来说，超过 2/3 的学生属于高分组，这说明实验班级的大部分学生对两门课程的学业能力信念很高。

自我效能感是指学生克服困难、完成学习任务的自信。学生在完成人文综合课和艺术总论课任务中克服困难的信心，可以通过自我效能感这个指标来观察。自我效能感计分从“非常自信”到“非常不自信”，计分标准为 1～5 分。高分组学生的自我效能感较低，反之则较高。

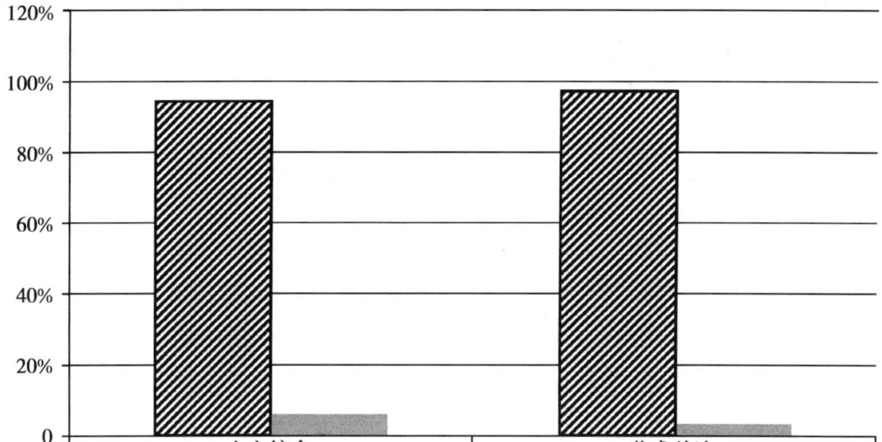

	人文综合	艺术总论
高分组	94.30%	97.10%
低分组	5.70%	2.90%

图 5－6　第 X 中学综合课程实验班级学生外部学习动机高低分组比例

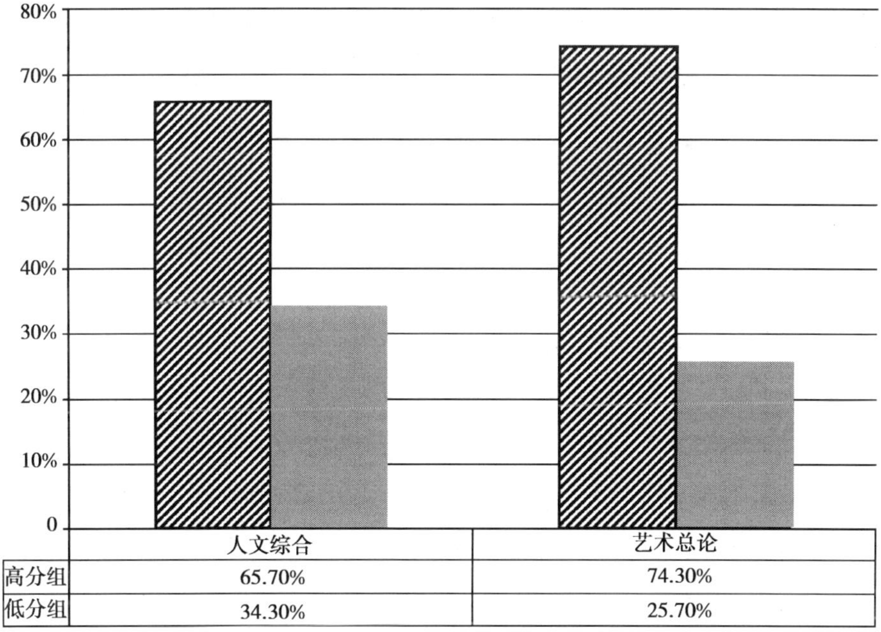

	人文综合	艺术总论
高分组	65.70%	74.30%
低分组	34.30%	25.70%

图 5－7　第 X 中学综合课程实验班级学生自我概念高低分组比例

如图5－8所示，尽管课程改革有助于学生提高学习兴趣，学生对于自己学习能力的信念极高，但自我效能感并不强。研究者提出的问题都是课堂上或期中测评中涉及的，但大部分学生解决问题的信心并不高。

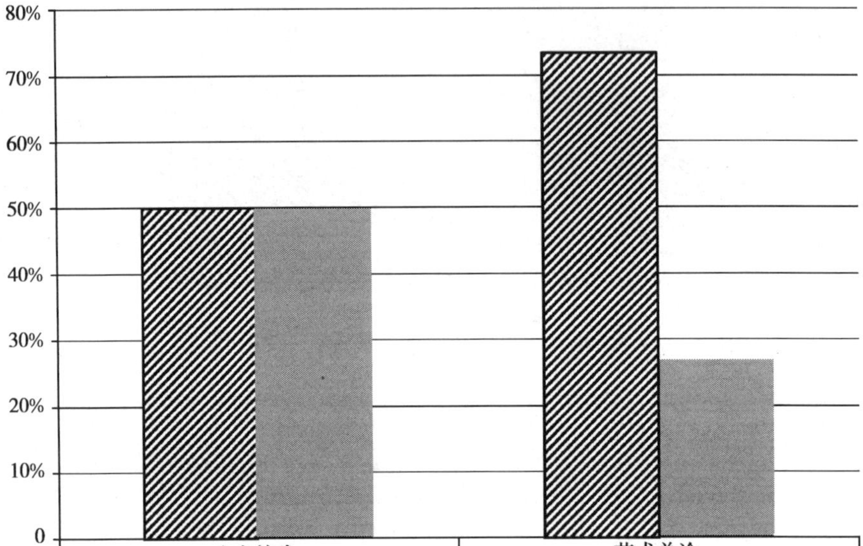

	人文综合	艺术总论
高分组	50%	73.30%
低分组	50%	26.70%

图5－8　第X中学综合课程实验班级学生自我效能感高低分组比例

学习焦虑的是学习中的情感因素，计分从“非常不同意”到“非常同意”，计分标准为1～5分。高分组学生感受到更多的学习焦虑，反之则较少。

如图5－9所示，大部分学生的学习焦虑程度较低，同时，对人文综合课程有着学习焦虑的学生比例高于艺术总论课程的。对此，研究小组认为是改革初期的正常现象。正如富兰在《变革的力量——透视教育改革》一书中所言，学习、焦虑、困难以及对未来的未知恐惧都是变革过程中必然存在的；改革进程中的问题是改革参与者的朋友，正是改革进程中层出不穷的问题推动着参与者不断学习和进步（迈克尔·富兰，

2004）。

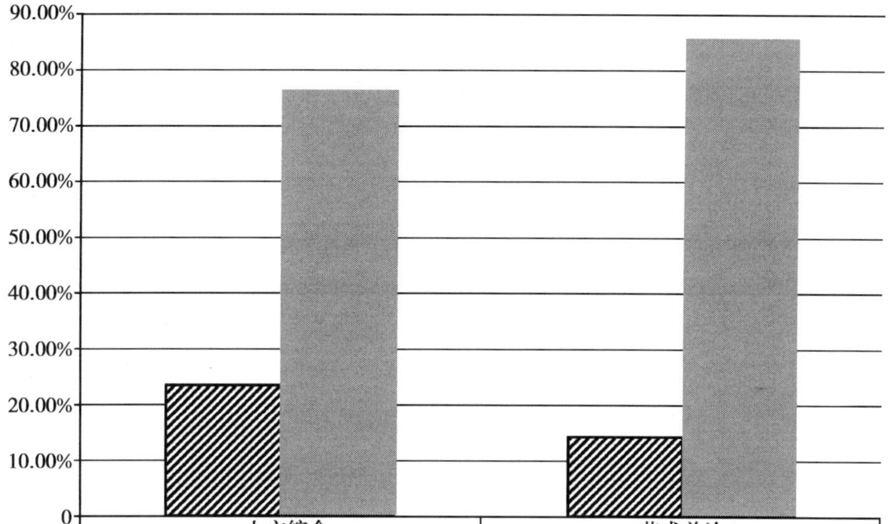

	人文综合	艺术总论
高分组	23.50%	14.30%
低分组	76.50%	85.70%

图 5－9　第 X 中学综合课程实验班级学生课程焦虑高低分组比例

六、有关结论的竞争性解释

从上述分析不难看出，课程改革的过程也是参与教师逐渐认同课改理念，不断做出专业化努力的过程。在这一过程中，尽管参与教师有过迷茫、困惑乃至疑虑，但在不断探索的实践中，教师的不同学科知识的融合能力、知识与现实问题的结合能力、教育教学多元评价方式与课程改革的探索能力都得到了提升。再从改革的另一个主体——学生来看，他们在课程改革中表现出对极大的兴趣和自信。尽管他们克服问题的信心不足，还存在一定程度的学习焦虑，但是笔者相信，随着课程改革的深入、教师指导的增多，这种情况应当会有所改善。

当然，参与教师的专业成长、学生学习兴趣和质量的提升也可能存在其他因素。为此，笔者就对几种可能的竞争性解释进行说明，并采用相关证据证明参与教师的专业成长的确是由教育改革带来。

一种具有竞争性的解释是，实验班级的学生对这些课程具有天然的兴趣。但参与教师在同一班级通过不同形式教学时学生的表现否定了这种解释。

> 艺术综合课上学生表现出了更多的主动性和创造性。C老师说为了让教研员听课，她在这个班上了一次传统的艺术课，发现同样的学生在课上都不愿说话了。这些学生明明能够对艺术作品进行一些解释，但是他们就是不说话。她推测可能是由于她太严肃地站在讲台上讲课给了学生很大的距离感。这种课堂效果的反差让她看到艺术综合课程改革的优势所在。

另一种可能的解释是，这是其他教学改革带来的成效。但正如背景介绍部分所言，第X中学从2007年才开始涉足教育领域改革，也仅限于系列化的德育和人生规划教育，并不涉及具体学科。因此，这种可能性也不存在。

还有一种解释是，这些成效是教师的教学经验所带来的专业成长，无论是否参与改革，都会呈现这样的发展趋势。在参与改革的4位教师中，人文综合与艺术总论各有一位教师的教龄在5年以下，另外两位在10年以下。从教师的职业生涯周期来看，15年教龄通常是其专业能力成长的顶峰，之后就进入成长的瓶颈期。由此，参与教师的专业能力成长的确有可能源于其教学经验的成长。但笔者认为，其中至少有一部分来源于课程改革。

首先，从实验班级学生对课程的兴趣来看，他们对综合课程表现出极大的学习热情；同时，如前所述，参与教师在同一班级通过不同形式教学时学生的表现明显不同。如果用学生的学习兴趣衡量教师的专业能力，可以说，在综合课程的教学方式上，参与教师的专业能力是有所提升的。

其次，许多缄默知识必须结合具体的任务情境和问题才能获得。通过研究可以发现，参与教师所获得的许多能力都与改革过程中具体问题的解决联系在一起。例如，参与教师的多元评价方式的知识和技能，就源于期中考试改革方案的设计。而不同学科的知识融合、相应的教学内容和任务设计等专业能力的获得，更是与综合课程改革密切相关。

最后，从研究小组对山东、云南两省 12 所高级中学的调研来看，均有一些教龄 20 年以上的教师参与学校的校本课程改革；他们认为，课程改革和校本科研有效地提升了自己的专业能力，提升了学生的学习兴趣。

基于以上三点，有理由相信，即使参与教师的教学经验带来了一部分专业成长，课程改革也的确为他们带来了专业能力的提升。

第三节 课程改革的制度意义

前文对北京市第 X 中学的质性研究，展示了新阶段中小学教师队伍人力资本积累的途径和特征。那么，这种积累途径是否具有普适性呢？制度经济学认为，即使是由政府强行推动某项政策，若与现存的制度无法耦合，或人才积累不足，也有可能产生政策制定者意料之外的问题（青木昌彦，2001）。因此，教师队伍人力资本积累的新途径能否在不同地区、不同水平的学校普遍推广，取决于课程改革与不同地区、不同水平学校原有制度的耦合程度。对这种耦合过程的分析，实际上就是探讨学校层面原有教学组织形式、教师人力资本配置方式如何向课程改革所需的新的教学组织形式、新的教师人力资本配置方式转变。

按照诺斯的制度变迁理论，制度是一系列被制定出来的规则、守法程序和行为的道德伦理规范；制度变迁是指，随着时间的变化，制度被创立、变更和破坏的方式（诺斯，1994）。对制度变迁的分析，是纵向地探讨随时间而发生的变迁。为此，本节的讨论分为两个部分：(1) 改革的初始制度结构；(2) 初始制度结构被打破的方式及其动力，即制度变迁的过程。

一、改革的初始制度结构

在中小学教育领域，制度变迁之前的原始状态是封闭的学校系统，这是中小学教育的固有特征。迈克尔·富兰指出，现实中教育创新和改革的不断出现和扩大，与保守的教育系统形成教育改革中的巨大冲突（迈克尔·富兰，2004）。

在我国，教育创新和改革中的巨大冲突表现在两个方面：（1）确定的方向与不确定的路线；（2）课程改革与当前的教育评价标准、与高考“零和游戏规则”。

（一）确定的方向与不确定的路线

20世纪80年代，美国高质量教育委员会（The National Commission on Excellence in Education）发布的报告《国家处于危机之中》将教育改革问题摆在公众面前。学校系统的低效率与社会对人才的高要求形成了鲜明对比，美国从此掀起了一场教育改革浪潮。改革浪潮很快席卷了大部分国家，中国也迎难而上。1999年，教育部《面向21世纪教育振兴行动计划》提出基础教育课程体系改革，2001年《国务院关于基础教育改革与发展的决定》进一步提出“构建复合素质教育要求的基础教育课程体系”。同时，新课程改革的指导性文件《基础教育课程改革纲要（试行）》明确提出，课程改革要“以培养学生的创新精神和实践能力为重点，整合科学精神和人文精神”，要“改革过分注重传承知识的倾向，改革强调学科独立性、门类过多和缺乏整合的倾向，改革教材脱离学生经验的倾向，改革课程评价强调甄别和选拔功能的情绪，改革课程过于集中的状况”。

新课程改革在具体目标上是十分清晰的，但路线却非常模糊。例如，改革方案中所说，改革需要大量探索、不断积累案例以推动认识进步并不断总结出多样化的实践方案，学校和教师要从被动的接受者变为主动的改革者。但对于学校和教师来说，面对的却是确定的改革方向与不确定的改革路线之间的巨大断层，只能“摸着石头过河”。对于如何实现、在什么程度上实现新课程改革的目标，也只能根据经验、根据不完全的信息进行摸索。

对此，笔者在山东、云南两省的调研中感受特别深。对新课改带来的改变与挑战，不同教师的评价与应对方式千差万别。有的教师认为新课改是换汤不换药，增加教师负担，有的则认为需要对教学理念进行审视，重新设计课题。

在大理州的调研中，最好的几所中学里一些经验丰富的、对教育事业有着高度热忱的教师在承担一些校本课程或者改革任务后，往往对新课改有了更深的认识和认同感，并积极地进行探索。例如，大理州 b 中的某历史老师针对考试方式的改革进行了一些尝试，包括用辩论、写论文等形式锻炼学生的口语及写作能力，让学生注重分析方法，等等。

对于大理州的一些普通学校，新课改带来的挑战似乎更大。学校、教师普遍认为，学生的基础决定了自主学习、探究性学习等改革难以展开。还有一些教师对课程改革有抵触情绪，认为那是花里胡哨的东西，对现实没有意义。

（二）课程改革与教育评价标准、与高考“零和游戏规则”

课程改革与原有教育体系的冲突还表现在评价制度上，包括两个方面：（1）社会、政府对学校和教师的评价；（2）对学生的评价。

现行教育评价体系对学校和教师的评价还停留在传统的唯分数论、升学率等指标上，对于改革所要求的课程改革、教师科研等内容，并没有给予太多关注。少数案例学校表示，已将参与课程改革纳入工作量统计，但更多的学校则没有，这使得教师改革的动力不足。

从学生的评价体系来看，在相当长的一段时间高考仍然是无法取代的“指挥棒”。作为选拔性的考试，高考属于“零和游戏规则”。这种淘汰规则使得家长和学校都十分重视高考。而新课程改革并不遵循选拔性规则，它注重的是全体学生整体素质的提升。

教育评价体系与课程改革之间的冲突影响到课程改革大背景下教师

的行动决策。课程改革对教师的工作内容与形式都提出了新的挑战——如果遵循课程改革的目标与方向，必然要放弃对学生绝对分数的追求。然而，现实的教育评价体系并不允许教师这样抉择。无论是在北京市第X中学，还是在山东、云南两省的案例学校，教师都提到，改革可能带来的对学生分数的影响，不仅会影响教师的职业发展，也会影响学生未来的发展。这种冲突影响了教师对于改革后果的静态预期。例如，大理a中学某教师提到，静态预期是改革不重要，成绩才重要：

> 你花时间做这些改革没有意义，费力不讨好，又要花时间。你有这个时间不如考虑一下短期内提高学生成绩的方法是什么。学校对你做什么课题不管，你用什么方法我不管，反正你成绩出来就好了。

在北京市第X中学，Z老师也提到评价与改革的冲突。他带的是实验班，如果学生考试失败，他要背负的负面评价将会非常巨大。在改革的探索中，这种静态预期使得Z老师一直想找到一条中间道路对改革进行改良以适应考试制度。

评价体系对教师的静态预期和行动决策的巨大影响，还能从那些不受高考体系约束的教师处窥见。同样是在大理a中，一位教龄22年的地理教师就十分热衷于校本课程的建设，坦言："对学生的要求比较低，不像是一般的考试；没有升学压力。"与高考制度不冲突的预期使得这位教师十分乐于在校本课程上做出不同的尝试，如跨学科教师的讲解、组织野外活动、改变教学形式等。从学生的反响来看，效果十分不错。

> 我觉得特别是通过这个校本课程，通过这个方面的教学，收获很大。学生呢，还是受益匪浅。给他们一个学习的方法，一个学习的兴趣。老师们觉得开了这个校本课程之后，视野也拓宽了。我觉得呢，另外一个方面就是通过师生之间的交流，看他们的研究性课

题，他们的野外活动，都可以增进师生之间的感情，增进沟通。

此外，评价体系还从工作量统计、工资构成等方面影响到教师对课程改革的静态预期。例如，在淄博f中，对教师的改革并不给予任何支持与鼓励。研究小组成员能够明显地感觉到该校教师的不满："学校要求必须参与科研，这是考核加分的。但是学校讲奉献，只能口头进行奖励""我们校长认为，用金钱刺激无法长久。"教师们对改革有着明显的抵触情绪。有几位教师一再强调："改革应当向教师说明原因。"他们认为目前的课堂、高考都与过去一样，没有明显变化。

在北京市第X中学、淄博e中、大理a中等学校，教师们多次提到参与改革的工作量统计问题。可以看出，参与改革是否纳入评价和工资体系，对教师来说是一个较大的影响因素。

作为创新的工作形式，改革为教师带来了额外的工作负担。如何合理配置教师资源，如何将额外的工作纳入评价体系，如何为教师提供有效支持，都成为改革带来的新问题。

二、课程改革的制度变迁

在国家课程改革的大背景下，许多学校都积极地行动起来。然而，从笔者的调研来看，一些学校的改革仅流于表面。例如，大理的一所优质中学制作了很多精美的宣传册，包括改革的制度建设、校本课程、教学设计感悟等，但用该校教师的话说，这些宣传册就是"做好了放在仓库里"。在另一些学校，新课改的影响似乎仅限于教材。在访谈中，许多教师表示改革无法展开，对课程改革、学校内部的创新表现出明显的抵触。那么，由国家发起的课程改革无法带来学校的根本改变，制度变迁又是如何发生的？对这一问题的回答，仍以云南、山东两省的调研数据为基础。

教育改革的进程取决于不同环境下学校的改革成本和收益。当改革带来的收益大于成本时，学校倾向于推进；反之，则倾向于延缓。改革的成本和收益受到两个方面的影响：（1）地方层面的嵌入型信息；（2）学校层面的内生困境。

（一）地方层面的嵌入型信息带来的改革成本—收益

学校并非孤立存在。任何一所学校的发展，都受到其所处社会经济发展水平的影响。中央政府推进课程改革的努力，也会受到地方嵌入型信息的影响。

第一个地方层面的嵌入型信息，是地方的经济发展水平。对比13所案例学校，很容易得出结论，即经济发展水平高的地区更容易推行教育改革，改革的成本相对较低，收益较高。

对这一问题的解释可以从多个维度进行。从宏观数据来看，经济发展水平高的地区往往具有更高的教师平均受教育年限和更低的生师比；从国家教育科学规划立项课题的地区分布来看，发达地区显然具有更高的科研参与水平。因此，单从教师队伍的师资力量来看，发达地区就具备更大的改革潜力，改革探索中的成本也更低。这个结论也得到了调研数据的支持。研究小组在访谈中发现，淄博市优秀中学的教师在逻辑思维、对课程改革的理解等方面明显优于大理州同等水平学校。

从外部环境来看，经济发达意味着以能力为导向的多元化人才需求。在技术要求较低的环境中，传统教学培养的人才就足以满足市场需求；在技术要求较高的环境中，一方面是市场需要能力更高的人才，一方面是人们对教育质量有着更高要求。

第二个地方层面的嵌入型信息，是地方政府对教育改革、创新的政策支持。在不同地区，政府对待教育改革的态度及政策是不同的。例如，2010年，淄博市以市教委为主导在全市推广“生本教育”改革。在这个过程中，市教委组织学校出外培训、学习，为改革提供了一系列支持和帮助。大理州政府也围绕课程改革做了一些工作，如举办课赛、基本功比赛、青年教师教学技能大赛等。但这些对教师适应课程改革的帮助并不大。较为有力的支持来自大理州名师工作室。工作室联合区域内10所学校的10位教师，每位教师带5位学徒，展开教师间的交流合作。但目前仅涉及教师集体备课、全州联考设计等方面，对于教学改革的推动力也不大。

地方政府的态度及政策也对改革的成本—收益产生影响。地方政府积极支持的地区，改革的行政成本较低，来自上级的重视也加大了改革收益；地方政府支持较少的地区，需要付出更大的行政成本。在学校评价取决于地方政府的大环境下，政府的态度决定了学校参与改革的收益。

（二）学校层面内生困境带来的改革成本—收益

对于发展水平较高的学校而言，面临的内生困境是发展。课程改革作为教育发展的风向标，已经向这些学校发出了信号。优质学校总是能够获得更多的资源倾斜，教师队伍人力资本的改革准备也更为充足，这使得优质学校的改革成本更低。为了保持在教育资源分配中的优势地位，优质学校对待改革一般更为积极、主动，所面临的压力也更大：一方面，要不断保持教育质量的领先；另一方面，地方政府的教育改革更倾向于以优质学校为试点，以积累经验，树立典型（见图5-10）。当然，优质学校参与改革所获得的收益也会更大。

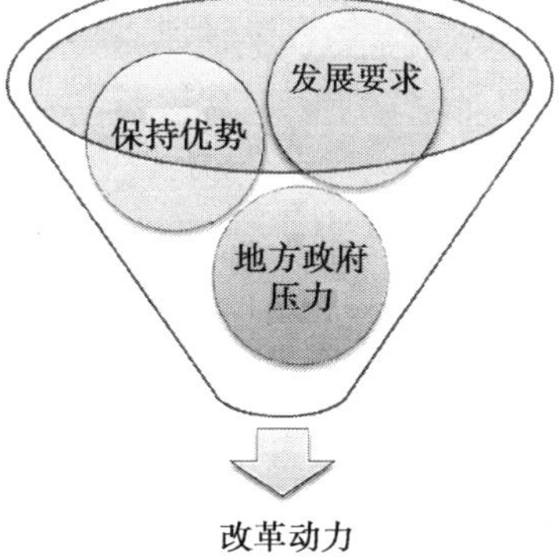

图5-10　高水平学校改革所面临的内生困境

对于发展水平中等的学校而言，面临的内生困境似乎更为复杂（见图5-11）。与高水平学校相比，这些学校的教师往往相对水平略差，但对学生的学习成绩仍然有较高期待，家长们往往也对子女进入大学寄予较高期待。由于这些学校的生源大多属于中等水平，学习的积极性较低，往往给教师带来挫折感。在访谈中笔者也发现，有这种职业挫折感的教师，对学生积极性较低的归因往往是“努力不够”“底子差”，倾向于用传统方式教学。从这一角度来看，中等学校面临的改革成本很高。同时，这些学校的学生往往努把力就能够上大学，稍微松懈就有可能落榜。这使得这些学校对于学生的成绩更为看重，而能力导向的目标则被置于次要位置。

在淄博 d 中，其教学副校长直言：“只要社会的评价观念没有改变，学校面临的压力还是一样大”“教学任务是恒定的，而探究学习会十分浪费时间；两者之间有矛盾。”

此外，中等水平学校还面临夹缝中求生存的局面。淄博 d 中的校长坦言，学校的发展既要要紧盯优质学校，又要时刻谨防水平较差学校的赶超，压力非常大。

对于中等水平学校来说，与能明确提升学生成绩的传统教学相比，结果尚未可知的课程改革所带来的收益是较小的，而改革又需要付出巨大的成本，所以其态度不言自明。正如笔者在山东、云南两省调研时所发现，那些处于中间位置的中等学校往往是对待课程改革最为消极的群体。

对于发展水平较差的学校而言，面临的内生困境是改善自身的劣势地位，在生源较差、教师水平不高的现实情况下满足学生需求。对这些学校来说，改革的成本并不算很大，尽管在师资力量上需要付出更多成本。在水平较差的学校，家长和学生并不那么在意成绩，而是更关注学生品质、习惯的培养（见图 5－12）。再从改革的收益来说，如果这些学校的改革获得成功，其劣势地位往往会彻底改变。因此，对这些学校来说，改革的收益是十分可观的。

上述结论在调研中也得到了有力支持。在淄博市和大理州，一个值得注意的现象是，那些水平较差的学校往往在改革探索方面做出了努

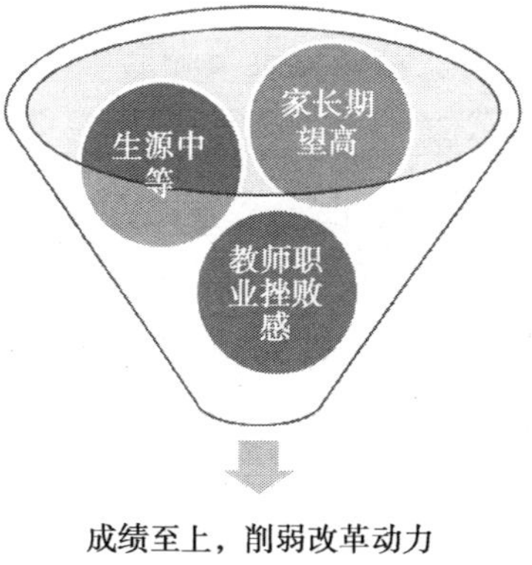

图 5－11 中等水平学校改革所面临的内生困境

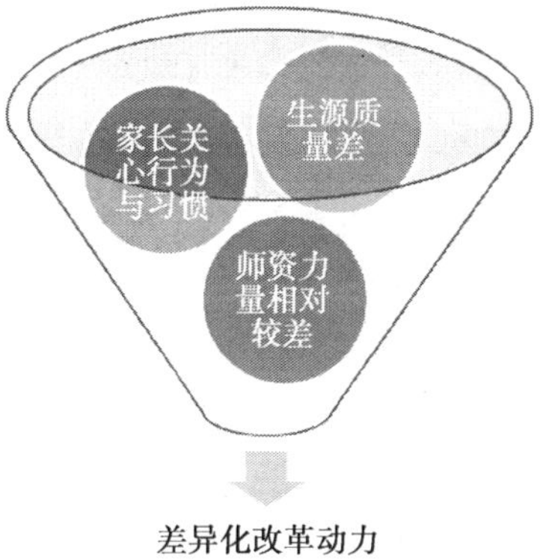

图 5－12 弱势水平学校改革所面临的内生困境

力；努力的方向不是学生的成绩，而是学生的行为习惯和品质。可以说，这些学校的改革一般不以学生的成绩为导向，而是注重因材施教。如淄博 c 中的校长坦言：

> 由于不是很好的学校，所以要依靠管理取胜。学生的学习成绩不好，学校就更为关注学生的个人成长问题、学习习惯的提升问题，并且严格按照学生个体的能力差异进行。

这些学校探索的最初目标是培养学生良好的学习习惯和思维品质，并未寄希望于成绩的提升。然而，却取得了意外的成效——经过几年的探索实践，当地社会对淄博c中的印象大为改观。过去，考不上淄博e中的学生一般会选择d中，接下来才是c中。而改革之后，c中的录取分数线不断提高，许多学生甚至放弃d中来c中学习。这一点，淄博c中的校长也曾提到，并坦言这为c中带来了很大压力。

大理f中也进行了改革，主要集中在教育教学领域。例如，化学课以探讨、合作的方式学习，老师提出问题不给答案，学生阅读课本后进行讨论、论证。同时，对学生的评价方式也有所改变，不再完全以成绩考查学生——“我们的理念是不比基础比发展，无论是什么基础的学生来到学校，都争取让他在3年内有一个好的发展。”此外，还充分发挥教师的积极性——“有了想法后教师的主观能动性能得到发挥。他们有很多方法，针对自己的学科进行指导。我们更多是提理念方面，教师根据自己的学科特点和班级情况来调动整个课堂。”改革明显地提升了学生的学习兴趣和学习效果。在大部分高分学生选择到大理市区就读的情况下，该校的理综成绩仍然十分突出，学生的家长也反映：“老师理念新，能和学生交心、共情，学生愿意听。”

三、制度变迁部分小结

本部分采用道格拉斯·诺斯《经济史中的结构与变迁》一书中关于制度结构与变迁的分析框架，对中小学学校参与课程改革的制度变迁过程进行了分析。研究发现，课程改革与原有的教育系统形成了两种差异性冲突，一是确定的课程改革方向与不确定的课程改革路线，二是课程改革与原有教育评价体系及高考“零和游戏规则”。

两种冲突共同构成了课程改革的初始制度结构，在这种结构下进一步考察中小学校原有结构被打破、逐步建立起新结构的制度变迁过程。研究发现，不同学校在课程改革的大背景下做出不同的行为决策，是基于不同处境下学校的改革成本—收益关系。不同地区不同发展水平的学校，面临的地方嵌入型信息和学校的内生困境有较大差异，这些差异构成了不同的改革成本—收益关系。

第四节　本章小结

本章对通过教育改革积累教师人力资本的微观途径及其制度意义进行了探讨，主要的研究结论如下。

第一，科研、教学改革等创新工作形式的确能够提升教师的人力资本。在第一节，采用案例研究对北京市第X中学教师参与改革的情况进行了描述性分析。研究发现，参与教学改革的确能够带来教师专业能力以及学生学习兴趣、质量的提升。这从微观场景验证了第四章、第五章的结论：在人力资本积累的新阶段，工作形式与内容的创新能够带来异质型人力资本的积累，在教育领域表现为教师在学校内部进行科研、课程改革等创新。

这一结论对于教育领域的学者来说并不陌生，近年来的教育改革一直试图以教师为改革主体，提升教师的专业技术能力。但如何在改革过程中提升，还需要大量的研究补充实践场景的细节信息。比值的案例研究积累了丰富的场景细节信息，可以总结为如下几点。

（1）教师对教育改革的信心源自实践，而非权威影响。在第X中学，研究小组的专家指导了多轮教育教学改革，积累了大量成功经验，在教师群体中具有较高的权威性。但即便如此，由小组专家在该校推动的课程改革在初期仍然让教师感到迷茫和焦虑。专家的权威性仅能让教师带着迷茫和焦虑展开改革，无法消除教师心中的不确定性。最终消除了教师的疑虑的，是改革带来的实际成效。

（2）改革过程中的问题是教师学习的场景。正如富兰所言，改革中问题是我们的朋友。在综合课程改革中，北京市第X中学参与教师的技能和知识得到了提升，像“如何进行学科间知识的融合、如何对学科知识重新设计形成课程、如何使用多元评价方式评价学生”等问题的解决，靠的是“干中学”所获得的半结构化缄默知识。

（3）每个人都是改革的动力，不能将改革的设计完全交给专家。富兰的《变革的力量——透视教育改革》一书中已经提出这样的观点，而案例学校的改革进一步揭示了其重要意义。在北京市第X中学的改革中，参与教师多次提到，希望专家对于学科知识融合、期中评价方式改革提出更为细致的指导。教师们最初认为，缺乏足够的细节指导是无法完成改革的。但结果却证明，无论是学科知识的融合还是评价方式的改革，专家都只给出方向性指导，方案的设计和细节仍然是参与教师努力的成果。这一点，对于改革的成败至关重要——专家设计的方案只能是蓝图，改革能否成功取决于教师的思维模式和专业技能。这些，只能靠教师自己实践。通过实践，不仅能提升教师的专业知识和技能，也为学校的改革准备了力量。

第二，课程改革亟须地方政府更多的政策支持以及评价方式的改革。在第二节，研究了学校微观场景下积累教师人力资本的新途径是否具有推广意义及其制度意义。研究发现，学校是否做出课程改革的行动决策，一方面取决于国家层面的推动，一方面取决于不同学校的改革成本—收益关系。

无论是改革的初始制度结构，还是改革的制度变迁过程，都展示出地方政府的政策支持以及评价方式变革对于减少各个学校改革成本的重要性。而地方政府的政策支持、评价方式变革不只是技术手段问题，更涉及管理方式变革、利益调整等多个方面。因此，这些问题的解决，还有待其他领域的研究作支撑。笔者认为，要打造一个“改革偏好”的制度环境、促进各学校的教育改革，需要做到两点：（1）地方教育部门减少对学校教学过程的过分干预，改善教育教学评价体系；（2）将参与改革纳入教师评价和工资考核体系，着力创设一个“改革偏好”的组织环境。

第六章　研究结论及启示

提升教师队伍质量，为教育质量的提升奠定良好人力资本基础，这是近年来教育界努力的方向。2011 年《小学教师专业标准》《中学教师专业版准》的颁布，为教师队伍专业知识与能力的提升提出了努力方向。

然而，在教师劳动力充足、学历提升的背景下，对于如何在微观场景提升教师的专业知识和技能，还缺乏广泛共识。基于这一现实，本书对我国中小学教师队伍人力资本发展的阶段性及其特征、对不同发展阶段积累人力资本的途径进行了探讨，并对微观场景下学校层面的探索经验进行提炼，希望能对新阶段教师人力资本的提升提供借鉴。

第一节　研究的主要结论

本书采用混合研究法对教师队伍不同发展阶段所对应的人力资本提升途径进行了探讨。在第三章“中小学教师队伍人力资本发展的阶段性的理论验证”部分，分析了教师队伍的内部结构与外部经济发展这两种不同的引导力量，讨论了教师队伍人力资本发展的阶段性，并佐以美国的经验收敛对相关问题的讨论。第四章“中小学教师队伍人力资本发展阶段性的数据验证”部分，在对人力资本计量方法进行综述的基础上，遴选出我国中小学教师队伍人力资本指标体系，对其人力资本禀赋、人力资本利用率以及人力资本生产率进行了计量。第五章“微观场景下教师人力资本积累新途径及其制度意义”部分，用质性研究的方法对微观场景下教师参与科研、教学改革的情况进行案例描述与分析，对相关制度变迁进行了探讨。研究的主要结论如下。

1. 中小学教师队伍人力资本发展具有明显的阶段性，目前已进入新阶段

人力资本与经济发展的相关研究证明，不同的经济发展阶段具有不同的对生产率起主导作用的人力资本类型。从美国的相关经验来看，其教师队伍的结构、特征以及整个社会对教育行业、教师职业的认识都会对教师发展政策、教师队伍人力资本的提升方式造成影响。在我国，中小学教师队伍人力资本发展同样受到不同经济发展阶段以及教师队伍结构的影响而呈现出阶段性特征。

第一个阶段是教育生产率的水平型提升阶段。这一阶段的特征是，教师队伍人力资本积累、教育生产率提升的主要途径是教师队伍扩张。这主要发生在公立教育系统建立初期，即20世纪80年代教师队伍短缺时期。在这一时期教师队伍建设的重点是降低入职门槛、提升教师待遇，以吸引更多的劳动力加入教师队伍。在不同学段，这一阶段结束的时间点有所不同。在这一阶段，教师队伍的扩张能够迅速降低生师比和班师比，通过增加毕业生人数迅速提升教育生产率。

第二个阶段是教育生产率的垂直型提升阶段。在这一阶段，教师队伍供需结构由短缺走向均衡或富余。在继续通过教师队伍扩张降低生师比、提升教育质量的基础上，建设的重点转向入职门槛设定。在这一阶段，开始强调教师任职资格，力图打造一支具有一定质量水准的教师队伍。同时，提升教育生产率的主要途径是提高新入职教师的学历要求、鼓励在职教师进修等，这也为教育质量提升做出了贡献。

第三个阶段是教育生产率垂直型提升的纵深阶段，也是目前我国教师队伍所处的阶段。当前，我国中小学教师队伍的内部结构与外部环境都面临阶段性变化。东部发达地区的中小学教师队伍已经从短缺、低质量、年轻化转向供给富余、质量较高、教学经验丰富；其经济发展也在向成熟推进，人力资本积累表现为高等教育驱动和技术创新。可以说，东部发达地区的中小学教师队伍，其自身结构与外部环境已经先于其他地区发生转变——学历水平更高、老龄化更为严峻，社会也对教育质

量、教师水平提出了更高要求。

在这样的双重作用下，东部发达地区的教师人力资本积累迈入一个新阶段，表现为制度创新、终身教育驱动、学习型组织、科研创新。具体到技术层面，是教学改革；具体到教师发展层面，是在职及终身学习；具体到制度层面，是制度创新。新阶段教师队伍建设的重点转向专业标准的确立，而提升教育生产率的方式则在于学校内部展开的一系列教育教学改革。至于这些创新的工作形式如何提升教育生产率，还需要一系列的微观研究。

2. 由规模和质量变动引起的人力资本存量变动已经趋于无限小，中小学教师队伍亟须通过“干中学”积累人力资本

当前，我国教师队伍人力资本存量禀赋变动率已经相当低。小学、初中阶段教师人力资本禀赋的变动率已经趋于无限小，在1%左右波动。高中阶段变动率虽然略高于小学、初中，但也呈现出非常明显的下降趋势。结合生师比数据以及对未来学龄人口减少的预期，可以判断，由规模带来的人力资本禀赋变动已经进入下降通道，通过教师规模扩张带动总体人力资本禀赋上涨的空间几近不存在。

从教师学历水平和工作经验的角度来看，由于我国中小学教师队伍的学历水平已经远高于法定最低水平，近年来通过学历提升带来的人力资本禀赋增加一直很低。考虑到学历的提升不是无止境的，过度追求教师学历水平的提升并不能带来教学水平的提升，教师的角色转变以及专业发展反而更为重要（Santiago，2005）。

近年来，相关研究越来越强调人力资本与生产过程的紧密关联。在正规教育之外，“干中学”是非常重要的人力资本积累途径，未来教师队伍人力资本水平提升的关键就在于不断拓宽“干中学”渠道。对教师利用率的考察显示，教师的工作形态发生了巨大转变：教学占据的工作时间比重不断下滑，学校的其他工作逐步成为教师工作的重要内容。在这一前提下，教师的主要工作任务将是提升教育生产率。

常规教学之外，什么样的“干中学”是围绕提升教学工作质量而展

开的呢？对教师人力资本生产率的考察提供了有益的借鉴：东部发达地区中小学教师队伍正围绕课程改革展开一系列校本科研，提升教育生产率。而北京市第X中学的教学改革实践证实了教师场景性知识和技能的发展过程——课程改革的进程伴随着问题的不断涌现以及参与教师对问题的解决，参与教师在解决问题的过程中得到了专业知识与能力的提升。结合上述结论，笔者认为，通过课程改革提升教学质量会是未来一段时期教师不断解决新问题、完成新任务、获得半结构化缄默知识的重要途径。

3. 课程改革亟须地方政府更多的政策支持，以及教育系统内部评价方式的改革

对学校改革的制度分析展示，不同学校在课程改革的大背景下做出不同的行为决策是基于不同处境下的改革成本—收益关系。不同地区不同发展水平的学校，面临的地方嵌入型信息和学校内生困境有较大差异，这些差异带来不同的改革成本—收益关系。为了降低学校的改革成本，地方教育部门要减少对学校教学的过分干预，改善教育教学评价体系；学校要将改革纳入教师评价和工资考核体系，着力创设一个“改革友好”的组织环境。

第二节　研究创新与不足

人是构成经济活动的重要因素。自舒尔茨以来，有许多研究阐述不同经济发展阶段人力资本的特征及积累，用各种方法估算人力资本积累对于经济增长的贡献。

人力资本也是教育经济学的核心概念，有许多研究说明教育对于个人收入的贡献。但是，教育经济学对于人力资本的经济收益的研究，无论是在研究对象还是在研究方法上都与劳动力经济学没有本质区别。教育经济学不关心课程改革和人才培养模式改革，对于学校的生产过程非常不熟悉；没有随着经济发展和教育发展阶段的不同，丰富人们对人力

资本的认识。在很多时候，人力资本概念反而成为教育学其他分支学科批评教育经济学功利主义的证据之一。

本书尝试在教师队伍发展阶段性判断的基础上，丰富教师人力资本的概念框架；在计量方法上采用了更符合宏观研究的指标法，对教师队伍人力资本存量进行测算，总体上存在以下创新与不足。

一、研究的创新

1. 将人力资本概念应用于学校场景，对学校生产过程中教师积累人力资本的途径进行了探讨

作为学校生产投入中最为重要的一环，教师人力资本积累是学校提升教育生产率的重要途径。以往的研究对学校内部人力资本的讨论，大多集中在学校人力资本经营、人力资本定价等方面，对学校内部如何提升教师队伍人力资本的讨论不够。

本书将人力资本概念应用于学校场景，对教师队伍在“干中学”过程中积累人力资本的具体途径进行了探讨。尽管许多研究已指出，学历并不是提升教师质量的最重要途径，“干中学”也是一条重要途径，但限于宏观数据的可得性，对教师队伍“干中学”的考察通常以工作经验数据为代理指标，而教育经济学的相关研究也没有对教师“干中学”积累人力资本进行进一步探讨。“干中学”积累人力资本有多种形式，工作经验作为度量指标是不全面的。本书的探讨，丰富了教师人力资本的概念框架及教育经济学对它的认识。

2. 构建中国教师队伍人力资本指标体系，从宏观上对教师队伍人力资本进行了计量

从宏观上计量一国或一个行业的人力资本，一直是研究的难点。长期以来，劳动力的学历指标往往被视为宏观计量人力资本的重要途径，成本法、收入法也是常用的计量方法。但学历指标忽视了劳动力队伍的其他方面，成本法和收入法对于衡量教师行业人力资本的适用性又不高。采用指标法不仅能衡量教师队伍的人力资本禀赋存量，也能衡量人

力资本的使用及配置状况，从而将人力资本与生产过程联系起来。采用指标法衡量人力资本也是宏观研究常用的方法，世界经合组织每年出版的《教育概览》以及里斯本议会的欧洲人力资本指数都是基于指标法从宏观上对一国人力资本水平进行衡量。本书所使用的指标法正是基于欧洲人力资本指数，在行业内部对教师队伍的人力资本禀赋、人力资本利用率以及人力资本生产率进行考察。这为联系实际生产场景衡量我国教师队伍人力资本发展阶段提供了丰富的借鉴信息，也为教师队伍人力资本建设布局、提升教育生产率提供了理论依据。

3. 以混合研究方法对教师人力资本积累的微观场景、细节进行了大量研究

教师专业标准的提出反映了教师知识论研究的成果，将教师半结构化知识的认识向前推进了一步。但是，在制度和管理层面上如何针对教师的知识特性，发现制度创新的意义，还没有充分的研究基础。本书正是立足于此，对教师在学校生产过程中通过改革积累人力资本的制度意义进行了探索。

目前，随着《小学教师专业标准》《中学教师专业标准》的推出和新一轮课程改革的开展，各个学校已经在微观实践中进行了大量探索。但这些探索还是零散的，没有提炼为可借鉴的制度经验。将这些探索提炼、总结为经验，是现阶段的迫切任务，也是课程改革进一步推广的实际需求——目前，教育界对于教师参与课改、科研提升专业能力已达成共识，但对于教师如何在这一过程中提升专业能力，以及这种实践为何没有得到普遍推广还缺乏深入讨论。基于此，本书在宏观数据验证教师队伍人力资本发展阶段性及其特征的前提下，采用混合研究法对案例学校的改革实践进行了案例研究与制度变迁分析，为教师在微观场景下提升专业知识和能力提供了详细的场景信息，也为决策者推动制度变迁提供了依据。

二、研究的不足

由于宏观数据、技术手段等方面的限制，对于教师队伍人力资本发

展阶段的研究非常少，也非常困难。因此，尽管笔者付出了大量努力，仍存在一些不足，主要集中在教师队伍人力资本计量和微观场景信息两个方面。

一方面，相关概念还欠完善。教师队伍人力资本计量一直是难点。尽管本书试图建立起教师队伍人力资本指标体系，将人力资本计量与教育生产过程相联系，将教师队伍的人力资本存量、配置以及生产率情况厘清，但是受宏观数据的限制，指标体系的建立还较为粗糙。例如，教师队伍工作经验的测算采用折旧法，在一定程度上造成测算结果的误差。尽管本书不关注教师队伍人力资本的绝对存量而关注其相对变化，但计量模型的确还存在不足。

另一方面，混合研究法中微观场景的信息不够全。笔者采用质性研究法对北京市第 X 中学课程改革的历程进行了观察，也对山东、云南两省 12 所高中进行了访谈，积累了较为丰富的微观场景信息。但由于时间有限，进入学校场景存在诸多困难，积累的微观场景还很有限；同时，对于北京市第 X 中学课程改革的第二阶段追踪还未完成，这是进一步研究的方向之一。

第三节　研究展望

本书基于人力资本的概念框架，围绕中小学教师队伍人力资本发展的阶段性进行了一系列研究，不仅发现了教师队伍人力资本发展的阶段性及其特征，也从微观场景证明了教师积累异质型人力资本的途径与细节。研究提出，教师专业知识和能力具有缄默知识特征，学校场景下的改革、创新等是培养教师缄默知识的途径。但目前，北京市第 X 中学的案例还不足以完整地描绘教师缄默知识在学校微观场景形成的途径，因此，未来还要进一步从学校教育教学实践的探索中找到其形成途径。这种探索、积累与课程改革是教师人力资本持续积累的重要来源。在本书的基础上，未来将从两个方面展开研究。

一方面，不断完善表征教师人力资本积累方式变化的宏观指标，更加系统地研究学校的教学改革、科研支出与教师人力资本积累之间的联系。本书以教师队伍人力资本生产率为宏观指标衡量学校的教学创新、改革探索，虽然在一定程度上说明了教师队伍的异质型人力资本积累，但还需要进一步探索、完善。

另一方面，不断在学校的教学改革实践中发现由众多参与者实践、与场景联系密切、嵌入性信息丰富的创新活动以及这些活动与制度环境的互动过程，不断抽象制度变迁的过程，提供更具借鉴意义的信息。本书对创新活动的研究仅限于课程改革和教育科研，但学校实际上进行了丰富多彩的创新活动。未来，还应对这些场景信息进行深入地追踪、探索。

参考文献

[1] Aghion P. , P. Howitt. Knowledge and Development: A Schumpeterian Approach [R]. World Bank, 2000.

[2] Anthony T. , Milanowski, Herbert G. , Heneman III, Steven M. Kimball. Teaching Assessment for Teacher Human Capital Management: Learning From the Current State of The Art [R]. WCER Working Papers, 2011.

[3] European Economic Growth [M]. Fingleton (ed.). Springer, 2003.

[4] Boarini, R. , M. M. D' Ercole, G. Liu. Approaches to Measuring the Stock of Human Capital: A Review of Country Practices [R]. OECD Statistics Working Papers, 2012.

[5] Christian, M. S. . Human Capital Accounting in the United States: Context, Measurement, and Application [R]. Measuring Economic Sustainability and Progress, 2011.

[6] Coleman. Equality of Educational Opportunity [R]. US Government Printing Officc, 1966.

[7] Dale W. , Jorgenson, Barbara M. Fraumeni. . The Accumulation of Human And Nonhuman Capital 1948 – 1984 [M] // The Measurement of Saving, Investment, and Wealth. University of Chicago Press, 1989.

[8] David F. Labaree. The Lowly Status of Teacher Education in the United States: The Impact of Markets and Changing Social Contexts [M]. New York and London: Garland Publishing Inc. , 1995.

[9] Ederer, Peer. Innovation at Work: The European Human Capital Index [R]. The Lisbon Council Policy Brief, 2006.

[10] Ederer, Peer, Philipp Schuller, Stephan Willms. The European Human Capital Index: The Challenge of Central and Eastern Europe [R]. The Lisbon Council Policy Brief, 2006.

[11] Ederer, Peer, Philipp Schuller, Stephan Willms. Human Capital Leading Indicators: How Europe's Regions and Cities Can Drive Growth and Foster Social Inclusion [R]. The Lisbon Council Policy Brief, 2011.

[12] Harrison, A., A. Rodríguez – Clare. Trade, Foreign Investment, and Industrial Policy for Developing Countries [M] //D. Rodrik (ed.). Handbook of Economic Growth (Vol. 5). Amsterdam: North – Holland, 2010.

[13] Heckman, Lance J., Lochner, Petrea Todd. Fifty Years of Mincer Earnings Regressions [M] //Hanushek, E., F. Welch (eds.) Handbook of Education Economics (Vol. 1). The Netherlands: Elsevier, 2006.

[14] Kate Rousmaniere. In Search of a Profession: A History of American Teachers [M] // David M. Moss, Wendy J. Glenn, Richard L. Schwab. Portrait of a Profession – Teaching and Teachers in the 21st Century. Westport: Praeger Publishers, 2005.

[15] Kendrick, J. W.. Conceptual Foundations of the Study [R] //The Formation and Stocks of Total Capital. National Bureau of Economic Research Inc., 1976a.

[16] Kendrick, J. W.. Total Capital and Economic Growth [R] //The Formation and Stocks of Total Capital. National Bureau of Economic Research Inc., 1976b.

[17] Klaus Schwab. The Global Competitiveness Report 2012—2013 [R]. World Economic Forum, 2012.

[18] Koman, R., D Marin. Human Capital and Macroeconomic Growth:

Austria and Germany 1960 – 1997 – An Update [R] //Economics Series (No. 69). Institute for Advanced Studies, 1999.

[19] Kuznets. Modern Economic Growth: Rate, Structure and Spread [M]. Yale University Press, 1966.

[20] Kwon, Dae – Bong. Human Capital and Its Measurement [M] //The 3rd OECD World Forum on "Statistics, Knowledge and Policy" Charting Progress, Building Visions, Improving Life. Busan: 2009.

[21] Laroche, M., M Mérette. Measuring Human Capital in Canada [R] //Working Papers – Department of Finance Canada. Department of Finance Canada, 2000.

[22] Liu, Gang. Measuring the Stock of Human Capital for Comparative Analysis: An Application of the Lifetime Income Approach to Selected Countries [M] //OECD Statistics Working Papers (No. 2011/6). OECD Publishing, 2011.

[23] Demand and Supply of Primary and Secondary School Teachers in Australia [R]. MCEETYA of Australia, 2005.

[24] Monk, D. H.. Educational finance: An Economic Approach [M]. New York: McGraw – Hill, 1990.

[25] Nabuo K.. Shimahara: Teacher Education in Industrialized Nations — Issues in Changing Social Contexts [M]. New York and London: Garland Publishing, Inc., 1995.

[26] Technology, Productivity and Job Creation: Best Policy Practices [M]. OECD Publishing, 1998.

[27] The Well – Being of Nations: The Role of Human and Social Capital [R]. OECD, 2001.

[28] Teacher Matters: Attracting, Developing and Retaining Effective Teachers [R]. OECD, 2005.

[29] TALIS 2008, Technical Report [R]. OECD, 2008.

[30] Pedro Carneiro, James Heckman. Human Capital Policy [R] //National Bureau of Economic Research Working Paper 9495, 2003.

[31] Richard, C. D. Hardy. On the Role of the Professional Association Consult [M] //The Development and Scope of Higher Education in the United States. New York: Columbia University Press, 1952.

[32] Tashakkori, A., Teddlie. Mixed Methodology: Combining Qualitative and Quantitative Approaches [R]. Thousand Oaks, CA: Sage, 1998.

[33] The National Center for Education Statistics. Digest of Education Statistics, 1995 [R]. 1995.

[34] The National Center for Education Statistics. Digest of Education Statistics, 2013 [R]. 2013.

[35] Public Policy and Teacher Labor Market: What We Know and Why We Matters [R]. The Education Policy Center at Michigan State University, 2004.

[36] World Education Report: Teachers and Teaching in a Changing World [R]. UNESCO, 1998.

[37] Teacher and Education Quality: Monitoring Global Needs for 2015 [R]. UNESCO, 2006.

[38] W. S. Elsbree. The American Teacher: Evolution of a Profession in a Democracy [M]. New York: American Book Company, 1939.

[39] 阿巴斯·塔沙克里，查尔斯·特德莱. 混合方法论：定性方法和定量方法的结合 [M]. 康海华，译. 重庆：重庆大学出版社，2010.

[40] 戴维·卡德. 教育对工资报酬的因果效应 [M] //奥利·阿申费尔特，戴维·卡德. 宋玥，等译. 劳动经济学手册（第3A卷）. 北京：经济科学出版社，2011.

[41] 约翰·W. 克雷斯威尔. 研究设计与写作指导：定性、定量与混合

研究的路径［M］．崔延强，等译．重庆：重庆大学出版社，2007．
［42］Matthew B. Miles，A. Michael Huberman．质性资料的分析：方法与实践［M］．张芬芬，译．重庆：重庆大学出版社，2008．
［43］Martin Carnoy．教育经济学国际百科全书［M］．闵维方，等译．北京：高等教育出版社，2000．
［44］埃尔查南·科恩，特雷·G．盖斯克．教育经济学［M］．范元伟，译．上海：格致出版社，2009．
［45］迪帕克·拉尔．发展经济学的贫困［M］．刘泸生，译．上海：上海三联书店，1992．
［46］道格拉斯·诺斯．经济史的结构与变迁［M］．厉以平，译．上海：上海人民出版社，1994．
［47］黄崇利．赢在人的发展：人力资本增殖的路径、动力和制度研究［M］．北京：中国经济出版社，2009．
［48］黄葳．教师教育体制——国际比较研究［M］．广州：广东高等教育出版社，2003．
［49］洪明．美国教师质量保障体系历史演进研究［D］．福州：福建师范大学，2008．
［50］江山野．中国中学课程设置［M］．石家庄：河北教育出版社，2001．
［51］靳希斌．教育经济学［M］．北京：人民教育出版社，2001．
［52］吕杰．中国高等学校教师人力资本开发模式研究［D］．北京：北京交通大学，2006．
［53］罗伯特·K．殷．案例研究：设计与方法［M］．周海涛，等译．重庆：重庆大学出版社，2004．
［54］罗伯特·K．殷．案例研究：方法的应用［M］．周海涛，等译．重庆：重庆大学出版社，2009．
［55］林毅夫．新结构经济学［M］．北京：北京大学出版社，2012．

[56] 迈克尔·波特.国家竞争优势 [M]. 李明轩，等译.北京：华夏出版社，2002.

[57] 迈克尔·富兰：变革的力量——透视教育改革 [M]. 中央教育科学研究，等译.北京：教育科学出版社，2004.

[58] 曼昆.经济学原理：宏观经济学分册 [M]. 梁小民，等译.北京：北京大学出版社，2009.

[59] 钱雪亚.中国人力资本水平研究 [D]. 杭州：浙江大学，2005.

[60] 青木昌彦.比较制度分析 [M]. 周黎安，译.上海：上海远东出版社，2001.

[61] 莎兰·B.麦瑞尔姆.质化方法在教育研究中的应用：个案研究的拓展 [M]. 于泽元，译.重庆：重庆大学出版社，2008.

[62] 舒尔茨.为实现收益递增进行的专业化人力资本投资 [M] //拉尼斯，等.中国社会科学院经济研究所发展经济室，译.发展经济学的新格局——进步与展望.北京：经济科学出版社，1987.

[63] 舒尔茨.教育的经济价值 [M]. 曹延亭，译.长春：吉林人民出版社，1982.

[64] 斯蒂格利茨.经济学：宏观经济学分册 [M]. 纪沫，等译.北京：中国人民大学出版社，2005.

[65] 速水佑次郎，神木善久.发展经济学——从贫困到富裕 [M]. 李周，译.北京：社会科学文献出版社，2009.

[66] 滕大春.今日美国教育 [M]. 北京：人民教育出版社，1980.

[67] 谭永生.人力资本与经济增长——基于中国数据的实证研究 [M]. 北京：中国财政经济出版社，2007.

[68] 王善迈.教育投入与产出研究 [M]. 石家庄：河北教育出版社，1996.

[69] 小罗伯特·E.卢卡斯.经济发展讲座 [M]. 姚志勇，等译.南京：江苏人民出版社，2003.

[70] 雅各布·明塞尔.人力资本研究 [M]. 张凤林，译.北京：中国

经济出版社，2001.
[71] 杨小凯.发展经济学——超边际与边际分析［M］. 北京：社会科学文献出版社，2003.
[72] 约瑟夫·熊彼特.经济发展理论［M］. 张培刚，等译.北京：中国社会科学出版社，2009.
[73] 亚当·斯密.国富论——国民财富的性质和原因的研究［M］. 郭大力，等译.长沙：中南大学出版社，2003.
[74] 曾晓东.2004年全国教师队伍发展报告［R］. 北京：北京师范大学，2004.
[75] 曾晓东，周惠，龚爱芋，龙怡.中国中小学教师发展报告（2012）［M］. 北京：社会科学文献出版社，2012.
[76] 张晓阳，赵普.经济增长阶段与人力资本积累阶段关联机制研究——对中国西部地区实证考察［M］. 北京：中国经济出版社，2008.
[77] 中国教育与人力资源报告课题组.从人口大国迈向人力资源强国［M］. 北京：高等教育出版社，2003.
[78] 中国社会科学院“新经济增长理论的发展和比较研究”课题组，等.经济增长理论模型的内生化历程［M］. 北京：中国经济出版社，2007.
[79] 中国人力资本指数分析报告［R］. 北京：中央财经大学中国人力资本与劳动经济研究中心，2009.
[80] Abdal - Haqq，Ismat. Making Time for Teacher Professional Development［J］. ERIC Digest，1996，ED400259.
[81] Aghion P.，P. Howitt. A Model of Growth Through Creative Destruction［J］. Econometrica，1992，60（2）.
[82] Arrow，K. J.. The Economic Implications of Learning by Doing［J］. The Review of Economic Studies，1962，29（3）.
[83] Arrow. Higher Education as a Filter［J］. Journal of Public Economics，

1973, 2 (3).

[84] Barro, R. J.. Economic Growth in a Cross Section of Countries [J]. The Quarterly Journal of Economics, 1991, 106 (2).

[85] Barro, RJ., JW Lee. International Comparisons of Educational Attainment [J]. Journal of Monetary Economics, 1993, 32 (3).

[86] Barro, RJ., JW Lee. International Data on Educational Attainment: Updates and Implications [J]. Oxford Economic Papers, 2001 (53).

[87] Barro, RJ., JW Lee. A New Data Set of Educational Attainment in the World, 1950—2010 [J]. Journal of Development Economics, 2012 (104).

[88] Bowles S., Levin H. M. The Determinants of Scholastic Achievement: An Appraisal of Some Recent Evidence [J]. Human Resources, 1968, 3 (1).

[89] Camilo Dagum, Daniel J. Slottje. A New Method to Estimate the Level and Distribution of Household Human Capital with Application [J]. Structural Change and Economic Dynamics, 2000 (11).

[90] Dale W. Jorgensen, Kevin J. Stiroh. Rising the Speed Limit: U. S. Economic Growth in the Information Age [J]. Brookings Papers on Economic Activity, 2000 (1).

[91] Darling - Hammond, L. Youngs, P. Defining "highly qualified teachers": What does "scientifically - based research" actually tell us? [J]. Educational Researcher, 2000, 31 (9).

[92] Engelbrecht, Hans - Jiirgen. International R&D Spillovers, Human Capital and Productivity in OECD Economies: An Empirical Investigation [J]. European Economic Review, 1997, 41 (8).

[93] Fleisher, B., H. Li, M. Q. Zhao. Human Capital, Economic Growth, and Regional Inequality in China [J]. Journal of Development Economics, 2010, 92 (2).

[94] Frank Corvers. The Impact of Human Capital on Labor Productivity in Manufacturing Sectors of the European Union [J]. Applied Economics, 1997, 29 (8).

[95] Gary S. Becker. Investment in Human Capital: A Theoretical Analysis [J]. The Journal of Political Economy, 1962, 70 (2).

[96] Green, J. C., Caracelli, V. J., Graham, W. F. Toward a Conceptual Framework for Mixed - method Evaluation Designs [J]. Educational Evaluation and Policy Analysis, 1989, 11 (3).

[97] Hans - Jurgen Engelbrecht. International R&D Spillovers, Human Capital and Productivity in OECD Economics: An Empirical Investigation [J]. European Economic Review, 1997 (41).

[98] Hanushek E. The Economics of Schooling: Production and Efficiency in Public School [J]. Journal of Economic Literature, 1986, 24 (3).

[99] Hanushek E. The Impact of Differential Expenditures on School Performance [J]. Educational Researcher, 1989 (18).

[100] Jian Wang, Emily Lin, etc. Quality Teaching and Teacher Education: A Kaleidoscope of Notions [J]. Journal of Teacher Education, 2011, 62 (4).

[101] John W. Kendrick. Some Theoretical Aspects of the Measurement of Capital [J]. The American Economic Review, 1961, 51 (2).

[102] Kenneth J. Arrow. The Economic Implications of Learning by Doing [J]. The Review of Economic Studies, 1962, 29 (3).

[103] Mark A. Smylie. From Bureaucratic Control to Building Human Capital: The Importance of Teacher Learning in Education Reform [J]. Educational Researcher, 1996, 25 (9).

[104] Mary Jean Bowman. The Human Investment Revolution in Economic Thought [J]. Sociology of Education, 1966 (39).

[105] Matthias Gocke. Learning by Doing Versus Schooling in a Model of Endog-

enous Growth [J]. Journal of Economics, 2004, 83 (1).

[106] Monk, David H. Education Productivity Research: An Update and Assessment of Its Role in Education Finance Reform [J]. Education Evaluation and Policy Analysis, 1992, 14 (4).

[107] Mulligan, C. B., X. Sala-i-Martin. A Labor Income – Based Measure of the Value of Human Capital: An Application to the States of the United States [J]. Japan and the World Economy, 1997, 9 (2).

[108] Mulligan, C. B., X. Sala-i-Martin. Measuring Aggregate Human Capital [J]. Journal of Economic Growth, 2000, 5 (3).

[109] Nehru, Vikram, etc. A New Database on Human Capital Stock in Developing and Industrial Countries: Sources, Methodology, and Results [J]. Journal of Development Economics, 1995, 46 (2).

[110] Rae Young Kim, Seung – Hwan Ham, Lynn W. Paine. Knowledge Expectations in Mathematics Teacher Preparation Programs in South Korea and the United States: Towards International Dialogue [J]. Journal of Teacher Education, 2011 (48).

[111] Robert J. Barro. Human Capital and Growth [J]. The American Economic Review, 2001 (91).

[112] Romer, P. M. Endogenous Technological Change [J]. Journal of Political Economy, 1990, 98 (5).

[113] Sam Youl Lee, Richard Florida, Gary Gates. Innovation, Human Capital, and Creativity [J]. International Review of Public Administration, 2010, 14 (3).

[114] Scherer, M. Improving the Quality of the Teaching Force: A conversation with David C. Berliner [J]. Educational Leadership, 2001, 58 (8).

[115] Theodore W. Schultz. Invest in Human Capital [J]. The American Economic Review, 1961 (51).

[116] Tomas del Barrio – Castro, Enrique Lopez – Bazo, Guadalupe Serrano –

Domingo. New Evidence on International R&D Spillovers, Human Capital and Productivity in The OECD [J]. Economic Letters, 2002 (77).

[117] Uzawa, Hirofumi. Optimum Technical Change in an Aggregative Model of Economic Growth [J]. International Economic Review, 1965, 6 (1).

[118] Yang, X., J. Borland. A Microeconomic Mechanism for Economic Growth [J]. The Journal of Political Economy, 1991, 99 (3).

[119] Young Allyn. Increasing Returns and Economic Progress [J]. The Economic Journal, 1998 (38).

[120] 丁栋虹. 从人力资本到异质型人力资本与同质型人力资本 [J]. 理论前沿, 2001 (5).

[121] 胡鞍钢. 从人口大国到人力资源大国（1980—2000 年）[J]. 中国人口科学, 2002 (5).

[122] 胡咏梅, 杜育红. 中国西部农村小学教育生产函数的实证研究 [J]. 教育研究, 2009 (7).

[123] 李垣明, 刘立新. 用总和指标测量人力资本方法初探 [J]. 人口与经济, 2007 (3).

[124] 李震英, 周亚, 等. 考虑预期工作年限的劳动人口受教育年限总量模型 [J]. 北京师范大学学报：自然科学版, 2002 (12).

[125] 石中英. 缄默知识与教学改革 [J]. 北京师范大学学报：人文社会科学版, 2001 (3).

[126] 薛海平, 闵维方. 中国西部教育生产函数研究 [J]. 教育与经济, 2008 (2).

[127] 闫淑敏, 段兴民. 中国西部人力资本存量的比较分析 [J]. 中国软科学, 2001 (6).

[128] 岳书敬. 我国省级区域人力资本的综合评价与动态分析 [J]. 现代管理科学, 2008 (4).

[129] 刘智勇, 胡永远, 易先忠. 异质型人力资本对经济增长的作用机制检验 [J]. 数量经济技术经济研究, 2008 (4).

[130] 唐景莉. 准确把握教育阶段性特征，推动教育科学发展［N］. 中国教育报，2010－03－05.
[131] 曾晓东，龙怡. 财政性教育经费使用调研：后 4% 时代路如何走［N］. 光明日报，2013－3－19.
[132] 张帆. 中国的物质资本和人力资本估算［J］. 经济研究，2000（8）.
[133] 张晓雪，周亚，等. 劳动人口人均受教育年限的预测分析［J］. 教育与经济，2002（1）.
[134] 张晓雪，周亚，李克强. 中国人力资本总量变动的影响因素分析：教育扩展和人口变动［J］. 北京师范大学学报：自然科学版，2004，(6).
[135] 朱平芳，徐大丰. 中国城市人力资本的估算［J］. 经济研究，2007（9）.

附录1　分城乡、分省(区市)地区层面教师队伍供需结构变化

按照表3－1的标准，基于1978～2010年分城乡、分省（区市）小学、初中、高中阶段生师比数据对教师劳动力供需结构进行划分；分别以1980年、1990年、2000年为横坐标，以1990年、2000年、2010年为纵坐标，将各个省（区市）的生师比列于坐标系的4个象限区域。以表3－1测算的最低生师比标准作为划分依据，在图中以深色线标出。这样，每个省（区市）在不同年份具有不同的生师比、每两个年份的生师比就形成一个坐标点，如北京市1980年、1990年的城市初中生师比形成的坐标点（12.13，8.98）。由此，不仅可以度量每个省（区市）在不同年份教师队伍的短缺—均衡—富余状态，还可以看出在过去30年不同省（区市）教师队伍短缺—均衡—富余的变动状态。

结果如附图1－1～附图1－27所示。从总体上说，小学、初中、高中都已经走出教师队伍短缺状态。

一、小学阶段分城乡、分省（区市）教师供需结构变化

以20.879作为判断城市小学教师劳动力短缺—均衡—富余的标准；以23.077作为判断县镇小学教师劳动力短缺—均衡—富余的标准；以25.275作为判断农村小学教师劳动力短缺—均衡—富余的标准。

如附图1－1～附图1－9所示，20世纪80年代，小学教育机会开始扩张。受其影响，整个80年代小学教师队伍都处于短缺状态。90年代开始，各省（区市）小学教师队伍逐渐走向均衡—富余阶段。受城市化进程与学龄人口变动的影响，县镇和农村地区小学教师富余的省（区市）更多，而2000～2010年，城市地区小学教师队伍重新步入短缺状态的省（区市）反而有所增加。

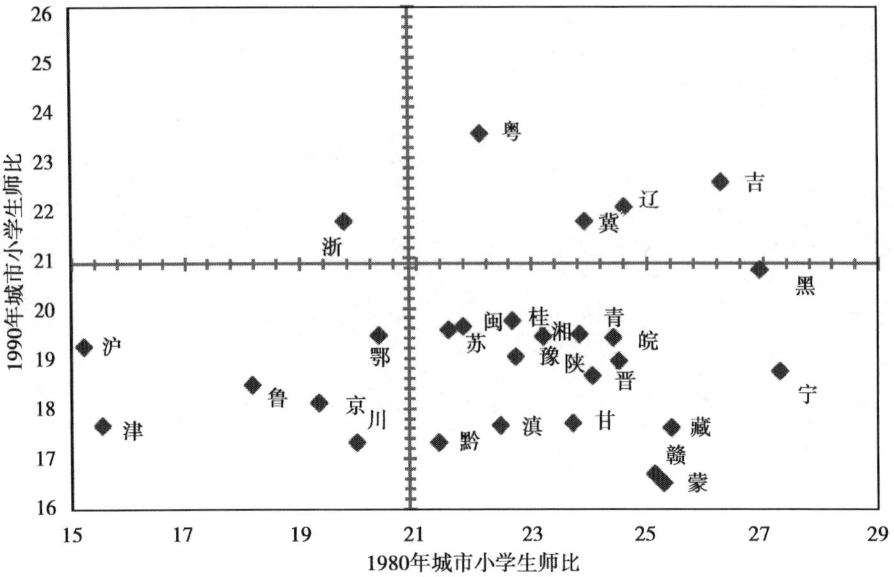

附图 1－1　1980～1990 年城市小学生师比

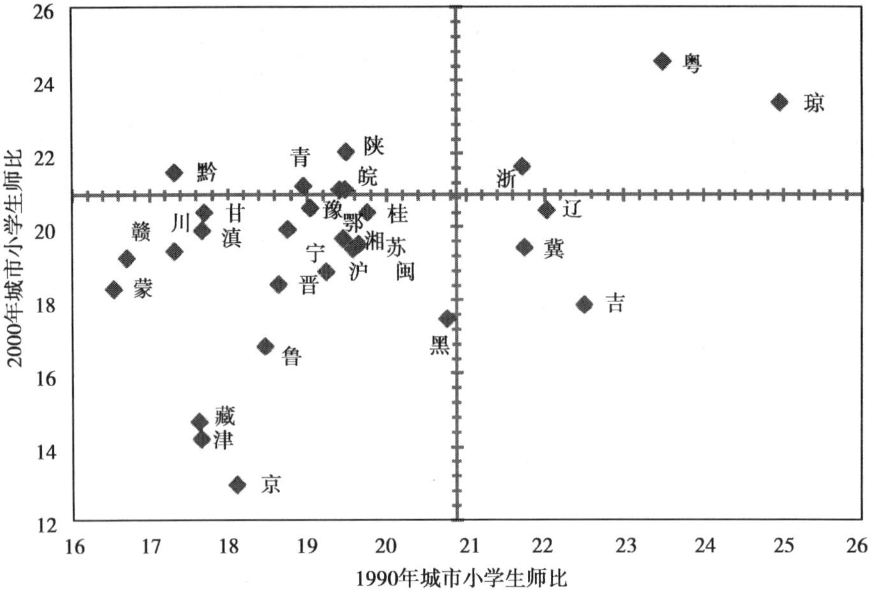

附图 1－2　1990～2000 年城市小学生师比

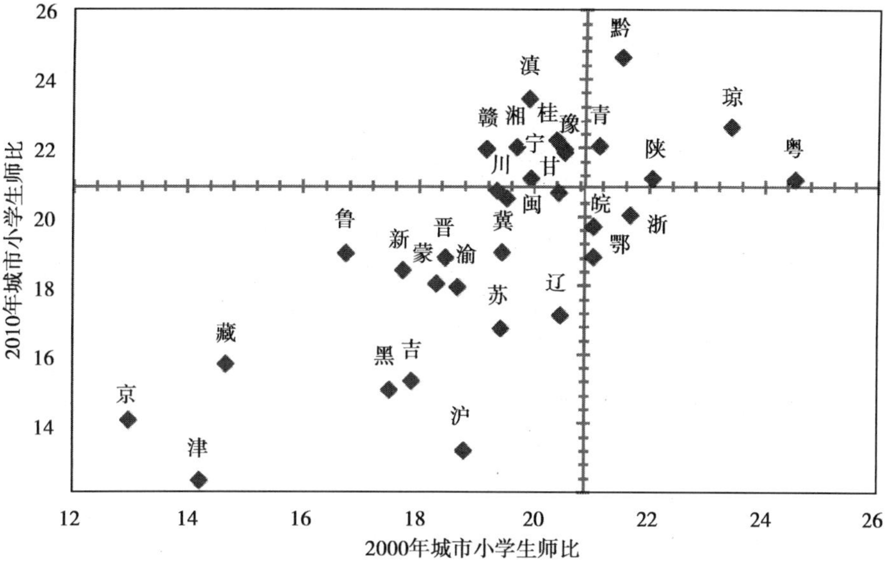

附图1-3　2000~2010年城市小学生师比

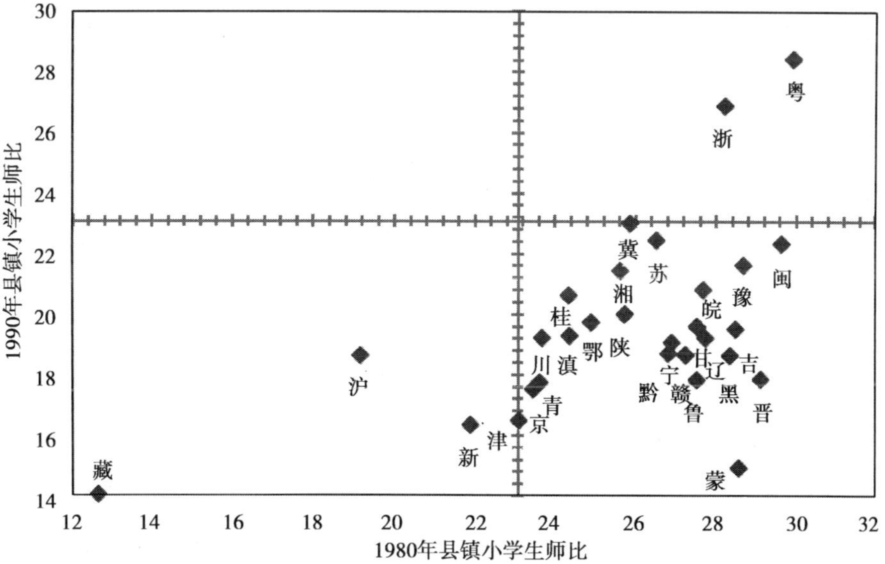

附图1-4　1980~1990年县镇小学生师比

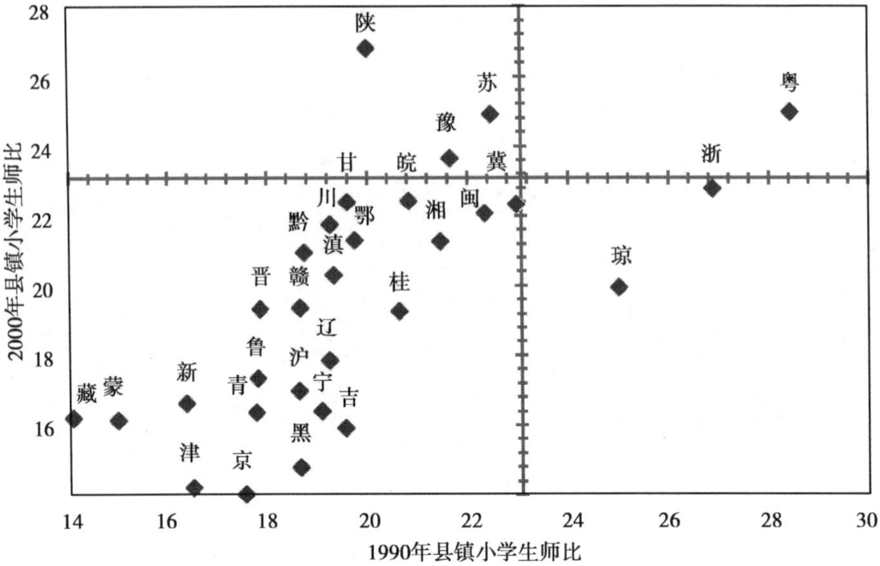

附图 1－5　1990～2000 年县镇小学生师比

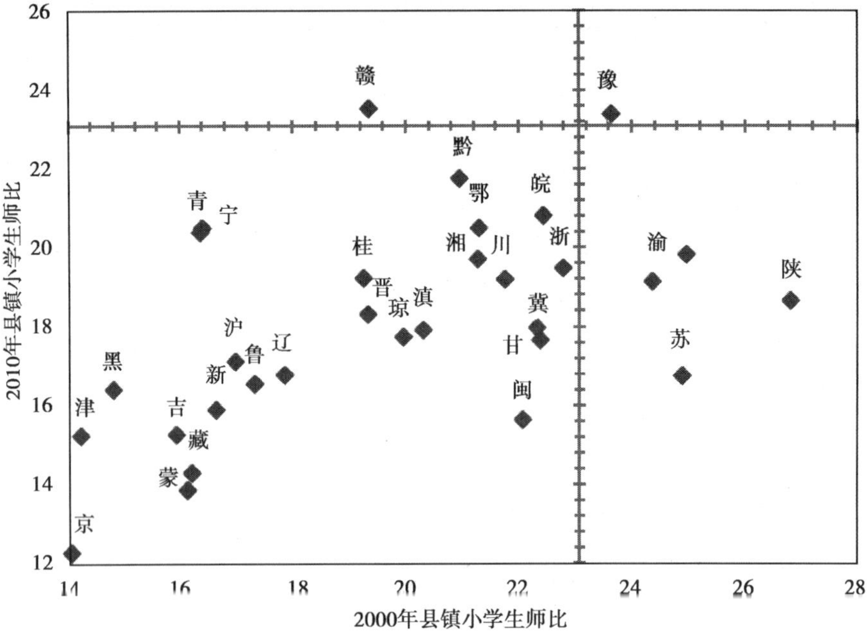

附图 1－6　2000～2010 年县镇小学生师比

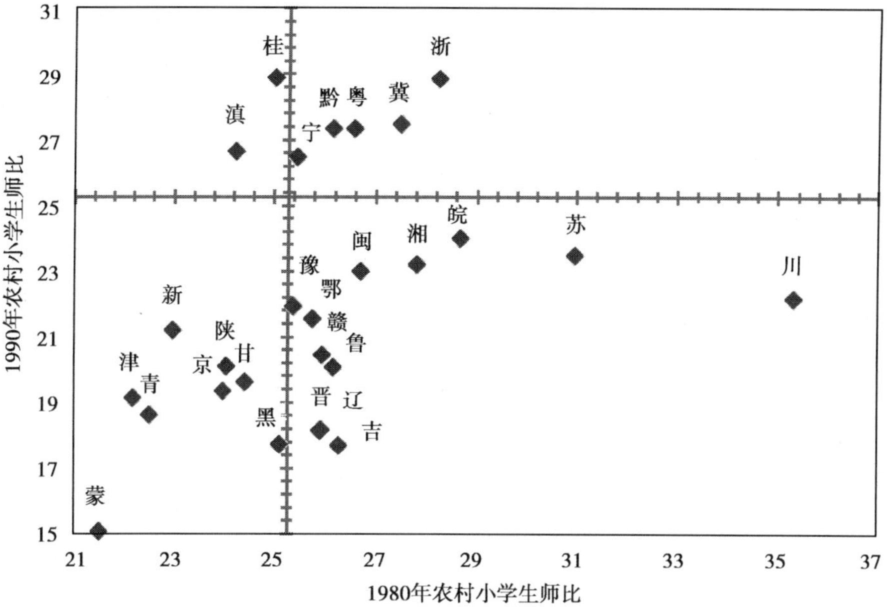

附图1－7　1980～1990年农村小学生师比

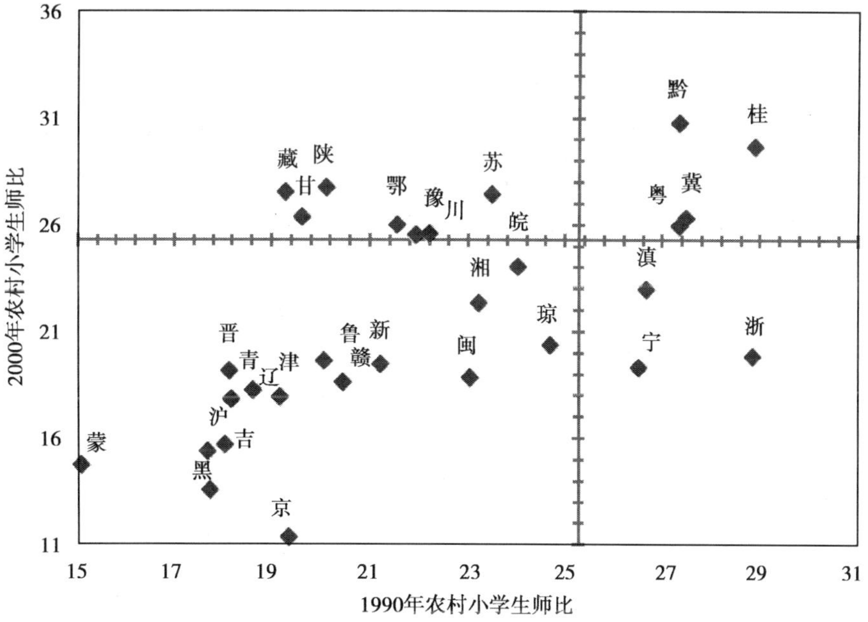

附图1－8　1990～2000年农村小学生师比

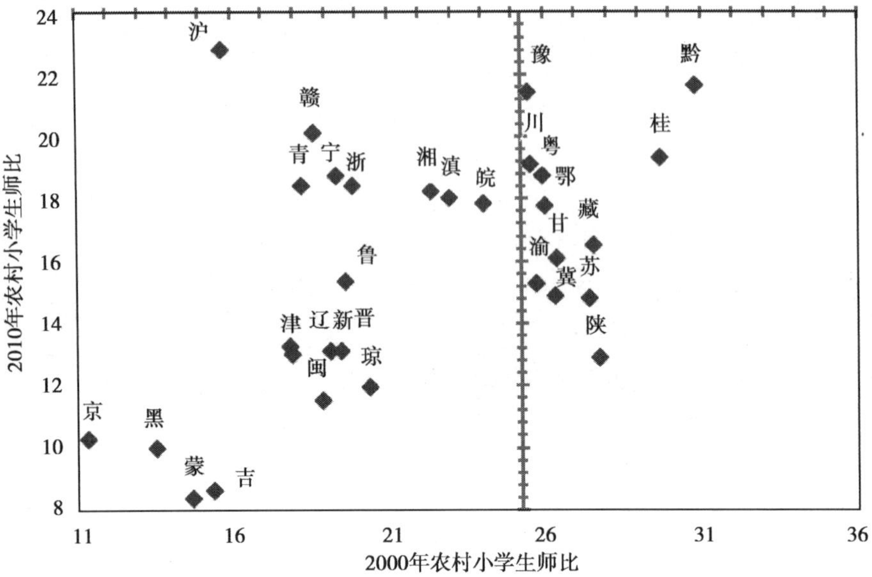

附图1-9　2000~2010年农村小学生师比

二、初中阶段分城乡、分省教师供需结构变化

以15.882作为城市初中教师劳动力队伍短缺—均衡—富余的判断指标；以18.824作为县镇初中教师队伍劳动力短缺—均衡—富余的判断指标；以21.176作为农村初中教师队伍劳动力短缺—均衡—富余的判断指标。

初中阶段教育机会从20世纪90年代开始扩张。因此，80~90年代，初中教师富余的省（区市）较多，而进入90年代，许多省（区市）开始呈现初中教师短缺的特征。这一特征在整个90年代困扰着初中教师队伍的建设，一直到2005年之后才开始由短缺走向均衡乃至富余。同样，由于受到城市化进程与学龄人口变动影响，贵州、云南、湖南等省（区市）的城市初中教师队伍重新进入短缺状态如附图1-10~附图1-18所示。

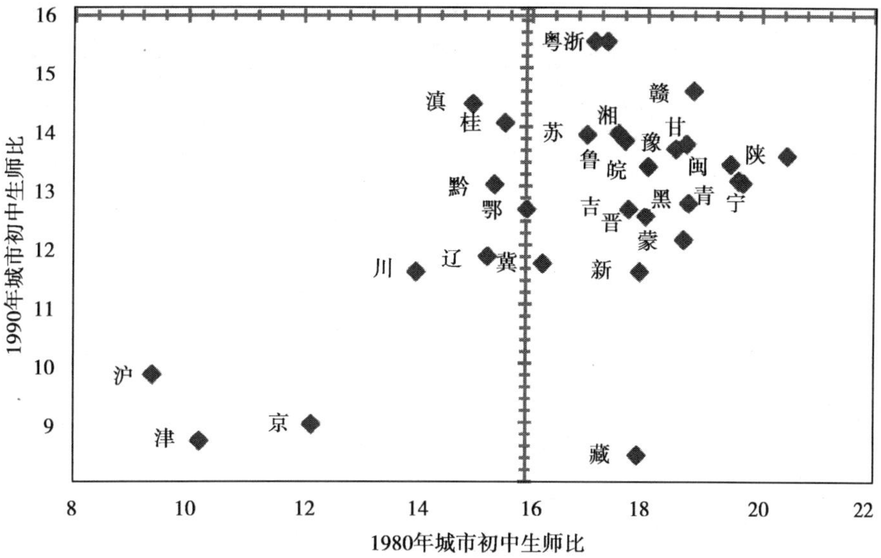

附图1-10　1980~1990年城市初中生师比

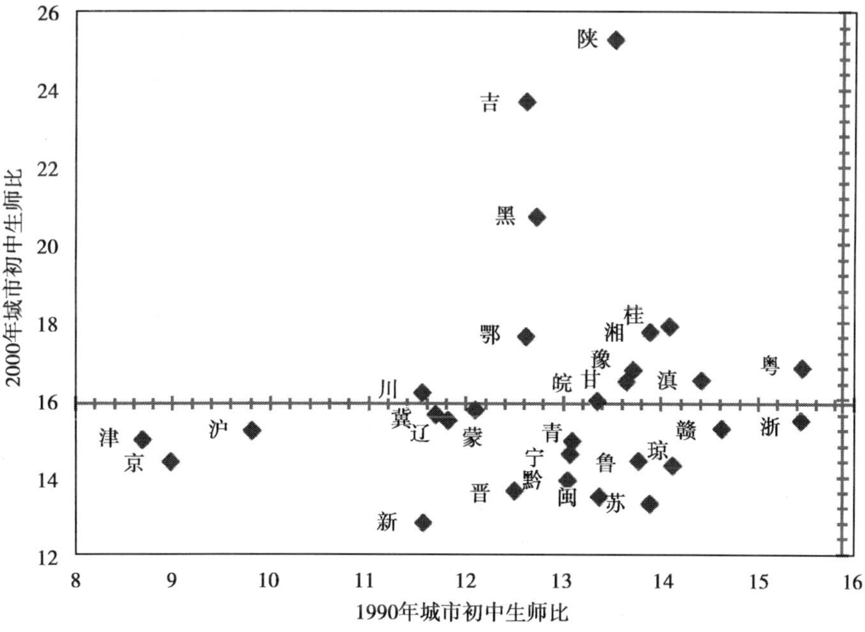

附图1-11　1990~2000年城市初中生师比

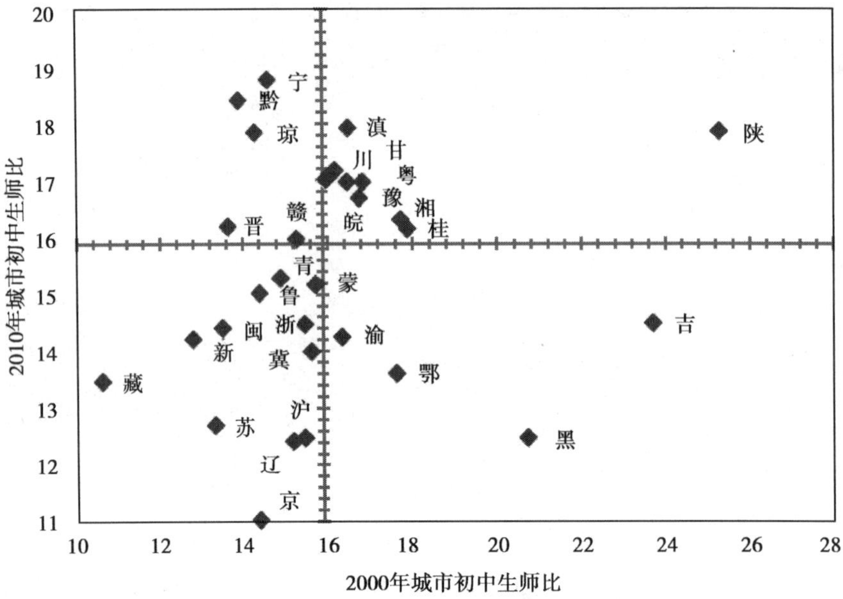

附图1－12　2000～2010年城市初中生师比

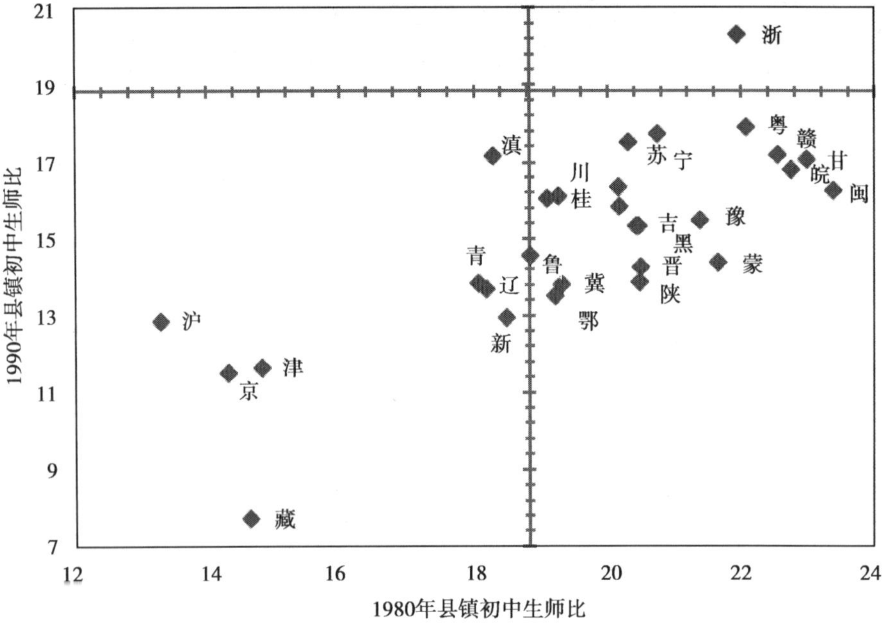

附图1－13　1980～1990年县镇初中生师比

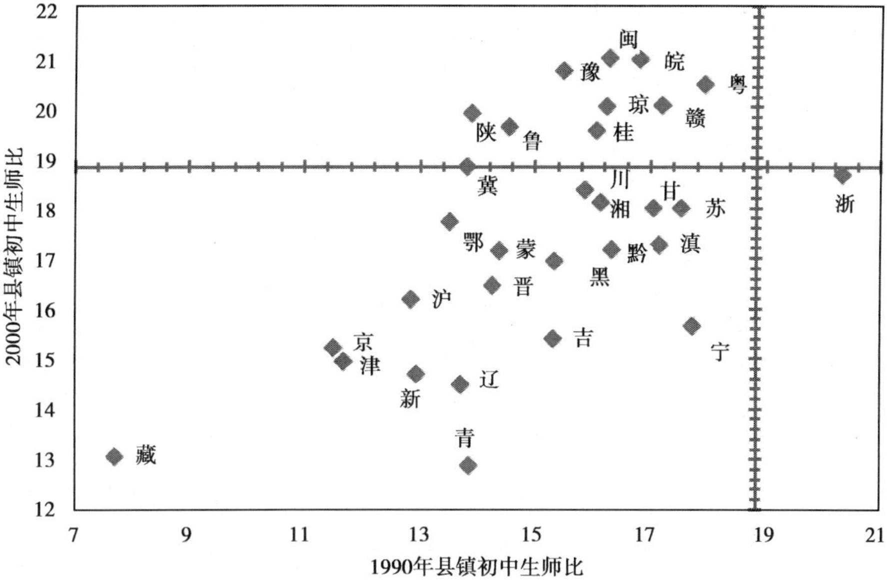

附图1－14　1990～2000年县镇初中生师比

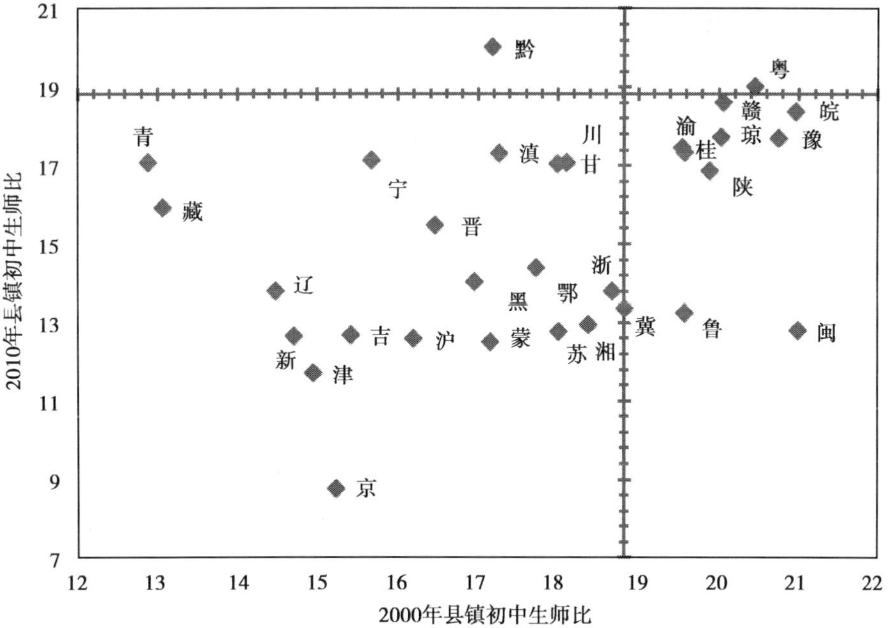

附图1－15　2000～2010年县镇初中生师比

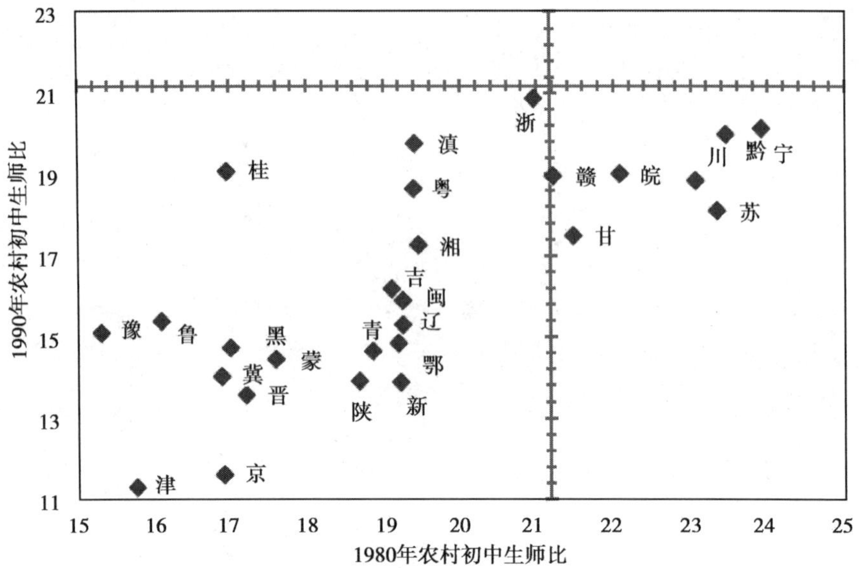

附图 1－16　1980～1990 年农村初中生师比

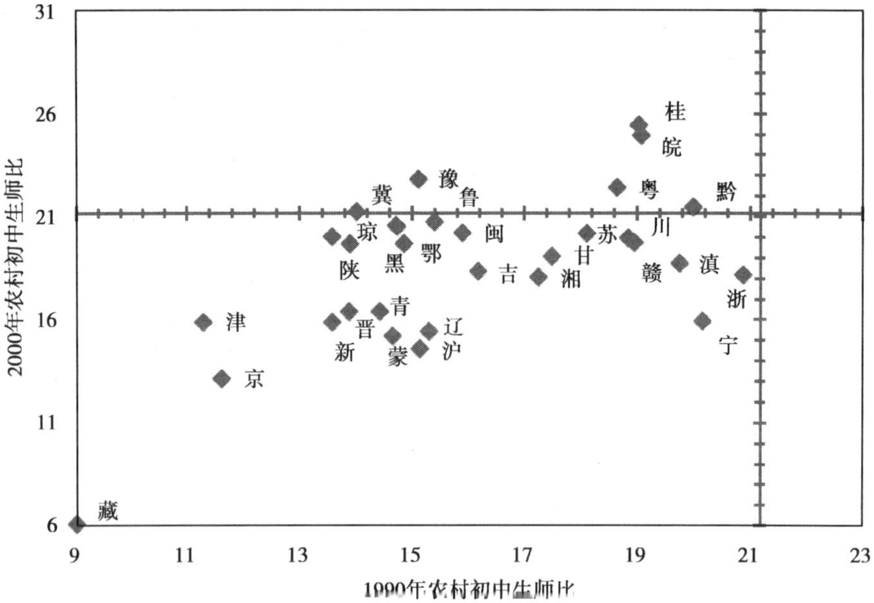

附图 1－17　1990～2000 年农村初中生师比

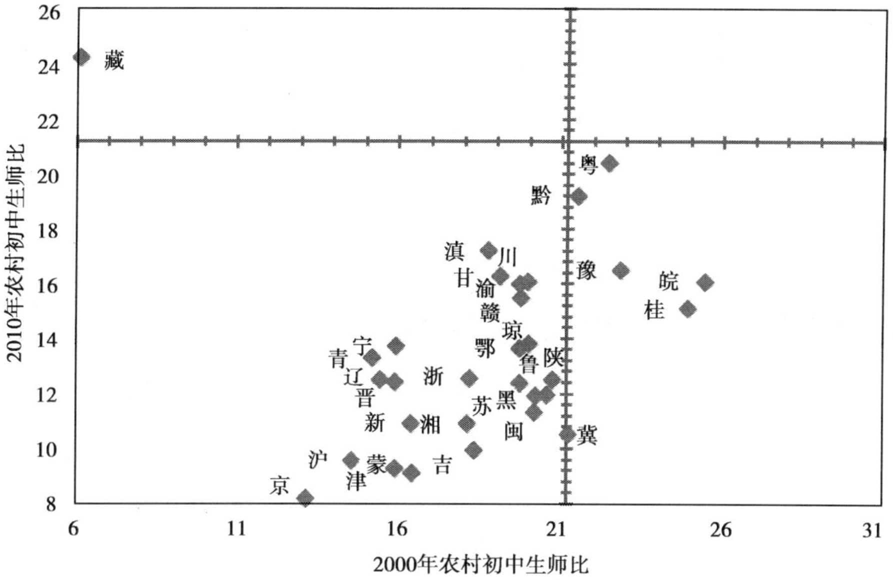

附图1-18　2000~2010年农村初中生师比

三、高中阶段分城乡、分省教师供需结构变化

以14.881作为城市高中教师队伍劳动力短缺—均衡—富余的判断指标；以15.476作为县镇高中教师队伍劳动力短缺—均衡—富余的判断指标；以16.071作为农村高中教师队伍劳动力短缺—均衡—富余的判断指标。

高中阶段教育机会扩张以1994年为起点。如附图1-19~附图1-27所示，在扩张之前，大部分省（区市）的城市、县镇、农村地区的高中教师队伍都处于富余状态；自90年代中期，各省（区市）迅速进入高中教师短缺状态。这种短缺在2005年左右达到顶峰，之后逐步缓解。总体来说，截至2010年，东部发达地区进入高中教师富余的省（区市）明显多于中西部地区。

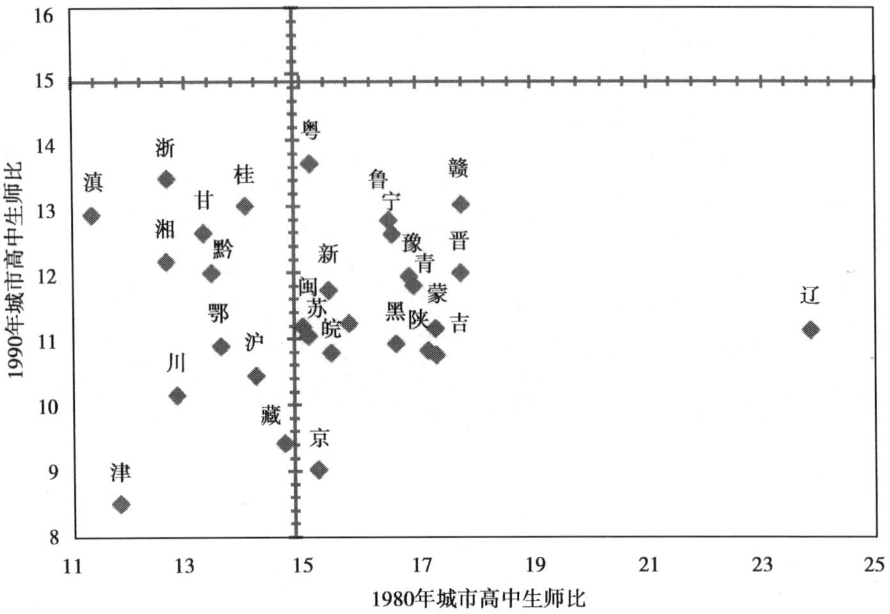

附图 1－19　1980～1990 年城市高中生师比

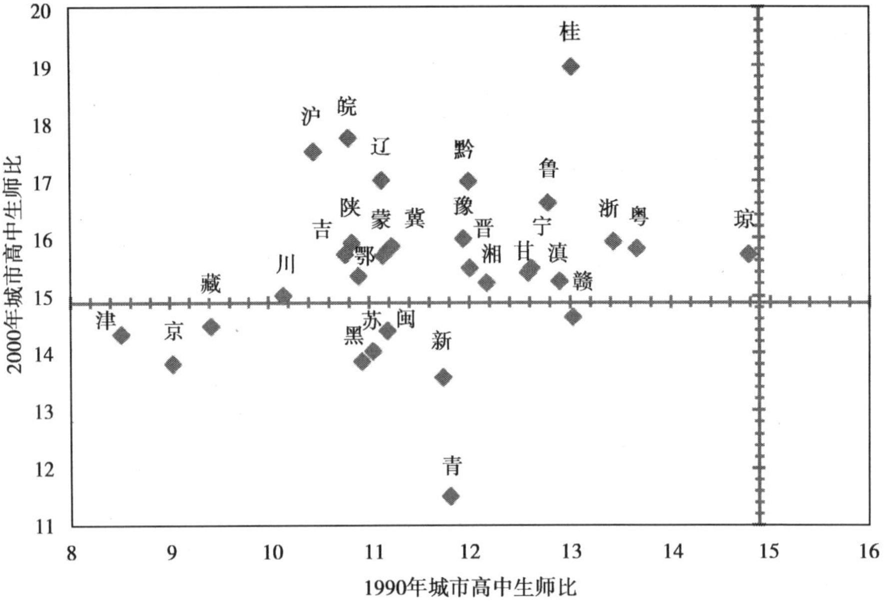

附图 1－20　1990～2000 年城市高中生师比

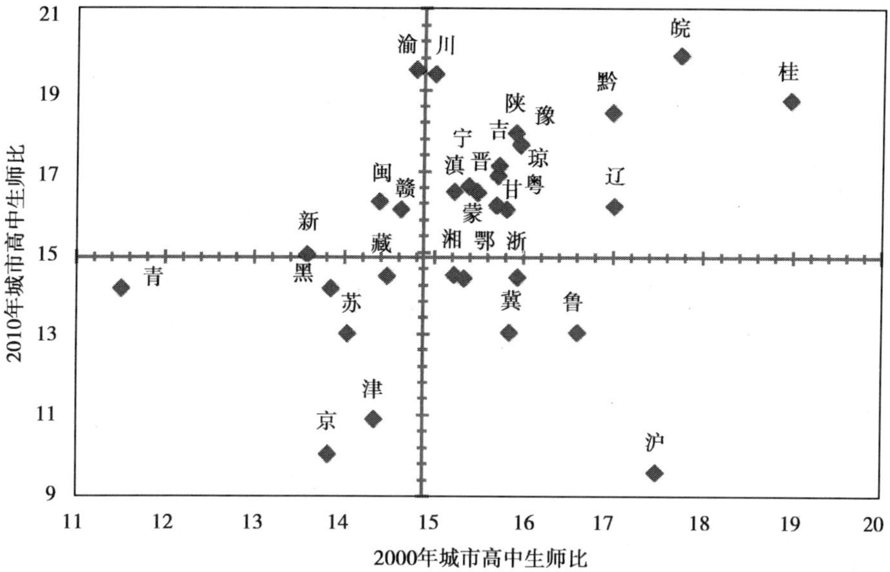

附图1－21 2000～2010年城市高中生师比

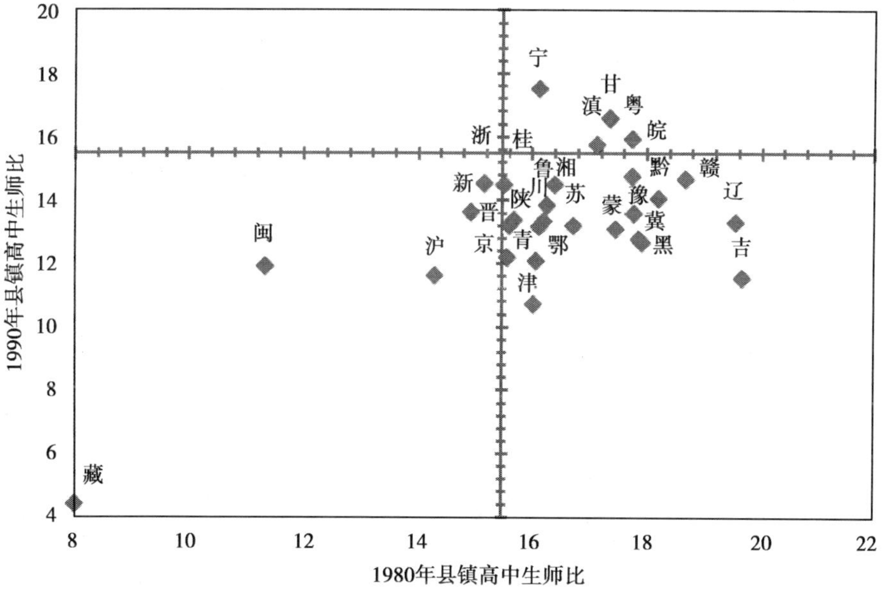

附图1－22 1980～1990年县镇高中生师比

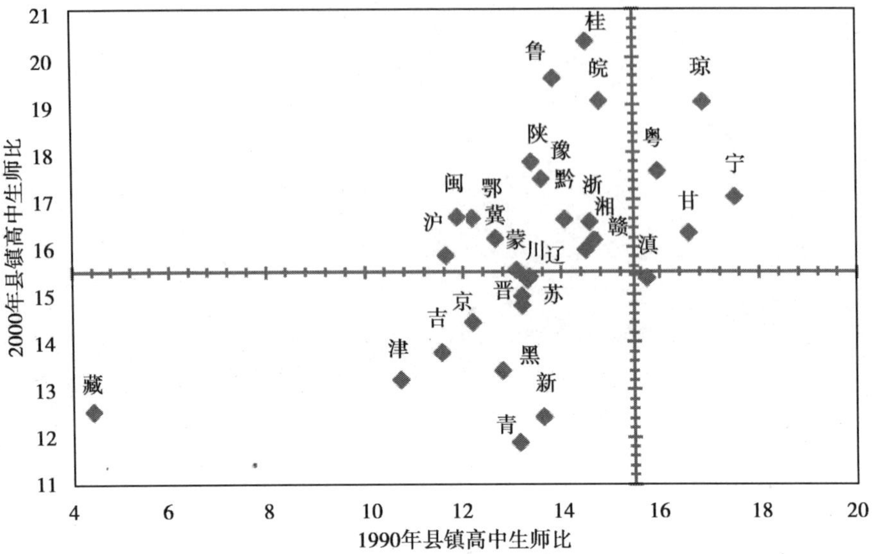

附图 1－23　1990～2000 年县镇高中生师比

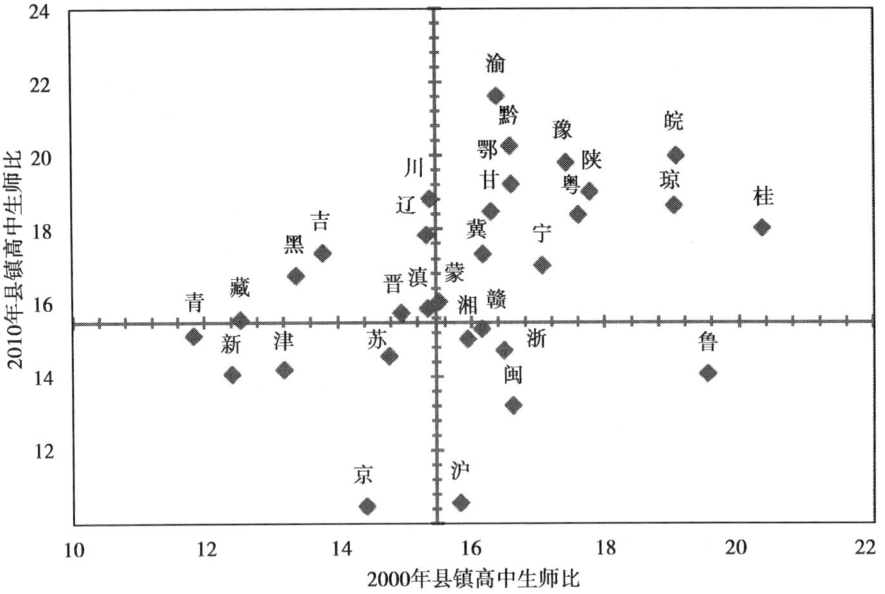

附图 1－24　2000～2010 年县镇高中生师比

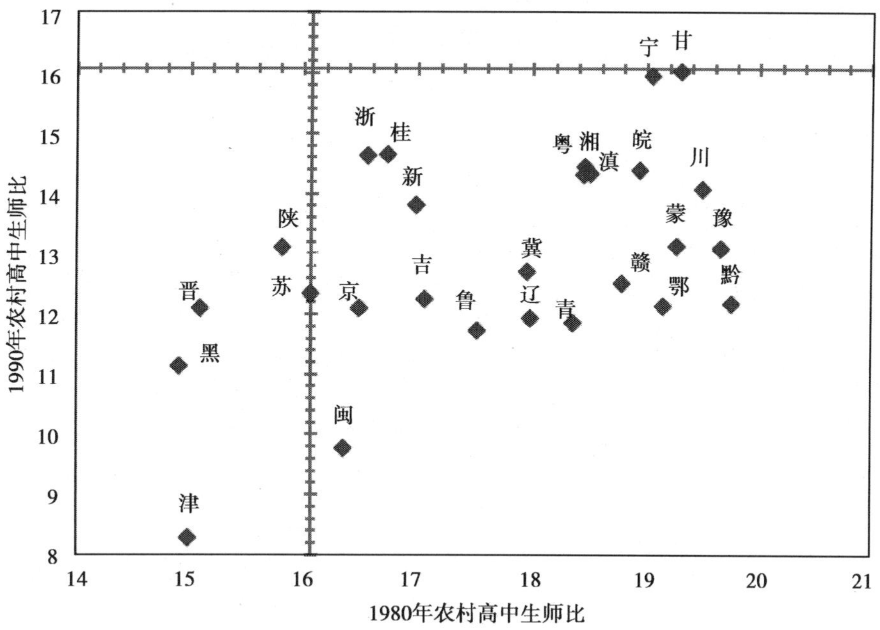

附图 1－25　1980～1990 年农村高中生师比

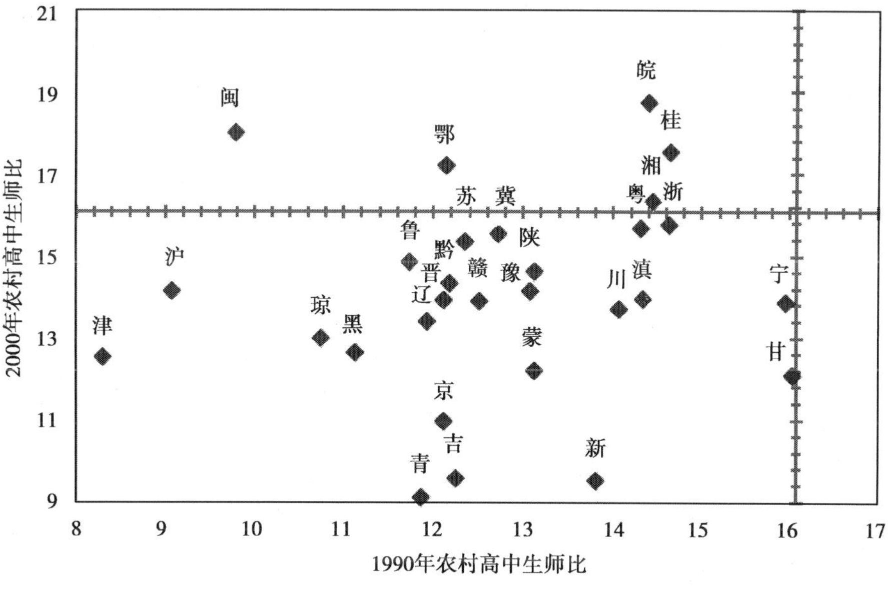

附图 1－26　1990～2000 年农村高中生师比

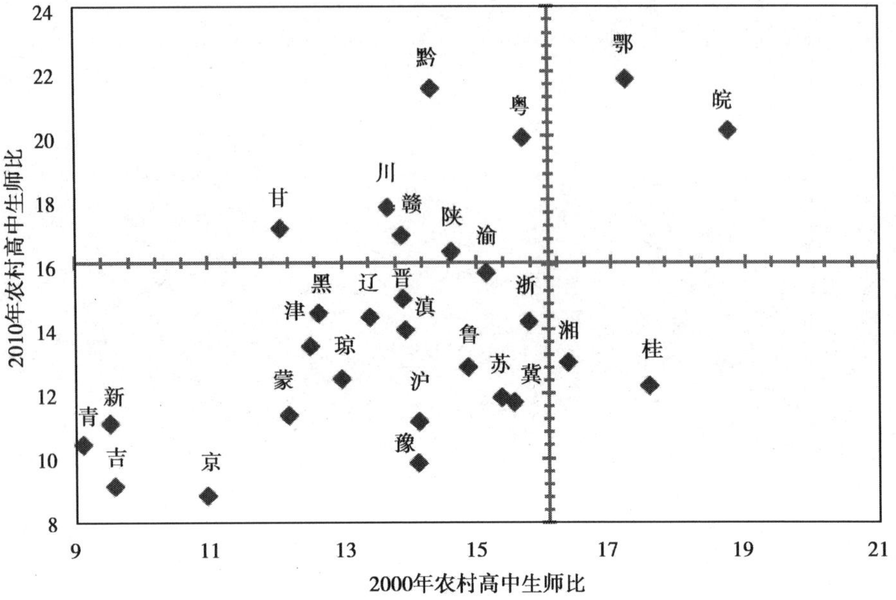

附图1－27　2000～2010年农村高中生师比

附录2　中小学教师队伍平均受教育年限情况

根据公式5－2和历年教育统计年鉴，计算中小学教师队伍平均受教育年限。对于缺失数据，根据公式5－11估算。

小学阶段，根据公式5－11估算1981～1983年、1985年、1987年小学教师平均受教育年限。

附表2－1　1979～2011年小学阶段教师平均受教育年限（年）

年　份	平均受教育年限	年　份	平均受教育年限
1979	10.05	1996	11.96
1980	10.19	1997	12.10
1981	10.28	1998	12.23
1982	10.37	1999	12.37
1983	10.46	2000	12.52
1984	10.56	2001	12.74
1985	10.64	2002	12.94
1986	10.72	2003	13.18
1987	10.82	2004	13.46
1988	10.92	2005	13.72
1989	11.03	2006	13.92
1990	11.12	2007	14.10
1991	11.50	2008	14.26
1992	11.50	2009	14.43
1993	11.66	2010	14.57
1994	11.74	2011	14.74
1995	11.84	/	/

根据公式5－2、公式5－11得出初中教师队伍的平均受教育年限。

附表2－2　1978～2011年初中阶段教师队伍平均受教育年限（年）

年　份	平均受教育年限	年　份	平均受教育年限
1978	11.82	1995	13.94
1979	11.91	1996	14.20
1980	11.99	1997	14.39
1981	12.53	1998	14.52
1982	12.70	1999	14.62
1983	12.63	2000	14.70
1984	12.56	2001	14.83
1985	12.64	2002	14.90
1986	12.72	2003	15.00
1987	12.88	2004	15.11
1988	13.03	2005	15.21
1989	13.23	2006	15.31
1990	13.41	2007	15.40
1991	13.56	2008	15.48
1992	13.69	2009	15.56
1993	13.82	2010	15.62
1994	13.72	2011	15.67

根据公式5－11估算1983年、1987年高中阶段教师平均受教育年限，得到1978～2011年高中阶段教师队伍的平均受教育年限。

附表2－3　1978～2011年高中阶段教师平均受教育年限（年）

年　份	平均受教育年限	年　份	平均受教育年限
1978	14.06	1995	15.40
1979	14.25	1996	15.45
1980	14.30	1997	15.50
1981	14.47	1998	15.56
1982	14.63	1999	15.60
1983	14.71	2000	15.63
1984	14.79	2001	15.70
1985	14.86	2002	15.73
1986	14.92	2003	15.77
1987	15.00	2004	15.81
1988	15.07	2005	15.86
1989	15.15	2006	15.90
1990	15.21	2007	15.94
1991	15.24	2008	15.98
1992	15.30	2009	16.02
1993	15.34	2010	16.05
1994	15.35	2011	16.08

附录3　中小学教师队伍女性比例

受宏观数据限制，部分年份女性教师比例缺失。根据公式5－11进行估算。

小学阶段，1981～1983年女性教师比例数据缺失。根据公式5－11估算出1981～1983年女性教师比例，得出各个年份小学教师女性比例。

附表3－1　1978～2011年小学教师队伍女性比例（%）

年份	比例	年份	比例
1978	37.80	1995	46.61
1979	36.60	1996	47.40
1980	37.10	1997	48.28
1981	37.57	1998	48.91
1982	38.05	1999	49.65
1983	38.52	2000	50.63
1984	38.99	2001	52.16
1985	39.60	2002	52.91
1986	40.38	2003	53.56
1987	40.95	2004	54.22
1988	41.53	2005	54.79
1989	42.57	2006	55.23
1990	43.15	2007	55.73
1991	43.79	2008	56.36
1992	44.49	2009	57.11
1993	45.16	2010	57.95
1994	45.80	2011	58.68

中学阶段，由于1985年之前对女性教师的统计不分初高中，无法了解，所以从1985年开始计算。

附表3－2　1985～2011年初中教师队伍女性比例（%）

年　份	比　例	年　份	比　例
1985	34.70	1999	41.57
1986	29.24	2000	42.61
1987	29.86	2001	43.90
1988	30.53	2002	44.59
1989	31.80	2003	47.16
1990	32.68	2004	45.88
1991	33.65	2005	46.45
1992	34.62	2006	46.97
1993	35.38	2007	47.50
1994	36.00	2008	48.17
1995	37.07	2009	48.81
1996	38.28	2010	49.48
1997	39.46	2011	50.13
1998	40.60	/	/

附表3－3　1985～2011年高中教师队伍女性比例（%）

年　份	比　例	年　份	比　例
1985	24.47	1999	34.90
1986	24.40	2000	36.09
1987	24.50	2001	37.46
1988	25.07	2002	38.68
1989	25.76	2003	34.18
1990	26.41	2004	41.74
1991	26.69	2005	42.99
1992	27.35	2006	44.19
1993	27.82	2007	45.15
1994	28.12	2008	46.08
1995	29.03	2009	46.87
1996	30.25	2010	47.66
1997	31.74	2011	48.36
1998	33.33	/	/

附录4　2006～2013年中小学承担国家教育科学规划课题一览

附表4－1　2006～2013年中小学承担国家教育科学规划课题一览

年份	课题名称	姓名	课题批准号	课题类别	工作单位
2006	感恩教育与情感体验德育的实践模式研究	仇忠海	DEA060105	教育部重点	上海市七宝中学
2006	小学角色教育资源的开发利用研究	李丽娟	BEA060021	国家一般	吉林省临江市建国小学
2006	“自主—合作—发展”：当代学校制度与文化的变革性实践研究	何学锋	EHA060211	教育部青年专项	上海市闵行区实验小学
2007	传承孔子教育思想：深化小学素质教育的校本书	冯爱东	DHA070151	教育部重点	南京市夫子庙小学
2008	中学超常儿童的创造力培养研究	刘彭芝	BBA080042	国家一般	中国人民大学附属中学
2008	应用戏剧教学法促进教师专业发展与学生心理健康实验研究	马利文	DBA080172	教育部重点	北京师范大学实验小学
2009	山东省传统文化与民间艺术教育示范基地的论证暨建设	李梅凤	DHA090172	教育部重点	山东省济南第七中学
2009	实验性示范性高中推进优秀创新人才早期培育的实验研究	唐盛昌	DHA090173	教育部重点	上海市上海中学
2009	宏志精神引领下的学生精神成长的行动研究	陈立群	DEA090186	教育部重点	浙江杭州市长河高级中学
2009	“阳光体育运动”校本化实施与保障体系建构研究	甘亦农	DLA090298	教育部重点	江苏省常州高级中学
2009	儿童可能性教育的实践与探索研究	郑巍巍	DHA090194	教育部重点	宁波市北仑区淮河小学
2010	流动儿童城市生活和学习适应性研究	徐长敏	BHA100050	国家一般	山东省临沂市第五中学
2010	普通中小学校自我诊断指标体系构建与工作开发研究	李希贵	DHA100226	教育部重点	北京市十一学校

续表

年份	课题名称	姓名	课题批准号	课题类别	工作单位
2010	内地西藏班（校）高中学生物理学习困难成因及对策研究	李晓芬	DMA100352	教育部重点	河北师范大学附属西藏学校
2010	开放式小学语文教学研究	张云鹰	DHA100248	教育部重点	深圳市宝安区西乡中心小学
2010	基于积极心理学的小学生学习品质优化的研究	孙　琳	DBA100198	教育部重点	上海市闸北区第三中心小学
2011	学术性高中的内涵和实践研究	果淑兰	BHA110057	国家一般	北京市第十一中学
2011	民工子女城市学校生活的适应性研究	居莉萍	BHA110059	国家一般	常州市雕庄中学
2011	普通中学建立现代书院学习机制创新个性化人才培养模式的行动研究	魏　勇	DHA110239	教育部重点	北京市十一学校
2011	高中数学有效教学课例研究	周建华	DHA110240	教育部重点	中国人民大学附属中学
2011	外来务工人员子女融合教育的策略研究	傅明宝	DHA110241	教育部重点	南京市沙洲中学
2011	核心问题教学中的学生深度体验实践研究	周文良	DHA110242	教育部重点	四川大学附属中学
2011	基于“全人格”教育理念下的创新人才培养模式研究——以北师大附中钱学森班为对象	刘　沪	DHA110244	教育部重点	北京师范大学附属中学
2011	人口较少民族的教育特色研究——以裕固族为例	安维武	DMA110313	教育部重点	甘肃省肃南裕固族自治县第一中学
2011	基础教育高中阶段少数民族精英人才发现和培养模式探究	田　琳	EHA110364	教育部青年专项	中央民族大学附属中学
2011	高中舞蹈课程的开发与实践研究	肖　燕	ELA110403	教育部青年专项	北京市第八十中学
2011	基于斯霞教育思想的“爱的课堂”的校本书	闫　勤	BHA110058	国家一般	南京师范大学附属小学
2011	个性化作业设计研究	杨　辉	CHA110135	国家青年	西安市未央区大明宫小学
2011	基于课堂观察的新教师校本培训活动的设计与运用研究	章献明	EHA110363	教育部青年专项	杭州市西湖小学教育集团（总校）
2011	城郊结合部小学学困生学习习惯养成的实践研究	王　梅	EHA110365	教育部青年专项	云南省昆明市官渡区东站小学

续表

年份	课题名称	姓名	课题批准号	课题类别	工作单位
2011	新课程背景下集体备课运行机制的研究	鲍宗武	EHA110366	教育部青年专项	浙江省遂昌县实验小学
2012	基于课标的数字化单元学材开发与学生自主诊断学习的研究	徐　谊	DCA120186	教育部重点	上海市海滨第二中学
2012	对口支援新疆高中班实施中华优秀传统文化教育的实践研究	谷荣生	DEA120209	教育部重点	安徽省当涂第二中学
2012	促进学习的课堂评价研究	唐江澎	DHA120245	教育部重点	江苏省锡山高级中学
2012	基于“书院文化”的现代学校文化建设研究与实践	许　伟	DHA120249	教育部重点	上海市嘉定区震川中学
2012	中国传统文化教育课程研发与实施的实践研究	张瑞清	DHA120252	教育部重点	北京师范大学实验中学
2012	关于普通高中构建学习共同体的实验与研究	赵胜军	DHA120253	教育部重点	山东省莱阳市第九中学
2012	中学发展性互动高效课堂教学模式研究	梁国就	DHA120255	教育部重点	广州市第三中学
2012	构建校本化课程体系：培养学生创新性学力	张　群	DHA120258	教育部重点	上海市控江中学
2012	基于导师考核制下高中生自主学习能力培养的校本化行动研究	王　飞	DHA120259	教育部重点	句容市实验高级中学
2012	学生高效率学习的心理研究	戴晓政	EBA120334	教育部青年专项	四川省温江中学
2012	中学数学远程辅导研究	陈永建	ECA120343	教育部青年专项	福建省建瓯市吉阳中学
2012	基于交互式电子白板的资源建设与应用研究	颜　桦	ECA120345	教育部青年专项	连云港市中云中学
2012	中等职业学校“五模块四星级”阶梯式德育评价体系的实践与研究	谢爱明	EFA120355	教育部青年专项	江苏省射阳职业高级中学
2012	基于课堂观察促进学习目标达成的行动研究	卢焱尧	EHA120376	教育部青年专项	贵州省贵阳市第二中学
2012	关联理论视域中的小学语文组块教学研究	薛法根	BHA120048	国家一般	吴江市盛泽实验小学
2012	12岁以前的语文：小学语文学校课程体系的建构与实践研究	孙双金	BHA120050	国家一般	南京市北京东路小学
2012	基于学校生活变革的小学生分享品行养成研究	杨文娟	DHA120246	教育部重点	常州市实验小学

续表

年份	课题名称	姓名	课题批准号	课题类别	工作单位
2012	“独二代”儿童阳光情怀教育的实践研究	潘晨阳	DHA120247	教育部重点	常州市解放路小学教育集团
2012	生长教育理论与实践的研究	张康桥	DHA120248	教育部重点	江苏省溧阳市实验小学
2012	村寨儿童活动中心建设及管理研究	梁中凯	DHA12025	教育部重点	贵州省遵义市余庆县龙家小学
2012	小学生低碳生活行为习惯养成教育研究	甘君艳	DHA120254	教育部重点	湖南省常德市安乡县深柳镇城东小学
2012	流动儿童良好学习品质的培养——基于学生作业的研究	徐春英	DHA120256	教育部重点	镇江市桃园中心小学
2012	重构三年级：消缓学业成绩分化的儿童健康发展的实证研究	徐健湖	DHA120257	教育部重点	江苏省江阴市实验小学
2012	小学生自主学习工具包的开发与应用研究——以信息科技学科为例	黄丽峰	ECA120344	教育部青年专项	上海市嘉定区清水路小学
2012	基于儿童成长特征的课堂教学实践研究	汪培新	EHA120367	教育部青年专项	浙江省杭州市学军小学
2013	大学附属中学办学特色研究	沈　杰	BFA130032	国家一般	首都师范大学附属中学
2013	小、初、高一体化课程建设与育人模式变革研究	于会祥	BHA130054	国家一般	北京市育英学校
2013	基于云课堂的中学移动学习实践研究	李静微	BHA130055	国家一般	上海市仙霞高级中学
2013	苗族、布依族聚居地中学课程社会化的研究	蒋建军	BHA130056	国家一般	贵州省惠水民族中学
2013	构建基于培养创新人才的中学技术课程体系的校本实践研究	何　斌	DHA130279	教育部重点	北京市第八十中学
2013	后“茶馆式”教学的发展研究	张人利	DHA130280	教育部重点	上海市静安区教育学院附属学校
2013	大中学衔接培养科技创新人才	谭　蔚	DHA130282	教育部重点	厦门大学附属科技中学
2013	促进自主探究——高中物理专题研究性学习实施策略研究	罗　翀	DHA130285	教育部重点	福建省三明第一中学
2013	有效阅读与学生发展研究	钟学丽	DHA130286	教育部青年专项	湖南省常德市第一中学

续表

年份	课题名称	姓名	课题批准号	课题类别	工作单位
2013	生态视域下基于学生认知表征的有效教学策略的研究	方　治	EHA130397	教育部重点	浙江省义乌中学
2013	“疑思导学”教学模式的实践研究	陈　伟	DHA130276	教育部重点	四川省成都高新实验小学
2013	成就儿童幸福梦：小学无书面家庭作业的多元设计与实践策略研究	李武南	DHA130283	教育部重点	浙江省金华市宾虹小学
2013	实践共同体视域中成熟期教师适应性专长发展和观念重构的研究	姜　敏	DHA130287	教育部重点	上海市宝山区行知小学

附录5　北京市第X中学人文综合和艺术总论课程改革学生调查问卷

亲爱的同学：

你好！欢迎参加北京市第X中学人文综合和艺术总论课程改革的学生问卷调查！本调查旨在了解参与此次课程改革的学生对课程的看法，为更好地推进课程改革提供数据支撑。问卷采用匿名填写的方式，将充分保障你的利益与隐私。填答这份问卷不会花费太长时间，但您的每一个答案都会对调查的结果产生至关重要的影响，关系到你和身边同学的切身利益。希望你能够认真阅读各部分的相关要求并如实作答^o^（温馨提示：在正式填写之前，请你确认自己已经认真阅读了上面的说明）。

——北京市第X中学“发现计划”实施小组

一、基本情况

请你根据自己的真实情况进行填写或是在符合你的选项上画“√”。

性别：(1) 男　　(2) 女

班级：

二、对人文综合课程的看法

请你仔细阅读下面的每一条表述，根据自己对每一条表述的认同程度在后面的方框内画“√”。

		非常同意	同　意	不同意	非常不同意
1	我认为人文综合是我学得最好的学科之一				
2	学习人文综合课是重要的，因为它对我在学校学习其他学科有帮助				
3	我学习人文综合课是因为我喜欢这门课				
4	我在人文综合课中能学到许多帮助我未来发展的知识				
5	我在写作人文综合课期中测评的论文时觉得无助				
6	我盼着上人文综合课				
7	人文综合课对我而言是一门重要的学科，因为我今后的学习需要它				
8	我在政治制度和历史上学得快				
9	我经常担心人文综合课会很难				
10	我对人文综合课中学到的东西感兴趣				
11	在我上课不得不做人文综合课的思考题时我会非常紧张				
12	我的人文综合学得还不错				
13	我担心我的人文综合课成绩会很差				
14	我就是不擅长人文综合方面的思考题				
15	努力学习人文综合课是值得的，因为它对我今后要做的工作有帮助				
16	我在准备人文综合课期中测评的辩论问题时非常不安				
17	我喜欢阅读有关政治和历史的东西				
18	人文综合课上我甚至连最难的内容也能理解				

对于以下问题，根据你对自己解决这些问题的信心在后面的方框内画“√”。

		非常自信	比较自信	不太自信	非常不自信
19	分析梭伦和克里斯提这两次改革从哪些方面使雅典政治制度更加民主了				
20	从政治制度发展上解释“辉煌属于希腊，荣耀归于罗马”的含义				

续表

		非常自信	比较自信	不太自信	非常不自信
21	从美国的权力制衡机制方面分析美国总统奥巴马在推行医疗改革时可能会遇到什么困难				
22	解释英国、法国、德国不同政治体制的历史根源				
23	解释单一制和联邦制及其优势和劣势				
24	说明中国自秦汉到明清在处理中央政府和地方政府关系上进行了哪些改革，解释其改革的原因、措施及改革效果				
25	从综合国力的构成角度分析日本为什么可以在钓鱼岛问题上采取强硬态度				

三、对艺术总论课程的看法

请你仔细阅读下面的每一条表述，根据自己对每一条表述的认同程度在后面的方框内画“√”。

		非常同意	同　意	不同意	非常不同意
1	我认为艺术总论是我学得最好的学科之一				
2	学习艺术总论是重要的，因为我想在这门课上取得好成绩				
3	我学习艺术总论是因为我喜欢这门课				
4	我在人文综合课中能学到许多帮助我未来发展的知识				
5	我在写作艺术总论期中测评的论文时觉得无助				
6	我盼着上人文综合课				
7	艺术总论对我而言是一门重要的学科，因为我将来的发展可能需要它				
8	我能够很快地用艺术形式表达出一定的艺术主题				
9	我经常担心艺术总论课会很难				
10	我对艺术总论课中学到的东西感兴趣				
11	在上课不得不完成小组作业时我会非常紧张				

续表

		非常同意	同　意	不同意	非常不同意
12	我的艺术总论学得还不错				
13	我担心我的艺术总论课成绩会很差				
14	我就是不擅长对艺术作品的鉴赏和分析				
15	努力学习艺术总论是值得的，因为它对我今后的工作有帮助				
16	我在准备艺术总论小组展示时非常不安				
17	我喜欢阅读与艺术相关的东西				
18	艺术总论课上我甚至连最难的内容也能理解				

对于以下问题，根据你对自己解决这些问题的信心在后面的方框内画“√”。

		非常自信	比较自信	不太自信	非常不自信
19	用色彩表达各种情绪				
20	分辨并找出表达“喜、怒、哀、乐”的各种音乐				
21	比较古希腊和古罗马雕塑所要表达的主题上的差异				
22	解释文艺复兴的艺术作品复兴了什么，表达了什么主题				
23	拍一段表现高中生友情特点的视频				
24	周杰伦用《外婆》这首歌刻画了自己对外婆的感情，你是否也能用恰当的艺术形式来表现亲情这个主题				
25	介绍巴洛克时期的艺术风格及表达的主题				

非常感谢你填答完本问卷 O（∩_∩）O～！